就业指导与创业教育研究

范宏业 秋 婧 李静宇 著

中国原子能出版社
·北京·

图书在版编目（CIP）数据

就业指导与创业教育研究 / 范宏业，秋婧，李静宇著 . —北京：
中国原子能出版社，2020.11（2023.1 重印）

ISBN 978-7-5221-1132-2

Ⅰ.①就… Ⅱ.①范… ②秋… ③李… Ⅲ.①职业选择-职业教育-研究
Ⅳ.①G717.38

中国版本图书馆 CIP 数据核字（2020）第 238343 号

就业指导与创业教育研究

出版发行	中国原子能出版社（北京市海淀区阜成路 43 号　100048）	
责任编辑	刘东鹏	
责任印刷	赵　明	
印　　刷	河北宝昌佳彩印刷有限公司	
经　　销	全国新华书店	
开　　本	787 mm×1092 mm　1/16	
印　　张	13	
字　　数	320 千字	
版　　次	2020 年 11 月第 1 版	2023 年 1 月第 2 次印刷
书　　号	ISBN 978-7-5221-1132-2	
定　　价	65.00 元	

出版社网址：**http：//www.aep.com.cn**　　　　**版权所有　侵权必究**

前　言

　　随着经济社会的发展，高校连续的扩招，高等教育已由精英化向大众化转变，以市场机制为主导的大学生就业制度已基本确立，就业竞争日趋激烈，大学生就业工作已经成为政府和社会各界的关注。在"双向选择、自主择业"的就业模式下，如何帮助大学生适应和了解新的形势，顺利的实现求职择业，已成为各高校的重要职责。毕竟，大学生在高校学习只是途径，他们接受高等教育的目的还是就业并融入社会。正基于此，我编写了这本著作，宗旨定位于"拓展就业认知，提升就业能力"。

　　高职生越来越多，毕业生就业难已成为社会关注的焦点之一。面对如此严峻的就业形势，高职生一方面要刻苦学习，掌握从业的专门知识和技能，不断提高综合素质，提高职业竞争能力；另一方面，要积极转变就业观念，树立自主创业意识，学习掌握创业的基本知识和技能，为今后创业做好准备。本著作着眼于当前高等院校毕业生的就业环境与形势，结合毕业生就业实际，以大学生就业指导为主线，比较全面地阐述了大学毕业生在求职就业的各个步骤、环节中应注意的问题。

　　本著作在编写过程中得到了许多专家及同行的关心与支持，同时也借鉴和参考了最新的相关成果，在此我们表示衷心感谢。尽管编写组力求本书体例合理、内容新颖，但由于编写者水平有限，书中难免有疏漏之处，恳请阅读本书的专家、同行及读者批评指正，以便进一步修订，使之日臻完善。

编　者

目　录

第一章　大学生就业概述

第一节　大学生的就业形势

案例：

2018届大学毕业生王肖来自海南省海口市，直到当年6月份他还未落实工作单位。在一次招聘供需见面会上，朋友将他的应聘材料投递到海口市一个乡镇单位。这家公司对他的简历非常满意，专业对口，又是当地人，然而他本人的择业意向却是：单位地点必须在海口市，至于到海口的什么单位、具体做什么工作都无关紧要，除此以外，什么单位都不考虑。在这种心态下，结果自然难以如愿。

案例点评：

王肖的思想在当前毕业生的择业过程中具有一定的代表性。不少毕业生过于向往经济发达地区，最低的期望也是回自己家乡所在地的中心城市。他们只注重经济文化发达、工作环境优越的一面，而忽视了人才济济、相对过剩的一面，择业期望值居高不下，甚至还有逐年上升的趋势，从而导致主观愿望与现实需求之间的巨大落差。

一、近年来我国大学生就业现状

1.就业率

由麦可思研究院编著的就业蓝皮书显示，2011届、2012届和2013届大学生毕业半年后的就业率分别为90.8%，90.9%和91.4%。其中，专科院校2013届毕业生半年后的就业率为91.8%，与2012届（91.5%）基本持平，比2011届（90.8%）上升1个百分点；高职高专院校 2013 届毕业生半年后的就业率为 90.9%，比 2012 届（90.4%）略有上升，比 2011 届（89.6%）上升 1.3 个百分点。从近三届的趋势可以看出，大学毕业生半年后就业率呈现略有上升趋势。

2．就业质量

（1）薪资情况。2013 届大学毕业生月收入（3250 元）比 2012 届（3048 元）增长了 202 元，比 2011 届（276 元）增长 484 元，三届增幅为 17.5%，低于同期城市居民上涨幅度 23.2%。从近三届的趋势可以看出，大学毕业生半年后月收入呈现上升趋势，但增幅低于城市居民收入同期增长速度。

2018 届大学生毕业三年后平均月收入为 5301 元（专科为 5962 元，高职高专为 4640 元）。2010 届毕业生半年后的月收入为 2479 元（专科为 2815 元，高职高专为 2142 元）年末月收入增长 2822 元，涨幅约 114%。其中，专科增长 3147 元，涨幅比例为 112%；高职高专增长 2498 元，涨幅比例为 117%。虽然大学毕业生起薪涨幅低于城市居民收入同期涨幅，但是，大学毕业生工作后的三年薪资与起薪相比上涨 114%，大大超过城市居民同期平均薪资涨幅 23.2% 的涨幅。大学毕业生的教育回报是明显的，读大学比不读大学在收入提升上有较大优势。

（2）工作与专业的相关性。2013 届专科和高职高专毕业生的工作与专业相关度分别为 9%、62%，均与 2012 届（分别为 69%、62%）持平，均略高于 2011 届（分别为 67%、60%）。从近三届的趋势可以看出，大学毕业生的工作与专业相关度呈现平稳趋势。

大学毕业生自愿选择专业不相关的工作，主要是对专业相关工作不认同，这可以来自对所学专业不认同，或对专业相关的职业认识不足。"先就业再择业"是大学生非自愿选择专业不相关工作的原因。2013 届专科毕业生选择与专业无关工作的最主要原因是"专业工作不符合自己的职业期待"（33%），其次为"迫于现实先就业再择业"（25%）。高职高专毕业生选择与专业无关工作的最主要原因是"专业工作不符合自己的职业期待""迫于现实先就业再择业"（均为 29%）。

3．就业领域

（1）就业地分布。2013 届专科生毕业半年后就业区域主要集中在泛长江三角洲区域（包括上海、江苏、浙江、江西、安徽），占 27.2%；泛渤海湾区域（包括北京、天津、山东、河北、内蒙古、山西），占 23.6%；泛珠江三角洲区域（包括广东、广西、福建、海南），占 20.2%。

（2）就业城市类型。2013 届大学生毕业半年后有 20% 在直辖市就业，28% 在副省级城市就业，52% 在地级城市及以下就业。大学生连续三届就业的城市类型分布比较稳定，没有数据表明现在的大学毕业生和之前的相比，在不同类型城市的就业比例存在明显差异。

（3）总体毕业去向分布。在 2013 届大学毕业生中，有 81.8% 的人毕业半年后受雇全职或半职工作，2.3% 的人自主创业。有 7.9% 的人处于失业状态，其中 0.9% 准备国内外读研，4.7% 准备继续寻找工作，还有 2.3% 放弃了继续求职和求学。

4．就业稳定性

2019届大学毕业生34%在毕业半年内发生过离职，其中专科毕业半年内离职率为24%，与2018届（24%）持平，高职高专毕业半年内离职率为43%，与2012届（42%）基本持平。2013届大学生毕业半年内离职的人群基本是主动离职（占离职人员的98%），主动离职的主要原因是"个人发展空间不够"（51%）和"薪资福利偏低"（49%）。

反映了大学毕业生就业的稳定性，主动离职率偏高会影响到大学生自身的职场发展。个人离职原因反映出大学毕业生的职场认识和适应性有待提高。大学生的职场成熟度和适应性应该引起培养方的重视。

专业性越强，职场稳定性越好。在2018届专科学科门类中，医学和工学半年内离职率最低，均为18%；文学半年内离职率最高，为30%。在高职高专专业大类中，医药卫生大类半年内离职率最低，为21%；艺术设计传媒大类半年内离职率最高，为53%。

有三成2018届毕业生毕业两年内没有更换过雇主。艺术类毕业生三年内更换雇主最多。2017届专科的艺术类毕业生工作三年内平均雇主数为2.4个，地矿类毕业生平均雇主数（1.4个）最少。高职高专的艺术设计类毕业生三年内平均雇主数最多，为2.9个；民航运输类、电力技术类毕业生平均雇主数（均为1.8个）最少。"跳槽"问题是大学生职场忠诚度的体现，连续三年，中国大学毕业生三年内跳槽偏高不下，从个人看是"职场试错法"，从企业看是职场忠诚度不高。

在毕业后工作三年中，职场忠诚度越高收入就越高。在2018届专科毕业生中，毕业年内一直为1个雇主工作的毕业生月收入最高，为6442元；为2个雇主工作的毕业生月收入为6113元；为3个雇主工作的毕业生月收入为5871元；为4个雇主工作的毕业生月收入为5697元；为5个及以上雇主工作的月收入最低，仅为5365元。毕业三年内雇主数为1个的高职高专生毕业三年后月收入最高，为5096元；为2个雇主工作的毕业生月收入为4554元；为3个雇主工作的毕业生月收入为4453元；为4个雇主工作的毕业生月收入为4603元；为5个及以上雇主工作的月收入为4573元。

5．就业满意度

高职毕业生就业满意度明显上升，而专科毕业生就业满意度无上升。2018届大学毕业生的就业满意度为56%，与2017届（55%）基本持平。其中，专科院校2018届毕业生的就业满意度为58%，与2017届（58%）持平；高职高专院校2018届毕业生的就业满意度为54%比2017届（51%）高3个百分点。

2018届专科和高职高专毕业生对就业现状不满意的主要原因是"收入低"（专科、高职高专均为66%）、"发展空间不够"（专科为60%，高职高专为59%）。

在2018届专科中，毕业生就业满意度最高的是经济学，为63%；就业满意度最低的是理学，为55%。高职高专中，就业满意度最高的是文化教育类，为57%；最低的是制造类、生化与药品类、轻纺食品类，均为50%。

应届专科毕业生就业满意度最高的职业是公检法类，为71%；最低的职业是社区工作类，为 44%。2018 届高职高专毕业生就业满意度最高的职业是公检法类，为 69%；最低的职业类是生产运营类、机械仪器类，均为 42%。

2018 届专科毕业生就业满意度最高的行业是金融类，为 66%；最低的行业是化工类，为 46%。2018 届高职高专毕业生半年后就业满意度最高的行业是政府公共管理类，为 65%；最低的行业是金属加工类，为 42%。

2018 届毕业生在"政府机构 / 科研或其他事业单位"的就业满意度最高（专科为 69%，高职高专 64%），在"民营企业 / 个体"的就业满意度最低（专科、高职高专均为 52%）。

二、大学生就业形势严峻的原因

1. 全国持续增加毕业生人数

自 1999 年高校扩招开始，我国大学毕业生以每年 50 万～85 万的人数增加：2004 年 280 万，2005 年 338 万，2006 年 411 万，2007 年 495 万，2008 年 559 万，2009 年达到 610 万。此后毕业生数量逐年增长。2013 年，全国高校应届生共 699 万，比 2012 年增加 19 万人。2014 年再增 28 万人，达到 727 万。2015 年全国高校毕业生总数达到 749 万人。2016 年全国普通高校应届毕业生预计达到 765 万人。

由于整个社会经济处于平稳发展的态势，GDP 的增长速度远远赶不上大学毕业生人数的增长速度，昔日被誉为"国之精英""天之骄子"的大学生，就业的压力也越来越大，大学生就业问题也日益成为整个社会关注的突出问题。

2. 高校专业设置问题

一些大学的专业及课程设置有较大盲目性，专业趋同现象十分严重，造成供给严重大于需求。一些学校仍然沿袭传统的应试教育的教学方式，培养出来的一些学生高分低能。不少学校专业划分过细，难以跟上市场变化的步伐。

一些高职、高专教育专业缺乏特色，培养出来的学生理论功底不系统，应有的动手能力也不强。而用人单位对应聘者的实际操作能力、适应工作环境变化的能力提出了越来越高的要求。

3. 个人方面

（1）个人期望值太高。现在人们所说的就业难，很大程度上不是找不到工作，而是找不到"理想"的工作。相当多的大学毕业生存在明显高于社会现实的期望值，主要体现在薪酬、工作单位和工作区域等方面：

①毕业生期望的薪酬明显高于用人单位的薪酬定位；

②毕业生在工作单位的选择上，一般要求在国家机关、事业单位、国有大企业和"三资"企业，对民营和中小企业不屑一顾；

③在工作区域上普遍要求到东部发达地区以及大中城市，而不愿到西部欠发达地区就业。由于大学生就业的期望值过高，既给个人、学校和用人单位带来不必要的麻烦，同时

也进一步加剧了大学毕业生的就业压力。

（2）职场适应。学校和社会中存在着一定的差距,两者的活动方式不同,生活环境不同,然而这些环境的变换使得学生缺少相对的适应性,把许多问题都考虑的过于简单化、片面化、理想化。缺少一些独立面对社会的经验和精神,不去主动地适应社会。在工作上,缺少吃苦耐劳的精神,对工作过于挑剔,有些大学生为了自己的利益,违背合约,背弃信义,频繁跳槽,造成许多用人单位对大学生诚信持怀疑态度。而且还有许多毕业生主要通过"广泛撒网"的方式,一些通过"托关系""拼爹"等方式,借此获得就业机会。这样,就缺少发现自己优势的机会,不去了解用人单位的实际情况,很难找到自己满意的岗位。

（3）不能吃苦。调查显示,企业接收大学生后一两年内流失率在30%以上的达到被调查企业总数的50%。许多企业反映,大学生做事眼高手低,不愿从基层做起,缺乏吃苦耐劳精神,以麦当劳为例,接收的大学毕业生都必须经过基层锻炼,如到前厅去端盘子、刷厕所等,但往往实习三天就有人因为吃不了苦而被淘汰,淘汰率高达50%。

三、大学生就业问题解决策略

1.国家宏观调控提供对应需求岗位

政府应积极发展经济,因为经济的持续快速发展能够创造更多的就业岗位,另一方面政府应积极调整产业结构大力发展就业容量大的劳动密集型企业,注重扶持非国有中小型企业,努力提升经济增长对就业的贡献,在促进经济发展的同时有利于扩大就业。同时,政府各主管部门应积极转变观念,树立"就业优先"思想,工作重心从以前的就业管理转变到就业服务上来,并在社会形成一种良好的舆论氛围,为大学生就业创造宽松、公平的环境。

2.高校解决专业设置重复,寻求特色办学

现代社会需要各种类型各个层次的人才,为适应社会的发展,首先高校要根据自身的定位、经济社会发展的趋势以及经济结构,产业结构和就业市场对高校毕业生的需求,及时调整学科专业结构、调整人才培养结构和类型,树立以就业为导向的办学观。其次,高校要加强与社会用人单位的合作,根据社会的发展需求,深化高校人才培养类型和教学改革内容,缩短大学毕业生就业的适应期。再次,高校要时刻树立质量意识,提高培养人才的质量。高校应狠抓质量,狠抓特色,形成自己的人才特色和品质。

3.大学生清晰地对自身与职业的认知

大学生要改变自己的就业观念,实事求是地估计自己,准确给自己定位,要认识到越偏远的地方越能够发挥自己的专长,不要有地域上的歧视。同时,增加知识的积累,认真学习自己的专业知识,再适当地补充相关专业的知识,增加自己的求职砝码。在大学期间要多参加一些自己感兴趣的资格考试并获得资格证,以提高自身的就业筹码。学生还要提高实践能力,要学会把书本知识应用在实际中,从而多方面锻炼自己,提高就业成功率。

四、未来职业发展趋势

1．职业的教育含量增大

各种就业岗位，需要更多的受过良好教育、掌握最新技术的技术工人，单纯的体力劳动或机械操作职业将明显减少。

在发达国家，制造业中蓝领工人失业率高于从事管理工作的白领员工；而白领员工中从事服务性工作，如银行、广告等的失业率又明显高于从事开发和研究工作的员工。未来白领蓝领阶层的界线将越来越模糊，职业逐渐向专业化方向发展。

2．职业要求不断更新

一些职业，因新的工作设备和条件变化，对职业内容有了新的要求。如行政工作人员在以前只要求具备较好的组织协调能力、分析问题解决问题能力、文字能力、口头表达能力等。但现在除要求他们具备上述能力以外，还要求具备社会交往及计算机辅助管理、办公自动化操作能力等。

3．永久性职业减少

只有少数人能拥有"永久性"的工作，而从事计时、计件或临时性职业的人会越来越多。

第二节　大学生就业政策

案例：

王菁毕业后，有幸在一家教育培训公司找到工作。2018年8月1日入职时，公司告知她有三个月的试用期，但是没有与她签订书面的劳动合同。2018年9月15日，公司通知王菁，由于在试用期表现不佳，公司决定辞退她。王菁觉得很委屈，因为在试用期内她确实努力工作而且自认为表现是很好的。在这种情况下，王菁也不知道应该怎么办？

案例点评：

公司应当在1月份之内与王菁签订书面的劳动合同：根据《劳动合同法》第十条规定：建立劳动关系，应当订立书面劳动合同。已建立劳动关系，未同时订立书面劳动合同的，应当自用工之日起一个月内订立书面劳动合同。由于公司截止到9月15日，仍然未与王菁签订书面的劳动合同，因而违反了上述法律规定。根据《劳动合同法》第八十二条规定：用人单位自用工之日起超过一个月不满一年未与劳动者订立书面劳动合同的，应当向劳动者每月支付二倍的工资。所以公司应当向王菁支付8月份的双倍工资。

由于公司与王菁之间没有订立书面劳动合同，根据《劳动合同法》第十九条第四款规定：试用期包含在劳动合同期限内。劳动合同仅约定试用期的，试用期不成立，该期限为劳动合同期限。所以公司与王菁口头约定的试用期是无效的。在此情况下，公司无权以王菁在试用期表现不佳为由进行辞退。所以，公司辞退王菁是一种违法的行为，按照《劳动合同法》

第四十八条的规定，用人单位违反本法规定解除或者终止劳动合同，劳动者要求继续履行劳动合同的，用人单位应当继续履行；劳动者不要求继续履行劳动合同或者劳动合同已经不能继续履行的，用人单位应当依照本法第八十七条规定，即依照本法第四十七条规定的经济补偿标准的二倍向劳动者支付赔偿金。所以王菁可以要求继续履行劳动合同如果王菁不要求继续履行劳动合同的，用人单位应当按照经济补偿标准的二倍向王菁支付赔偿金。

一、就业政策法规简介

1．劳动法

《劳动法》是国家为了保护劳动者的合法权益，调整劳动关系，建立和维护适应社会主义市场经济的劳动制度，促进经济发展和社会进步，根据宪法而制定颁布的法律。从狭义上讲，我国《劳动法》是指1994年7月5日第八届全国人大常委会通过，1995年1月1日起施行，2018年12月29日，第十三届全国人才常委会修正的《中华人民共和国劳动法》；从广义上讲，《劳动法》是调整劳动关系的法律法规，以及调整与劳动关系密切相关的其他社会关系的法律规范的总称。

《劳动法》作为维护人权、体现人本关怀的一项基本法律，在西方甚至被称为第二宪法其内容主要包括：劳动者的主要权利和义务；劳动就业方针政策及录用职工的规定；劳动合同的订立、变更与解除程序的规定；集体合同的签订与执行办法；工作时间与休息时间制度；劳动报酬制度；劳动卫生和安全技术规程等。

2．《劳动合同法》对大学生就业的影响

《劳动合同法》对于大学生就业既是福音，也有挑战。一方面，有利于大学生维护合法权益；另一方面，用人单位的用工成本将提高，因此在招聘大学生时会比以前更谨慎，甚至挑剔。

（1）新劳动合同法为大学生就业起到"护航"作用。许多大学生在求职过程中处于弱势地位，《劳动合同法》对他们起到了"保护伞"的作用。对于大学生来说，在劳动合同的建立、终止，劳动报酬、试用期等多方面，该法给予了不同程度的保障。例如，"用人单位自用工之日起满一年不与劳动者订立书面劳动合同的，视为用人单位与劳动者已订立无固定期限劳动合同"。这将促使企业更主动地与学生签订劳动合同。再如，社会保险条款成为劳动合同必备条款。到时，学生不用再追着向单位提"三险一金"要求，因为根据新法，用人单位必须履行义务。

关于"试用期"，《劳动合同法》规定，"劳动合同期限三个月以上不满一年的，试用期不得超过一个月；劳动合同期限一年以上不满三年的，试用期不得超过两个月；三年以上固定期限和无固定期限的劳动合同，试用期不得超过六个月；试用期的工资，不得低于本单位相同岗位最低档工资或者劳动合同约定工资的百分之八十"。而过去一些用人单位存在滥用试用期的问题。有的企业利用试用期把大学生当作廉价劳动力，开始许诺干得好就录用，但试用了很长一段时间后一个都不留。这种做法现在是违法的。

（2）《劳动合同法》注重对劳动者权益保护，同时也在某种程度上提高了企业的用工成本，使他们在招聘大学生时会比以前更加"苛刻"。

以往许多企业先大量招聘应届高校毕业生，经过试用期考察后，再淘汰掉其中一部分不合格的毕业生。而《劳动合同法》实施后，一些企业可能改变以往"大量招聘，大量淘汰"的策略。企业对于眼前"可招可不招"的岗位，可能会通过暂时从内部挖潜的方式来解决。

《劳动合同法》实施后，企业在招聘大学生时，会更注重学生的能力而不是学历。因为企业必须雇用高素质、能力强的员工，才能降低用人成本，保持较高的市场竞争力。有高校反映，面对《劳动合同法》，个别用人单位打起"擦边球"，比如针对"劳动合同期限三个月以上不满一年的，试用期不得超过一个月；劳动合同期限一年以上不满三年的，试用期不得超过两个月"这一条款，有的企业就与学生签订一年零一天的合同，以延长试用期。

3. 几种常见的劳动纠纷法律分析

（1）双倍工资的风险

[案例] 某大型教育培训公司招聘培训讲师，常驻地点为长沙，工作地点不固定。入职时有填写入职登记表，但未签订劳动合同。入职登记表详列工作职位、工作待遇等，并由该员工在尾页签名确认。员工入职 1 年 3 个月后，与公司因奖金问题产生争议，随向公司提出未签劳动合同的双倍工资，并要求签订无固定期限劳动合同。

[分析] 按新规，用人单位自用工之日起超过一个月不满一年未与劳动者签订书面劳动合同，或者虽通知劳动者签订书面劳动合同但劳动者无正当理由拒不签订，用人单位未书面通知劳动者终止劳动关系的，应向劳动者每月支付两倍工资。

用人单位自用工之日起满一年不与劳动者签订书面劳动合同，视为已签订无固定期限劳动合同，用人单位无须支付用工之日起满一年后未订立书面合同的两倍工资。即是说，案例中的培训讲师被视为与公司签订了无固定期限劳动合同，并能得到入职 1 年内两倍工资的赔偿。

（2）民办非企业单位纠纷。

[案例] 这几天，毕业不久的幼儿教师梁芳一直为工资的事烦恼。今年初，她应聘于市区一家民办幼儿园。暑假到了，幼儿园还拖欠了她两个月的工资。她咨询过有关部门，答复是民办幼儿园属于民办非企业单位，目前不在《劳动法》调解范围内。

[分析] 民办学校、民营医院、民办幼儿园属于民办非企业单位，由于这些单位不在《劳动法》适用范围，以前这些单位的劳动者与用人单位发生劳动纠纷时只能对照相关的主体处理。2008 年 1 月 1 日起实施的《劳动合同法》第一条新增了"个体经济组织、民办非企业单位"，今后，在民办非企业单位就业的劳动者与单位产生劳动纠纷时可依照《劳动合同法》寻求法律帮助。

（3）加班工资追诉时效及举证责任分配。

[案例] 楚楚在 2018 年 4 月诉请某私立幼儿园应补足支付其 2018 年 4 月至 2019 年 4 月的加班费共计 6 万余元。

[分析] 按新规，首先要分析该名员工与企业是否还存在着劳动关系，如果处于劳动

关系存续期间，劳动者申请仲裁不受仲裁时效期间的限制；但是劳动关系终止的，应当自劳动关系终止之日起一年内提出。如果楚楚在 2014 年 4 月之前与企业终止了劳动关系，那么这次的劳动争议仲裁申请视为无效。

对于劳动者追索两年内的劳动报酬，法院予以保护，由企业负举证责任，如举证不力，员工主张两年内加班费将获支持；但超过两年的，由员工负举证责任，如能提供有效证据则全盘得到法院支持。对于发生在 2011 年 5 月 1 日以前涉及劳动报酬和加班工资的劳动争议，应当按照《劳动法》关于提起仲裁期限为劳动争议发生之日起 60 日的规定执行。

假设楚楚还在职，2013 年 4 月至 2015 年 4 月由企业负责举证；2011 年 5 月 1 日至 2013 年 4 月由楚楚负责举证；至于 2011 年 5 月 1 日之前，只受理 2008 年 4 月至 2009 年 4 月共 60 天的劳动报酬争议，同样由楚楚负责举证。

（4）档案、毕业证、担保金单位无权收取

[案例]专科刚毕业沈同学到单位报到，人力资源部告诉她，要把毕业证书给单位，双方才能签订劳动合同。小沈觉得放心不下，问过同事之后，发现大家的毕业证书原件都放在人力资源部，说是单位的传统。

[分析]《劳动合同法》第九条规定用人单位招用劳动者，不得扣押劳动者的居民身份证和其他证件，不得要求劳动者提供担保或者以其他名义向劳动者收取财物。第八十四条规定用人单位违反本法，以担保或者其他名义向劳动者收取财物的，由劳动行政部门责令限期退还劳动者本人，并以每人 500 元以上 2000 元以下的标准处以罚款；给劳动者造成损害的，应当承担赔偿责任。劳动者依法解除或者终止劳动合同，用人单位扣押劳动者档案或者其他物品的，依照前款规定处罚。因此，遇到类似情况，毕业生可拿劳动合同法的相关规定向用人单位说"不"，或向劳动仲裁部门求助，切不可盲目将自己的有效证件交给单位。

4. 最新大学生就业政策

（1）鼓励高校毕业生到基层和艰苦地区工作。各级政府要为高校毕业生创造工作条件，主要充实城市社区和农村乡镇基层单位，从事教育、卫生、公安、农技、扶贫和其他社会公益事业。在艰苦地区工作两年或两年以上者，报考研究生的，应优先予以推荐、录取；报考党政机关和应聘国有企事业单位的，在同等条件下，应优先录取。

（2）党政机关录用公务员和国有企事业单位新增专业技术人员和管理人员，应主要面向高校毕业生，公开招考或招聘，择优录用。

（3）鼓励各类企事业单位特别是中小企业和民营企事业单位聘用高校毕业生，政府有关部门要为其提供便利条件和相应服务。对企业跨地区聘用的高校毕业生，省会以下城市要认真落实有关政策，取消落户限制。

（4）鼓励高校毕业生自主创业和灵活就业。凡高校毕业生从事个体经营的，除国家限制的行业外，自工商部门批准其经营之日起一年内免交登记类和管理类的各项行政事业收费。有条件的地区由地方政府确定，在现有渠道中为高校毕业生提供创业小额贷款和担保。

（5）为高校毕业生办理户口和人事档案手续提供便利。对毕业离校时未落实工作单位的高校毕业生，本人要求户口和人事档案保留在学校的，按规定保留两年。在此期间，档案管理机构对保管其档案免收服务费用；本人要求将户口转入学前户籍所在地的，公安机关应当按照户籍管理规定为其办理落户手续，人事、教育部门所属人才交流服务机构负责办理相关手续，人事部门所属人才交流服务机构免费提供人事代理服务。本人落实工作单位后，公安机关按有关规定办理户口迁移手续。

（6）毕业半年以上未能就业并要求就业的高校毕业生，可持学校证明到入学前户籍所在城市或县劳动保障部门办理失业登记。劳动保障部门所属的公共职业介绍机构和街道劳动保障机构应免费为其提供就业服务。对已进行失业登记的高校毕业生，有条件的城市、社区可组织其参加临时性的社会公益活动，或到用人单位见习，给予一定报酬。对于因患病等原因短期无法工作并确无生活来源者，由民政部门参照当地城市低保标准，给予临时救助。此项费用由地方财政列支。

（7）鼓励中小企业和民营企事业单位聘用高等职业学校（大专）毕业生，使大批动手能力强、适应性较好的高职（大专）毕业生有用武之地。对就业困难的应届高职（大专）毕业生，由劳动保障、人事和教育部门共同实施"高职（大专）毕业生职业资格培训工程"，对需要培训的应届高职（大专）毕业生进行职业技能鉴定。培训费由教育系统承担，职业技能鉴定费由劳动保障部门适当减免。

二、就业协议与劳动合同

1. 就业协议与劳动合同解析

（1）《高校毕业生就业协议书》的作用。《高校毕业生就业协议书》是明确毕业生、用人单位和学校在毕业生就业工作中权利和义务的书面表现形式。《高校毕业生就业协议书》一般由教育部或各省、市、自治区就业主管部门统一制表。作为学校列入派遣计划依据的《全国普通高等院校毕业生就业协议书》，由学校发给，毕业生签字，用人单位盖章，毕业生本人保存一份作为办理报到、接转行政和户口关系的依据。

（2）《高校毕业生就业协议书》与劳动合同。《高校毕业生就业协议书》与劳动合同是用人单位录用毕业生时所订立的书面协议，但两者分处两个相互联系的不同阶段，表现在以下几个方面。

①《高校毕业生就业协议书》是毕业生在校时，由学校参与见证的，与用人单位协商签订的，是编制毕业生就业计划方案和毕业生派遣的依据，劳动合同是毕业生与用人单位明确劳动关系中权利义务关系的协议，学校不是劳动合同的主体，也不是劳动合同的见证方，劳动合同是上岗毕业生从事何种岗位、享受何种待遇等权利和义务的依据。

②《高校毕业生就业协议书》的内容主要是毕业生如实介绍自身情况，并表示愿意到用人单位就业，用人单位表示愿意接收毕业生，学校同意推荐毕业生并列入就业划进行派遣。劳动合同的内容涉及劳动报酬、劳动保护、工作内容、劳动纪律等方方面面，更为具体，劳动权利义务更为明确。

③一般来说《高校毕业生就业协议书》签订在前，劳动合同订立在后，如果毕业生与

用人单位就工资待遇、住房等有事先约定，亦可在《高校毕业生就业协议书》备注条款中予以注明，日后订立劳动合同对此内容应予认可。

④《高校毕业生就业协议书》是毕业生和用人单位关于将来就业意向的初步约定，对于双方的基本条件以及即将签订劳动合同的部分基本内容大体认可，并经用人单位的上级主管部门和高校就业部门同意和见证，一经毕业生、用人单位、高校用人单位主管部门签字盖章，即具有一定的法律效应，是编制毕业生就业计划和将来可能发生违约情况时的判断。

（3）了解教育部关于《全国普通高等学校毕业生就业协议书》管理办法

①毕业生与用人单位达成一致意见后，均须签订《高校毕业生就业协议书》。

②《高校毕业生就业协议书》由教育部高校学生司制定,学校招生就业工作处统一翻印，各学院集体到招生就业工作处领取，或者由毕业生持本人学生证到招生就业工作处领取每位毕业生只有一套《高校毕业生就业协议书》，每套一式四份。

2.就业协议与劳动合同的区别

（1）主体不同。就业协议适用于应届毕业生与用人单位、学校三方之间，学校是就业协议的鉴证方或签约方，就业协议对用人单位的性质没有规定，适用任何单位；而劳动合同只适用于劳动者（含应届毕业生）与用人单位（不含公务员单位和比照实行公务员制度的组织和社会团体以及军队系统）之间，与学校无关。

（2）内容不同。毕业生就业协议的内容主要是毕业生如实介绍自身情况，并表示愿意到用人单位就业、用人单位表示愿意接受毕业生，学校同意推荐毕业生并列入就业方案，而不涉及毕业生到用人单位报到后，应享有的权利义务。劳动合同的内容涉及劳动报酬、劳动保护、工作内容、劳动纪律等方方面面，更为具体，劳动权利义务更为明确。

（3）时间不同。一般来说就业协议签订在前，就业协议应在毕业生就业之前签订，而劳动合同往往在毕业生到用人单位报到后才签订。

（4）目的不同。就业协议是毕业生和用人单位关于将来就业意向的初步约定，是对双方的基本条件以及即将签订的劳动合同的部分基本内容的大体认可，并经用人单位的上级主管部门和高校就业部门同意，一经毕业生、用人单位、高校、用人单位主管部门签字盖章，即具有一定的法律效力，是编制毕业生就业方案和将来双方订立劳动合同的依据。

3.就业协议与劳动合同的签订

（1）就业协议的签订。毕业生通过供需见面会或其他途径与用人单位达成协议后，按以下程序正式签订就业协议。

①完整地填写协议书"毕业生"一栏（乙方）的内容。

②将协议书交用人单位办理其他相关手续，并提醒用人单位完整填写"用人单位"一栏内容，加盖所需公章（填写的单位名称须与公章完全一致）。

③双方签字生效后，毕业生将协议书第三联交回学校大学生就业指导服务中心，编制报送就业方案，办理其他相关手续

在协议书签订过程中，如与用人单位有其他约定，要在备注栏明确条款作为协议书补充内容，且须双方签字盖章。从毕业生就业工作的实践来看，毕业生在与用人单位签约时，需要注意以下事项。

①明确就业单位的具体工作部门和工作岗位。用人单位与毕业生签订就业协议，确定了双方互相接纳的关系。但是值得注意的是，毕业生需要向用人单位提前了解清楚自己以后工作的具体部门和工作岗位，并在协议书上写明。否则，可能发生毕业生对用人单位安排的具体部门和工作内容感到意外或不满而不能接受的结果，以致造成双方争执。

②明确毕业生考取公务员等须解除协议的情况的处理办法。就业协议书第十一条列举了甲方（用人单位）被撤销或依法宣告破产，乙方（毕业生）在毕业离校前升学、入伍、被录用为国家公务员或参加国家级地方志愿服务项目，乙方报到时未取得毕业资格，乙方被判处拘役以上刑罚或者被劳动教养，法律法规政策规定的其他情况等五种情况，如符合上述五种情况，经书面告知对方后协议解除。需提醒毕业生的是，发生所列须解除协议的情况，毕业生应及时书面告知用人单位，书面告知用人单位后协议解除。学校不按违约处理，亦不承担任何责任。

③明确工作后是否可以考研、调离的条件。毕业生工作若干年以后，有不少人可能准备报考研究生，继续深造，或者由于种种原因要求调离。这些问题，如果未在协议书中明确，则双方很难协商解决，极易引起纠纷。为了减少因此而可能发生的问题，毕业生最好在与用人单位洽谈时明确，并以文字形式确定下来，为以后双方顺利解决这些问题创造有利条件。

④明确工作和生活条件。工作和生活条件是毕业生选择单位的重要因素，也是毕业生做出工作成就的必要基础。在双方签订协议时，不仅需要在口头上达成一致，而且需要在文字上予以明确。特别是用人单位应如实向毕业生说明真实情况，双方均应严格遵守协议。毕业生到单位报到后，应与用人单位签订劳动合同，进一步明确劳动内容、劳动报酬、保险福利、服务期限等事项，以免以后发生纠纷。

⑤明确违反协议的责任。从毕业生就业的实践情况看，大部分就业协议都得到了认真履行。但由于种种原因，每年总有一些毕业生或用人单位要求违约。对违约行为，教育部在有关规定中，明确违约一方必须承担违约责任，并支付一定的经济赔偿金。协议书中有相关条文，但没有规定明确的数额。毕业生在与用人单位签约前，除了学校的规定外，还要与用人单位进行协商，对可能发生的违约责任予以确定，对赔偿金额予以明确，以便任何一方发生违约时，就可以有据可依，避免无谓的损失。

（2）劳动合同的签订。用人单位和应聘者签订劳动合同时地位平等，双方应当在自愿的基础上协商一致。为了提高签约效率，实践中较为常见的是用人单位事先拟好劳动合同，由劳动者做出是否签约的决定而不允许改变合同内容，也就是签订格式合同。虽然格式合同中单方面限制劳动者主要权利和免除用人单位主要义务的条款因违反公平和诚实信用原则而归于无效，但应聘者签约时仍然应当注意完全理解格式合同的条款内容，并对其中的不合理部分提出异议。为稳妥起见，有法律专家建议求职者在正式签订劳动合同时，最好要求用人单位到劳动行政部门所属的劳动事务咨询事务所进行劳动合同文本鉴定。

劳动合同的必备条款为：劳动合同期限、工作内容、劳动保护和劳动条件、劳动报酬、劳动纪律、劳动合同终止的条件和违反劳动合同的责任。双方还可以协商约定劳动合同的礼充条款如保险等。其中，违反劳动合同的责任条款比较重要，因为《劳动法》和《违反<劳动法>有关劳动合同规定的赔偿办法》规定双方可以协商约定责任的认定、赔偿的范围、计算方法和承担方式，所以由用人单位提供的格式合同的"霸王条款"常见于此处，一旦发生纠纷用人单位常常持此"尚方宝剑"提请仲裁，而使劳动者处于不利的地位。

签订合同时还要注意，如果合同中有竞业避止条款，应特别注意工资补偿、避止年限、避止范围等事项，进行有效的自我保护。

要明确试用期期限和合同期限。劳动合同约定的试用期是包括在合同期限内的，在《关于实行劳动合同制度若干问题的通知》中规定："劳动合同期限在六个月以上一年以下的，试用期不得超过三十日；劳动合同期限在一年以上两年以下的，试用期不得超过六十日。"若试用期为六个月的（最长不得超过6月），合同期限必须超过三年。建议毕业生合同期限不宜订得太长。

三、社会保障条款

1. 社会保障条款解析

社会保障是指国家通过立法，积极动员社会各方面资源，保证无收入、低收入以及遭受各种意外灾害的公民能够维持生存，保障劳动者在年老、失业、患病、工伤、生育时的基本生活不受影响，同时根据经济和社会发展状况，逐步增进公共福利水平，提高国民生活质量。

（1）社会保险。社会保险是指国家通过立法建立的一种社会保障制度，目的是使劳动者因年老、失业、患病、工伤、生育而减少或丧失劳动收入时，能从社会获得经济补偿和物质帮助，保障基本生活。从社会保险的项目内容看，它是以经济保障为前提的。一切国家的社会保险制度，不论其是否完善，都具有强制性、社会性和福利性这三个特点。按照我国劳动法的规定，社会保险项目分为养老保险、失业保险、医疗保险、工伤保险和生育保险。社会保险的保障对象是全体劳动者，资金主要来源是用人单位和劳动者个人的缴费，政府给予资助。依法享受社会保险是劳动者的基本权利。

（2）社会救济。社会救济是指国家和社会对生活在贫困线以下的低收入者或者遭受灾害的生活困难者提供无偿物质帮助的一种社会保障制度。从历史发展看，社会救济先于社会保险。早在1536年，法国就通过立法要求在教区进行贫民登记，以维持贫民的基本生活需求。1601年，英国制定了济贫法，规定对贫民进行救济。中国古代的"义仓"也是一种救济制度。这些都是初级形式的社会救济制度。维持最低水平的基本生活是社会救济制度的基本特征。社会救济经费的主要来源是政府财政支出和社会捐赠。

（3）社会福利。广义的社会福利，是指国家为改善和提高全体社会成员的物质生活和精神生活所提供的福利津贴、福利设施和社会服务的总称。狭义的社会福利，是指国家向老人、儿童、残疾人等社会中需要给予特殊关心的人群提供的必要的生活保障。

（4）优抚安置。优抚安置，是指国家对从事特殊工作者及其家属，如军人及其亲属予以优待、抚恤、安置的一项社会保障制度。在我国，优抚安置的对象主要是烈军属、复员退伍军人、残疾军人及其家属；优抚安置的内容主要包括提供抚恤金、优待金、补助金，举办军人疗养院、光荣院，安置复员退伍军人等。

（5）社会互助。社会互助是指在政府鼓励和支持下，社会团体和社会成员自愿组织和参与的扶弱济困活动。社会互助具有自愿和非营利的特征，其资金主要来源于社会捐赠和成员自愿交费，政府往往从税收等方面给予支持。社会互助主要形式包括：工会、妇联等群众团体组织的群众性互助互济；民间公益事业团体组织的慈善救助；城乡居民自发组成的各种形式的互助组织等。

2. 五险一金

在我国现行社会保险包括养老保险、医疗保险、失业保险、工伤保险和生育保险，再加上住房公积金，合并称为"五险一金"。

（1）养老保险。养老保险是劳动者在年老退出劳动岗位以后，由政府提供物质帮助，保障其基本生活需要的一项社会福利制度。政府建立养老保险基金，并以税收优惠的形式负担部分费用，职工和用人单位按工资收入的不同比例，按月向社会保险经办机构缴费。职工缴费的全部加上用人单位缴费的一部分实行个人账户储存。劳动者在到达法定的退休年龄和缴费年限时，可按月领取政府的养老金和享受其他的养老待遇。

（2）医疗保险。医疗保险是社会保险制度的重要组成部分。医疗保险是指由国家立法通过强制性社会保险原则和方法筹集建立医疗保险基金，当参加医疗保险的人员因疾病需要获得必需的医疗服务时，由经办医疗保险的社会保险机构按规定提供医疗费用补偿的一种社会保险制度。医疗保险与养老、失业、工伤、生育等其他保险一起，共同对劳动者的生、老、病、死、残起着保障作用。

（3）生育保险。生育保险是指妇女劳动者因怀孕、分娩导致不能工作，收入暂时中断，国家和社会给予必要物质帮助的社会保险制度。建立生育保险的目的，是为了保证生育状态的劳动妇女的身体健康，减轻其因繁衍后代而产生的经济困难，同时也是为了保证劳动力再生产的延续。生育保险不单单是指对女职工生育子女所花费的生育手术费、住院费等费用的补偿，还应当包括通过建立社会生育基金的方式，对女职工在规定的生育假期内未从事劳动而不能获得工资收入的补偿。

（4）工伤保险。工伤保险是社会保险的一个组成部分。它通过社会统筹，建立工伤保险基金，对保险范围内的劳动者因在生产经营活动中所发生的或在规定的某些情况下，遭受意外伤害、职业病以及因这两种情况造成死亡，在劳动者暂时或永久丧失劳动能力时，劳动者或其遗属能够从国家、社会得到的必要物质补偿，以保证劳动者或其遗属的基本生活，以及为受工伤劳动者提供必要的医疗救治和康复服务。

（5）失业保险。失业保险是指国家通过立法强制实行的，由社会集中建立基金，对因失业而暂时中断生活来源的劳动者提供物质帮助的制度。它是社会保障体系的重要组成部分，是社会保险的主要项目之一。它具有几个主要特点：一是普遍性；二是强制性；三是互济性。

（6）住房公积金。住房公积金，是指国家机关、国有企业、城镇集体企业、外商投资企业、城镇私营企业及其他城镇企业、事业单位、民办非企业单位、社会团体及其在职职工缴存的长期住房储金。

住房公积金的定义包含以下5个方面：

①住房公积金只在城镇建立，农村不建立住房公积金制度。

②只有在职职工才建立住房公积金制度。无工作的城镇居民、离退休职工不实行住房公积金制度。

③住房公积金由两部分组成，一部分由职工所在单位缴存，另一部分由职工个人缴存，职工个人缴存部分由单位代扣后，连同单位缴存部分一并缴存到住房公积金个人账户内。

④住房公积金缴存的长期性。住房公积金制度一经建立，职工在职期间必须不间断地按规定缴存，除职工离退休或发生《住房公积金管理条例》规定的其他情形外，不得中止和中断。体现了住房公积金的稳定性、统一性、规范性和强制性。

⑤住房公积金是职工按规定存储起来的专项用于住房消费支出的个人住房储金，具有两个特征：积累性和专用性。

第三节　大学生就业权益保护

案例

某学院毕业女生张淼，前些日往广东东莞某一艺术设计公司投递了电子简历，随后几天收到了对方的答复，并通过电话进行了简单的"面试"，当张淼问到企业的概况时，这位负责人推说，自己上网查阅并告诉了一个网址。这位负责人为了体现面试的正规性，还假意说，他们将对"面试"进行电话录音，面试完毕后，该负责人说得非常正规并很像熟知高校学生就业相关规定似的，讲到4月1日前赶到单位进行一个月的实习，并要求带上身份证复印件、协议书（要求我校方签完字和盖完章）照片等准时到单位，并声称单位将安排专人到火车站接站。张淼拿协议书找本院负责老师签字时，被详细问及了有关情况，遂告诉了几名去年毕业在东莞工作的学生的联系方式，并要求张淼去之前一定要与其师兄、师姐们先联系一下，谨防上当，别被传销等团伙利用。经东莞当地的学生联系核实，该单位近期没有发布任何招聘广告，别人假借他们单位面试，纯属欺骗，希望同学们不要轻易上当。

案例点评

在如今就业难、择业难的大背景下，有些不法分子恰恰抓住学生渴望就业的心情进行诈骗。这就需要同学们在接到对方的电话时一定要多留意，并做好相关电话号码等关键信息的记录，并一定要向老师家长或者已经毕业在当地就业的学生咨询，以免上当受骗。

一、求职过程中常见的侵权、违法行为

1.欺骗宣传

一些用人单位在招聘时夸大单位规模、发展前景、工资待遇等情况，或者隐瞒单位实情；有的用人单位千方百计了解毕业生的情况，却设法回避毕业生提出的了解单位的问题。这些都将导致毕业生与用人单位之间信息不对称，侵犯了毕业生的知情权。更有甚者，恶意欺骗宣传，宣称"高薪""高福利""高岗位"诱惑毕业生从事名不副实的工作，严重损害毕业生利益。如某企业抛出低工资高奖金的制度吸引应聘者，扬言做得好月薪可达万元，其实是在几乎没有底薪的情况下领取苛刻的销售提成。要知道，管理规范的优秀企业通常会淡化奖金、提成这些易于滋生副作用的做法，只有那些急功近利员工流动性大的企业才会反其道而行之。广大毕业生应脚踏实地，不要投机取巧，不要相信天上能掉馅饼，增强抗拒诱惑的能力，避免落入不法分子的圈套。

2.招聘歧视

平等就业都是法律权利，但近些年出现了不少招聘中的歧视行为：①性别歧视。这是女生们经常遇到的无奈。有的用人单位不顾社会责任，片面追求利益最大化，逃避劳动法赋予用人单位对女职工特殊义务，在招聘员工时或私下或公开规定"只招男生"或"男生优先"。②身体歧视。一些用人单位在缺少相关规定的情况下将身体有残疾或疾病的人拒之门外，剥夺了这群人的就业机会；还有一些单位在并无必要的情况下对应聘者的身高、相貌甚至三围提出要求。③户籍歧视。有的用人单位只招收本地户口的毕业生，或者没有本地户口就必须有本地户口居民的担保，抬高了外地户口毕业生就业的门槛。有的地方政府为了保护本地人口就业，制定不合理的人才准入制度，使本地单位无法招收外地户口的毕业生，或者无法使外地户口的劳动者成为正式职工，严重限制了人才的合理流动。以上歧视行为侵犯了广大毕业生的平等就业权，需要理直气壮地予以谴责。

3.违规收费

国家有关部门早就明文规定，用人单位不得以任何名义向应聘者收取报名费、押金、保证金等费用，对员工的培训费用应当从成本中支出。可有些用人单位却对此置若罔闻，巧立名目向应聘者收费。毕业生们迫于对工作的需要往往只得就范。可是不少企业在收取了费用后便为所欲为，或者怠于履行义务，或者向求职者得寸进尺提出更过分的要求。因此毕业生在求职时要区分用人单位哪些做法是合理的，哪些做法是不合理的，对于各种名目的收费要坚决抵制。

4.侵犯隐私

毕业生在求职时，会在相关领域如网络和求职材料上留下自己的信息资料，比如姓名、年龄、身高、学历、电话、身份证号等，这些信息属于个人隐私的一部分，未经本人同意不得公开、泄漏、出售。但可能因为各种原因，如工作人员的疏漏、网络软件的缺陷、不法分子的圈套等，这些信息被用来侵害当事人或谋求商业利益。因此，毕业生求职时不要随便将个人资料留给不可靠的单位和个人，投放网络时要选择安全防范能力强和可靠性高的网站，同时注意保密设置内容的选项。在面试时，一些用人单位的提问会涉及个人隐私，如果与工作无关或者出于恶意，毕业生有权拒绝回答；如果是出于安排合适岗位的考虑或者考察应变能力，毕业生可以视情况回答。用人单位因此获得毕业生的个人隐私后，负有保密的义务，否则构成侵权。

5．侵犯知识产权

个别用人单位通过招聘时要求毕业生提供作品或者完成某项设计工作等方式，取得并盗用毕业生的智力成果。如某软件公司在报纸上刊登招聘启事，招聘计算机专业研究生，凡应聘者领取考卷一份，实为一项设计项目的一部分。就这样一场虚假招聘使本应耗费大量人力的设计工作轻松完成。所以广大毕业生尤其是设计类、计算机类的毕业生应该提高警惕，增强保护知识产权的意识，采取适当措施降低用人单位使用作品的可能性。例如，面试时不要让用人单位随意复制自己的作品；发送电子邮件时，应对自己的作品进行处理，降低相关图片的分辨率；交付自己的作品时，应要求用人单位签收，以保存证据。

6 虚假试用

一些不法企业利用试用期廉价使用毕业生。规定试用期是正常的招聘行为。但有些企业在试用毕业生时劳动强度高工资报酬低，在试用期结束后又借口种种理由辞去毕业生，更有甚者，还向毕业生收取所谓培训费。所以广大毕业生在求职时一定要就试用期问题在合同中明确约定；在试用期间要注意保留有关工资、工作时间、工作能力的证据，以备必要时维护自己的权利。

7．合同陷阱

毕业生尤其要防备一些老谋深算的老板设置的合同陷阱。近年来，社会中出现了一些合同严重违反法律，这些合同都是无效的，下面介绍一些这样的非法合同，希望广大毕业生提高警惕。

（1）暗箱合同。这类合同中的权利和义务一边倒。有些企业，尤其是私营和个体工商户与劳动者签合同时，多采用格式合同，根本不与劳动者协商，不向劳动者讲明合同内容。在合同中，只从企业的利益出发规定用工单位的权利和劳动者的义务，而很少或者根本不规定用工单位的义务和劳动者的权利。

（2）霸王合同。这类合同一般是以给劳动者或其亲友造成财产或人身损失相威胁，迫使对方在违背真实意愿的情况下所签订的。例如，有的企业看重一名技术员后，先与该技术员的亲朋好友订立劳动合同，然后再与该技术员谈判，强迫与其订立劳动合同，否则就以解雇其亲朋好友相威胁。

（3）生死合同。部分用人单位不按劳动法的规定履行劳动安全义务，妄图以与劳动者约定"工伤概不负责"的条款逃避责任。签订这类合同的往往正是从事高度危险作业的单位。这类企业劳动保护条件差、安全隐患多、设施不安全，生产中极易发生安全事故。

（4）卖身合同。具体表现为一些用人单位与劳动者在合同中约定，劳动者一切行动服从用人单位安排，一旦签订合同，劳动者就如同卖身一样失去人身自由。在工作中，加班加点，强迫劳动，有的甚至连吃饭、穿衣、上厕所都规定了严格的时间，剥夺了劳动者的休息权、休假权，甚至任意侮辱、体罚、殴打和拘禁劳动者。劳动者的生活、娱乐和人身自由受到限制。

（5）双面合同。一些用人单位与劳动者签订合同时，准备了至少两份合同。一份是假合同，内容按照劳动部门的要求签订，对外应付有关部门的检查，但在劳动过程中并不实际执行；一份为真合同，是用人单位从自身利益出发拟定的违法合同，合同规定的权利义务极不平等，对内用以约束劳动者。

8．非法中介

一些不法分子冒充合法机构，通过广告宣传，虚构招聘岗位，收取中介费后便人间蒸发。更有些私人机构互相勾结，串通欺骗求职者，举办所谓招聘会，接收大量简历，并不招一兵一卒，意在敛取求职者的钱财。奉劝广大毕业生不要轻信那些无相应资质的中介机构和场所，求职应去政府举办或者政府审查许可的有信誉的人才市场和人才服务机构。

二、违约责任与劳动争议

1．三方协议

毕业之时，毕业生们都会和学校、用人单位签订一份"三方协议"。对于三方协议的界定，一般理解为，根据国家毕业生就业政策，毕业生、用人单位、学校在协议书上签字、盖章后，协议书便生效，对三方面都具有约束力，各方面都应该遵守协议、履行协议。如果三方中有一方反悔的，即视为"违约"，而且必须向另外两方承担违约责任。

学校作为毕业生和用人单位的见证方，一般不会涉及违约，事实上可能会出现违约问题的多是毕业生或用人单位。一般情况下，毕业生和用人单位会出现的违约状况大致可以分为以下几种：

（1）毕业生出现违约的情况

①同时与多家单位签约，再定取舍。

②先确定一个用人单位垫底，一旦找到更理想的用人单位，则抛弃前者，满足后者。

③向用人单位提供不真实的选用情况

④其他违约行为。

（2）用人单位出现违约的情况

①拒收毕业生

②提供不真实的情况和虚假材料，误导毕业生与之签约。

③其他违约行为：如为约束毕业生而收取一些不合理费用；违反行政法规、规章，不执行有关规定，侵害毕业生的合法权益。

按照规定，就业协议书一经毕业生、用人单位、学校签署即具有法律效力，任何一方不得擅自解除，否则违约方应向权利受损方支付协议条款所规定的违约金。从实际情况来看，就业违约多为毕业生违约。如果毕业生违约，除本人应承担违约责任、支付违约金、诚信危机外，往往还会造成其他不良的后果，包括用人单位、学校，甚至是其他毕业生都会受到一定的不良影响。因此，希望你在签署就业协议之前经过慎重地思考，完全明确自己签署协议后所负有的责任，然后再确定签署就业协议。

当毕业生到用人单位报到后，三方协议即告终止，此时用人单位会与其签订一份正式的劳动合同，其中约定了劳动者在单位的试用期限、服务期限、工资待遇及其他各项福利等事宜，合同签订之后，双方即正式确定了劳动关系。

2. 试用期权益

劳动合同之中约定的试用期是你工作的第一个阶段，需要熟悉、学习、适应的内容很多，因此这也是你和用人单位双方最容易出现纠纷的阶段。

（1）试用期时限。试用期是用人单位和劳动者建立劳动关系后为相互了解、选择而约定的不超过6个月的考察期。试用期包括在劳动合同期限中。按照《劳动法》的规定，劳动合同可以约定不超过6个月的试用期。劳动合同期限在6个月以下的，试用期不得超过15日；劳动合同期限在6个月以上一年以下的，试行期不得超过30日；劳动合同期限在一年以上两年以下的，试用期不得超过60日；劳动合同期限在两年以上的，试用期也不得超过6个月。

（2）试用期辞职。根据《劳动法》的规定，劳动者在试用期内可以随时通知用人单位解除劳动合同（无须提前通知）。有些用人单位在劳动合同中约定劳动者在试用期解除合同需承担违约责任，这实际上限制了劳动者的解除权，因此这种约定是侵害劳动者的合法权利的行为，对于这种约定条律，法律一般确认为无效。

相关链接

王强毕业前与一家单位的市场部签订了就业协议，并在7月份毕业后来到这家单位上班。但是工作了不久他就感觉，自己的身体状况很难适应单位高强度的工作方式，而且现有工作也不适合其今后发展定位，于是在8月底向单位提交了解除协议申请，虽然单位答应了他的离职要求，却以违约为由，要求其必须缴纳5000元人民币的违约金。王强觉得很委屈，身体不好无法胜任工作是客观原因，再说现在还处于试用期，没有签订劳动合同，凭什么说自己违约。自己在公司已经了一个多月，一分钱的工资都没有拿到，反而还要交5000元？由于王强不肯交违约金，单位就拒绝帮助其办理离职手续，双方的僵持让王强感觉损失很大。

其实，在7月份毕业后王强已按照约定与单位建立了劳动关系，原来的就业协议已经履行完毕。王强辞职时仍处于试用期内，依据劳动法规定，他随时可以解除劳动关系；如果双方没有签订劳动合同，那么也属于事实劳动关系，王强依然可以随时解除劳动关系而无须支付违约金。

但反之，如果在报到后，毕业生因为发生疾病不能坚持正常工作的，用人单位则应该按照在职人员的有关规定处理，即使处于试用期，单位也不能将随意其辞退。

（3）试用期辞退。根据《劳动法》第二十五条规定，劳动者在试用期间被证明不符合录用条件的，用人单位可以解除劳动合同。法律规定得很清楚，用人单位可解除劳动合同的条件是其必须举证证明劳动者在试用期间不符合录用条件。毕业生应当明确，用人单位要求解除劳动合同时，举证责任在用人单位，劳动者无须提供自己符合录用条件的证明。

3. 纠纷处理方式

如果出现了以上这些，甚至更多更为复杂的劳动纠纷，就需要你清楚劳动争议通常的处理方式。下面为毕业生们提供几个简单的解决方法：①协商解决；②企业调解；③劳动仲裁；④法院判决。

三、社会保险的有关知识

社会保险中的养老保险、医疗保险和失业保险由企业和个人共同缴纳，工伤保险和生育保险完全由企业承担。这里要注意的是"五险"是法定的，而"一金"不是法定的，"五险一金"的缴费比例如下：

（1）养老保险：单位承担 20%（17% 划入统筹基金，3% 划入个人账户），个人承担 80%（全部划入个人账户）。

（2）医疗保险：各地不同，例如，北京：单位承担 10%，个人 2%+0.2%；重庆：单位承担 9%，个人 2%+0.2%。

（3）失业保险：各地不同，例如，北京：单位承担 1.5%，个人 0.5%；重庆：单位承担 2%，个人 1%。

（4）工伤保险：由单位承担，比例分 0.5%、1%、2% 三个档次，根据企业经营范围和行业性质确定。服务业 0.5%，制造业 1%；采掘冶炼 2%。

（5）生育保险：由单位承担，例如，北京比例为 0.8%；重庆比例为 0.7%

四、维护合法权益

毕业生的就业权益保护主要分两个阶段，一个是求职择业过程中（即首次就业）的权益保护，另一个是就业上岗后（即劳动关系）的权益保护。不同阶段的权益保护有着不同的侧重内容：前者主要集中在就业协议的签订、试用期的纠纷方面，后者主要集中在劳动合同的履行方面。

1. 首次就业维权建议

毕业生在首次就业过程中，一定要时刻保持清醒的头脑，了解和掌握就业方面的知识和政策，并严格按照程序办事，使自己的合法权益能得到充分的保障而不致轻易受到侵害

（1）端正求职心态。毕业生求职时，往往会出现焦急、浮躁和盲目的心态，直接影响了他们在维护合法权益方面的态度和表现：或为不惜委曲求全；或不敢再"斤斤计较"；或被花言巧语诱骗而轻信对方。虽然不是"一次就业定终身"，但如果首次就业就令权益

和身心都受到伤害，则必然会给自己未来的发展带来不小的负面影响。

（2）掌握政策，学习法律。在求职、择业、签约之前，一定要全面了解和掌握毕业生就业政策，做好相关法律法规的知识储备。如此，才能在应聘和签约时保持思路清楚和条理明晰，及早识破不法单位故意设下的陷阱；如此，才能懂得如何通过合法的途径和手段解决就业过程中出现的问题，最大限度地保护自己的正当权益。

（3）全面了解用人单位。毕业生享有全面、真实了解用人单位的知情权。签约前，毕业生应该尽量多方面打听、了解用人单位的运作状况、招聘信誉、用人意图、岗位职责以及企业文化等情况。如果有可能，最好去实地考察工作环境，尤其是颇为陌生的单位，未雨谋筹地将未来实际就业中权益受侵害的可能性降至最低。

（4）慎重签订协议。在与用人单位签约时，落笔要慎重，仔细研究就业协议书及其补充协议中的条款，确认合理合法后再签字；重点注意试用期及违约条款的约定；尽量不要在协议书中留下空白条款；对用人单位的口头承诺要尽可能在补充协议中予以书面注明，并明确将来签订劳动合同时对此予以确认。

（5）敢于据"法"力争。如果在求职应聘和签订协议的过程中发现有权益受侵害的不平现象，不要害怕失去就业机会而忍气吞声，要学会积极运用法律的武器，力争自己的合法权益。缺乏诚信、用心不轨的用人单位不去也罢，否则将来吃亏的还是毕业生自己。加强自身的维权意识，是阻止侵犯毕业生就业权益的现象泛滥的根本途径。

（6）借鉴专家意见。如果在首次就业的过程中遇到疑惑和困难，要及时咨询有关专家老师和家长。毕竟大学生在社会阅历方面还是一片空白，而法律专家的专业视角、学校老师的指导经验，对于毕业生来说不啻为莫大的帮助。此外，往届校友在就业中的经验和教训也是可供应届毕业生就业维权参考的一笔宝贵财富。

2．劳动关系维权建议

初涉职场的大学生面对纷繁复杂的社会，在注重调节职业适应的同时，也不要忽略了对自己合法权益的保护，以免给自己职业生涯的发展造成不必要的阻滞和损失。

（1）学习劳动法规。我国的《劳动法》《企业劳动争议处理条例》以及各地方性的劳动合同管理规定，是调整劳动关系、签订劳动合同、解决劳动争议的最基本也是最常用的法律法规，毕业生在实际就业之前应对这些法律常识有所了解。"法盲"是侵权者最为青睐和觊觎的猎取对象。

（2）重视劳动合同。如何签订劳动合同，关系到毕业生在实际就业过程中合法权益能否得到充分的保障。

①要及时签订。到单位报到后，毕业生应尽快与用人单位签订劳动合同，使双方的劳动关系能以法律的形式确认，使劳动者的合法权益能得到及时的保护。

②要逐条细看。对劳动合同的内容，毕业生要仔细分析，权衡利弊，切忌盲目签字。对模糊词句要提出质疑，对不平等条款要敢于指出，对不公平合同要坚决拒签。

③要保存证据。签订劳动合同后，毕业生也要持有一份合同，作为享受权利、履行义务以及处理劳动争议的依据

第二章 大学生就业能力的提升

案例

"您好！我学的是商务英语专业，想应聘办公室文员这个职位。"

"我们这个文员职位是文职秘书，需要经常写一些公文，你知道几种公文写作格式？"

"不好意思，我在学校的专业课程没有系统教授公文写作，但我的再学习能力比较强，而且在媒体发表了很多稿件，应该能够很快上手。"

我们公司经常需要同外商接触，有时需要直接对话，你学的是商务英语专业，能否现在用英语简单介绍一下自己？

"对不起，我的口语比较差……"

其后，求职者断断续续地用英语作了自我介绍。

这是在双选会上，在一家大型外贸公司展位前，一名求职者和招聘工作人员的对话。两分钟不到，招聘方工作人员已经客气地将这名求职者打发走了。

案例点评

专业知识是毕业生求职的根与本。应聘办公室文员却不知道公文写作，英语专业却不能口语自我介绍，这是典型的专业知识不全面。既然想要找文秘工作，这些都是应该具备的基本知识，如果有所欠缺，应该提前恶补，迅速充实自己，或者寻找自身专长，看自己适合哪方面的工作，改变求职方向。总之，没有扎实的专业知识，纵使有再多的求职技巧，也如同无根之树，是不可能结出丰硕的果实的。

第一节　职业道德

一、职业道德素质

1. 职业道德的主要规范

社会主义职业道德是社会主义道德体系的重要组成部分。《中共中央关于加强社会主义精神文明建设若干重要问题的决议》中指出，要大力提倡"爱岗敬业、诚实守信、办事公道、服务群众、奉献社会"的职业道德。

（1）爱岗敬业。爱岗就是热爱自己的工作岗位，热爱本职工作，并能够为做好本职工作尽心尽力。从业人员对本职工作的热爱程度与个业兴趣高度相关，如果从业人员对从事的工作感兴趣，就很容易对从事的工作产生热爱。总的来讲，对于那些条件好、待遇高、专业性强、工作又轻松的工作，人们比较喜欢，就很容易做到热爱本职工作；而对于那些工作环境艰苦、繁重劳累、工作地点偏僻、工作单调、技术性低、重复性大、危险性的工作，要想热爱上还真不容易。然而，无论你是否对从事的职业岗位感兴趣，无论是在统包统分的计划经济时代，还是在双向选择的市场经济时代，任何岗位都得要有人去干。因此，个人从事的工作与个人职业兴趣不可能完全做到一一对应，两者错位的情况在实际工作中很常见。所以当你走上工作岗位后，要以整个国家和社会的需要为出发点来看待自己的工作，在工作中发现、培养兴趣，争取做到干一行爱一行。如果你能这样做，从某种意义上讲，你就是一个品德高尚的人。

敬业就是要以崇敬、严肃的态度来对待自己的本职工作，在工作中勤勤恳恳、兢兢业业、忠于职守、认真负责。敬业有高、低两个层次，一种是以满足生理需要为目的的敬业，即谋生敬业，个人功利性色彩较重；另一种是以满足尊重和自我实现需要为目的的敬业，主要是为了实现自我价值，得到较高的社会评价和自我评价，是较高层次发自内心的敬业精神对于社会而言，更看重敬业的第二个层次，它更能促使人们勤勤恳恳、认认真真、尽心尽职地爱岗敬业，是职业道德的核心和基础。爱岗与敬业是紧密联系在一起的，其内在精神是相通的，敬业先需爱岗，爱岗更能体现敬业。

（2）诚实守信。诚实是指一个人能够完全忠诚于客观事实，有一说一，有二说二，从不为了个人私利而故意歪曲、篡改事实真相的个人道德品质。守信就是指一个人遵守诺言、说一不二，讲信誉、重信用，履行自己应尽的职责和义务。

诚实和守信两者的内在意思是相通的，诚实是守信的基础，守信是诚实的具体表现。诚实守信既是做人的基本原则，也是职业道德的内容体现。例如，商业界的公平交易、童叟无欺，教育界的学高为师、身正为范，科研界的勇于探索、实事求是等。总之，诚实守信要求每个从业者自觉遵守国家的法律法规和社会主义道德规则，约束、规范自己的行为，真心待人，诚实办事，诚信为本，以信立业。

（3）办事公道。办事公道是指从业人员在本职工作中，要站在公平公正的立场上，按照统一标准、同一原则办事的职业道德规范。它既是从业者协调本职工作内外关系的行为准则，也是他们在职业活动中需要遵守的道德规范。它要求人们本着公平、公开、公正的原则秉公处理本职事务，对任何人都坚持原则、按章办事、不偏不倚、一视同仁、公私分明、不贪不占，主持公道、伸张正义、保护弱者。

公正作为传统职业道德之一，与人生而平等、追求平等的本性相关。人都是有尊严的，都希望自己像别人一样在任何场景下都能享受同等待遇，而不是差别歧视性待遇。任何从业人员都面临着一个办事公道的问题，随着场景的转换，你可能是提供服务的人，也可能是接受服务的人。例如，一个办事公道的商场服务人员，不管顾客的差异性有多大，都一视同仁、热情服务、接待周到，就不会犯以貌取人的低级错误。

（4）服务群众。服务群众就是为人民群众服务，这是为人民服务的思想在职业道德中的具体体现。每个人都生活在同一社会中，都是群众构成成员之一，从业者在为别人提供服务的同时，也在享受着别人为自己提供的服务。即每个从业者都有权享受其他从业者的职业服务，同时又要尽为他人提供职业服务的义务。所以，服务的供给方与接受方是同一性关系。任何从业者要时时刻刻为群众着想，争取做到急群众所急、忧群众所忧、乐群众所乐例如，从教的要传道授业解惑、诲人不倦，经商的要做到买卖公平、价格公道、优质服务，从政的要做到不贪赃枉法、不徇私舞弊、全心全意为人民服务等。

（5）奉献社会。奉献是指满怀感情地为他人、社会、真理、正义做贡献，甚至献出自己宝贵的生命，而不期望等价的回报和酬劳。奉献者付出的是青春、是汗水、是热情、是一种无私的爱心，甚至是无价的生命；收获的是一种幸福、一种崇高的情感，是他人的尊敬与爱戴，是自己生命的延长。这种收获是无价的，是无法用物质金钱来衡量的。

当奉献社会成为职业道德规范时，它要求从业人员把对事业不求回报的爱和全部身心的付出看作是自己的社会责任和历史使命，把本职工作当成事业来热爱和完成，努力做好每件事，认真善待每一个人，全心全意为人民群众服务，并以此作为检验职业道德状况的标准。所以，奉献社会既是职业道德的出发点和归宿点，也是一种人生境界。具体来说，其核心是全心全意为人民服务，一切从有益于他人、社会、民族和国家出发，只要对人民有益，再苦再累也心甘情愿。

相关链接

2015年6月1日，"东方之星"号客轮在长江中游湖北监利水域翻沉。官东主动请缨加入海军工程大学抢险救援分队。6月2日抵达救援现场后，他第一个跳入水中，面对水流湍急、能见度极低的双重考验，官东首先在船舱内发现朱红美老人，他一边耐心十安抚老人的情绪，一边帮她穿戴好装具，最终成功将其救出，这是第一位被成功救出的生还者。14时15分，官东再次下水，在机舱部位找到了船员陈书涵。面对体力严重透支，陷入绝望的陈书涵，官东毫不犹豫地将自己的装备给了陈书涵，自己冒着生命危险仅靠轻潜装具支撑。撤退时，他身上的信号绳被缠住，危急之下，官东割断信号绳，与水面彻底失联。官东在黑漆漆的舱内摸索近 20 分钟，终于找到出舱口，怎料，一个暗流瞬间将他卷入深水区，而此时，装具里的氧气即将耗尽，官东果断丢掉所有装具，憋着一口气猛地往上游。由于上升速度过快，刚出水的官东双眼通红、鼻孔流血。面对大家的赞许，这个帅气的 90 后小伙儿，没有多言。因为在他看来，这是军人应有的担当。

2.职业道德的特点和作用

（1）职业道德的特点。

①具有适用范围的有限性。每种职业都担负着一种特定的职业责任和职业义务。由于各种职业的职业责任和义务不同，从而形成各自特定的职业道德的具体规范。

②具有发展的历史继承性。由于职业具有不断发展和世代延续的特征，不仅其技术世代延续，其管理员工的方法、与服务对象打交道的方法，也有一定历史继承性。如"有教无类""学而不厌，诲人不倦"，从古至今始终是教师的职业道德。

③表达形式多种多样。由于各种职业道德的要求都较为具体、细致，因此其表达形式多种多样。

④职业道德兼有强烈的纪律性。纪律也是一种行为规范，但它是介于法律和道德之间的一种特殊的规范。它既要求人们能自觉遵守，又带有一定的强制性。就前者而言，它具有道德色彩；就后者而言，又带有一定的法律的色彩。就是说，一方面遵守纪律是一种美德，另方面，遵守纪律又带有强制性，具有法令的要求。例如，工人必须执行操作规程和安全规定，军人要有严明的纪律等。因此，职业道德有时又以制度、章程、条例的形式表达，让从业人员认识到职业道德又具有纪律的规范性。

（2）职业道德的作用。职业道德是社会道德体系的重要组成部分，它一方面具有社会道德的一般作用，另一方面它又具有自身的特殊作用，具体表现在以下四个方面：

①调节职业交往中从业人员内部以及从业人员与服务对象间的关系。职业道德的基本职能是调节职能。它一方面可以调节从业人员内部的关系，即运用职业道德规范约束职业内部人员的行为，促进职业内部人员的团结与合作。如职业道德规范要求各行各业的从业人员，都要团结、互助、爱岗、敬业、齐心协力地为发展本行业、本职业服务。另一方面，职业道德又可以调节从业人员和服务对象之间的关系。如职业道德规定了制造产品的工人要怎样对用户负责；营销人员怎样对顾客负责；医生怎样对病人负责；教师怎样对学生负责等。

②有助于维护和提高本行业的信誉。一个行业、一个企业的信誉，也就是它们的形象、信用和声誉，是指企业及其产品与服务在社会公众中的信任程度，提高企业的信誉主要靠产品的质量和服务质量，而从业人员职业道德水平高是产品质量和服务质量的有效保证。若从业人员职业道德水平不高，很难生产出优质的产品和提供优质的服务。

③促进本行业的发展。行业、企业的发展有赖于高的经济效益，而高的经济效益源于高的员工素质。员工素质主要包含知识、能力、责任心三个方面，其中责任心是最重要的。而职业道德水平高的从业人员其责任心是极强的，因此，职业道德能促进本行业的发展。

④有助于提高全社会的道德水平。职业道德是整个社会道德的主要内容。职业道德一方面涉及每个从业者如何对待职业，如何对待工作，同时也是一个从业人员的生活态度、价值观念的表现；是一个人的道德意识，道德行为发展的成熟阶段，具有较强的稳定性和连续性。另一方面，职业道德也是一个职业集体，甚至一个行业全体人员的行为表现，如果每个行业，每个职业集体都具备优良的道德，对整个社会道德水平的提高肯定会发挥重要作用。

3．职业道德的养成

随着现代社会分工的发展和专业化程度的提高，市场竞争日趋激烈，整个社会对从业人员的职业观念、职业态度、职业技能、职业纪律和职业作风的要求越来越高。大学生作为未来的职业劳动者，不仅要具备一定的专业知识和技能，更要不断提高职业道德素质，为今后的工作打下坚实的职业道德基础。

（1）在大学求学期间，有意识主动构建、完善自己的职业道德知识体系

①学好马克思主义理论课、思想道德与法律基础课，积累职业道德的基本知识。学习思想政治理论课是进行职业道德修养的重要手段。通过"思政"课的学习，在校大学生可以从理论层面上加深对社会主义职业道德理论、原则和规范的理解，明确职业道德修养的目标，把握职业道德修养的标准，从而提高进行职业道德修养的自觉性。

②汲取中华民族传统职业道德的精华。中华民族数千年来留下的道德、职业道德遗产非常丰富，其中既有精华，又有糟粕，我们应该以辩证唯物主义的观点来加以区别对待，取其精华、去其糟粕，不断以中华民族优秀的传统职业道德来充实自身职业道德知识体系。例如，"天下兴亡、匹夫有责"的高度责任感；"天行健，君子以自强不息"的艰苦奋斗、顽强拼搏精神；"人无礼则不生，事无礼则不成，国家无礼则不宁"的礼仪仁爱精神；"见利思义""以义制利"的道德价值取向；"言必信，行必果""民无信不立"的诚信精神等。

③借鉴西方职业道德中的合理成分。西方职业道德中也有其优秀成分，特别是那些符合社会生产和市场经济发展规律、推动市场经济快速发展的部分。例如，强调"自由个性"的独立人格、人全面自由发展的人文主义精神；顾及双方利益并希望彼此利益都能得到公平对待的"社会正义"和人都有言论信仰自由、人生而平等的"天赋人权"；忠于职守、勤奋刻苦的敬业精神；敢于开拓、勇于创新的进取精神等。

（2）把"校园生活"当作职业训练场所，积极参加各种校园活动。把"校园生活"当作职业训练场所。大学生的校园生活是丰富多彩的，生活、学习和工作等方面，都需要他们，大学生必须以此为契机，把培养自己的职业道德贯穿于校园生活的整个过程。

对所有在校大学生而言，认真做好自己参与的事情，并力争做出最佳成绩，这本身就是职业道德中爱岗敬业精神的具体表现。目前，学生社团开展的各种社团活动是培养学生敬业、创业以及创新能力的重要途径。例如，校园文化活动，这种以课外文化活动为主题、以校为主要活动空间而展开的群体文化活动，具有内容丰富、形式多样、层次较高、规模较大，参与者众多等特点，对广大学生而言，具有很强的吸引力和广泛的群众性基础。校园文化活动不仅其内涵十分丰富，而且外延也非常宽泛，绝大部分学生可以从中受到教育、

熏陶和锻炼，培养爱岗敬业、忠于职守的精神，养成对活动以及事业的责任心、使命感。特别是那些组织者和骨干成员，要把校园文化活动当作事业来做，在准备阶段一定要周密计划、科学策划，在执行阶段一定要做到事无巨细、事必躬亲，有始有终、全力以赴，力争达到预期目的。就其实质而言，该过程实际上就是职业道德的修炼过程。只有经过类似过程的不断磨砺，才能修炼自身职业道德，并为将来踏上新的岗位提供良好的基础。

对于学生干部来说，职业道德的修炼就是要做好学校各级组织分配的任务以及自己所做的社会工作，一定要把所承担的工作看作职业训练，重点培养自己爱岗敬业的精神。任何学生干部都要利用开展工作的机会，向工作的最高标准看齐，来培养自己的敬业精神和对工作的尽职尽责态度，珍惜这难得的锻炼机会，确立服务意识，以奉献精神投入工作，尽自己的最大热情，充分发挥自己的聪明才智，通过全身心投入和不懈努力，做好自己担负的工作，千万不要把工作当作苦差事，做事只想完成任务、敷衍了事；特别要杜绝摆花架子、搞形象工程、哗众取宠等不良现象。学生干部千万要记住：对于自己承担的工作，不分大小都要认真对待，做好吃苦的准备，辛勤劳动、埋头苦干，为取得优异的工作业绩而努力。

（3）积极参与校外社会实践活动，接受职场环境的磨炼。要想成为一名合格的职业劳动者，只有投身于真实的职场环境，并经历大量的职业实践活动，才可能培养出真正的职业道德。任何大学生，都要认真对待专业见习、专业实习以及其他带有专业特色的实践性活动和学习、生活、社会实践，都是培养职业道德品质和习惯的重要实践。职业道德品质和习惯的培养，仅仅靠学校教育而不与社会实践活动有机结合是不行的。大学生只有通过社会实践，才有可能投身于一个职业集体中，才能真正体味到职业习惯氛围，培养尽职尽责的优良职业道德品质，形成自己的职业作风。如果大学生只有理论学习而没有亲自投身于职业和生活实践中去，也没有经过艰苦的职业劳动培养和熏陶，是不可能形成爱岗敬业、尽职尽责的职业道德品质和习惯的。

因此，无论是正式职业劳动者还是准职业劳动者的大学生，都必须接受职业实践活动的磨炼，这样才能培养出爱岗敬业、尽职尽责、自信、自立和自强的职业精神，才能培养出过硬的职业道德品质。

二、知识要求

1. 知识结构

知识结构是指人们通过认识客观世界而获得的各类知识信息单元及其相互之间的关系。通俗来讲，知识结构是指求知者头脑中的内化，也就是客观知识世界经过求知者的输入、储存、加工、而在头脑中形成的由智力联系起来的多要素、多系列、多层次分明的动态综合体。也可以称为知识体系或智能体系。人才的知识结构通常可分为三角形、宝塔形、衣架型、T型、H型、X型等，前三个类型一般是指专业技术人才，而后三个类型则是掌握两个以上领域的通才在求职中所面临的要求，类型大致有以下几种：

（1）知识结构要求高的职位：如企业对高科技类、生物工程类、医药卫生类等专业技能要求高的职位，这一类职位对于转行就业者来说门槛就比较高，他们一般没有一定的技能知识或特长是不能轻易进入此行业的。

（2）知识结构要求低的职位：例如日用消费品、保险销售、文秘等职位需要的知识结构就较低，很多专业的人都可以胜任。如果有一定基本的学科知识，相比那些只是营销专业的销售人员更有竞争力，这也成为转行集中的区域。

（3）知识结构具有移植性的职位：知识结构具有移植性，即表示目前的职位与转行的目标职位的知识结构是相通的，具备移植性，如物理力学专业可以做机械行业的工作，建筑专业可以做房地产策划的工作，并且这些人转行都有原来专业背景突出的特征。现在在很多准备转行的群体中，发现目标职位知识结构的缺乏是主要的拦路虎，所以说在转行前要分析自己目前的知识结构现状，找出目标职位的知识结构的差距和移植性，再做判断。

某化学专业的专科生小陈，对于化学专业的学习感到非常的枯燥与乏味，同时自己十分喜欢计算机方向的知识，于是大部分时间都花在了计算机专业方面知识的学习中，就业会的时候他发现还是不能达到所跨行业的相关计算机类的职位要求，自己目前的知识结构虽有一定的基础但还不能满足职位要求，一方面自己不想从事化学类的职业，另一方面自己很想去从事计算机类的职业，但是两个方向都不如意。小陈为什么不能转行成功，有一个重要条件就是知识结构不能满足职位的需要，而有很多转行人卡在这个问题上面。

2. 信息时代知识的特征及对求职者的要求

各类现代职业对于就业者文化素质和合理知识结构的要求越来越高。就知识结构而言，不仅对知识技能共性的要求越来越多，同时对就业者知识和技能的适应性要求也越来越强。

（1）宽厚扎实的基础知识。基础知识是知识结构的根基。近年来科技发展迅猛、知识更新加快，但更新的绝不是基础知识，基础知识是知识更新的原动力。随着社会产业、行业、职业结构调整速度的加快，大学生无论是选择职业，还是确定方向，或是适应工作性质的变动都离不开宽厚扎实的基础知识的储备。这不仅关系到是否能进一步发展，是否在专业上有所建树，而且关系到将来走向工作岗位之后能否尽快适应、胜任工作。所以，大学生在大学阶段要认真系统地学习基础知识，扎实地掌握基础理论。

（2）精深的专业知识。大学毕业生是将要从事较强专业性工作的专门人才，因此，专业知识是知识结构的核心部分，也是科技人才知识结构的特色所在，无专业特色，也就不称其为科技人才。所谓精深，是指大学生对自己所从事专业的知识和技术，要在一定的范围，具有一定的深度，既有对概念体系、理论体系、研究方法、学科历史和现状等量的要求，又有对本专业国内外最新信息及与其专业邻近领域知识的了解和熟悉，并善于将其与本专业领域紧密联系起来质的要求。

（3）现代管理和人文社会知识。现代化的社会，需要大学生具有一定的社会知识，一定的经济与管理知识和人文社会知识。目前，大学生不少在高中阶段就开始了文理的分班学习，文科班的学生不学物理、化学；理科班的学生不学地理、历史。而进入大学后，学生们又只在本专业知识范围内学习，即使学些其他学科内容也是极为有限的。所以，普遍存在知识面太窄的问题。因此，作为一名大学生，应该利用在校学习的时间，利用专业学习的空余时间，多读一些社会科学、管理科学方面的书籍，增加自己的知识面，开阔自己的视野，不断增加对社会和现代管理科学的了解，从而不断提高自己的能力。同时，通过形象思维和抽象思维的交替使用，还可以促进整个大脑的思维能力的提高。

（4）大容量的新技术新知识的储备。在现代科学技术发展如此迅猛、科学知识量急剧增长的今天，面对全面改革开放的形势，如果只掌握本专业现阶段的知识，是很难适应社会的。所以，大学生应该利用在学校学习的宝贵时间，在不断加深对本专业知识了解的同时，跨学科学习更多的知识，以充实自己，在基础知识学习的宽度和深度上下功夫。要自觉地阅读现代科学书籍，掌握本专业国内外研究的新动向、新成果，了解世界科技新动态，注意本专业的科学前沿状况，要注意掌握专业知识的精湛性和先进性。这样在毕业后，才能在实际工作中不断追踪国际上的先进技术。当然要求大学生同时掌握多种专业知识是不现实的，但是除了精通自己的专业知识，并能在实际中运用以外，再掌握或了解与专业相关相近的若干专业知识和技术却是可以做到的。

3．优化知识结构

知识结构是由知识单元构筑起来的。优化知识结构，离不开自身的努力。大学生应该根据自己的兴趣、专业、成材目标和发展方向，以及自身原有的知识结构状况，结合社会的需要，按照人体构架型知识结构的思路，科学地学习、积累基础知识、专业知识等显性知识，并善于利用各种机会学习、领悟、拓展隐性知识。

（1）显性知识方面：基础知识宽厚，专业知识精当。基础知识是人类知识宝库中相对稳定的那一部分，有广泛的迁移性、适应性和概括性，不易陈旧老化。它不仅是人们从事工作学习和生活所必须具备的条件，同时也是掌握专业知识和其他知识的基础。所以说，基础知识是更新知识的原动力，基础知识越丰富、扎实，接受新信息就越快，领悟新知识的能力就越强。条件较好的个体，其基础知识的学习尽量宽厚、扎实、广博，才能适应当代科技的发展。当今社会，尽管科技发展迅猛异常，尽管专业知识更新周期不断加速，尽管市场经济行情变幻莫测，如果具备了宽厚、扎实、广博的基础知识，就能快速适应和迎头赶上。

相比较基础知识而言，每一类专业知识都更加接近工作实际。要顺利完成工作并能够进行一定发明创造，专业知识的学习应讲求精当。只有掌握了精当的专业知识，才有可能和其他知识有机组合，在未来的社会分工中充分发挥作用。大学生要根据自己的专业方向和成才目标，分析、确定自己必须具备的核心知识和辅助知识，掌握各种工具知识（如外语、计算机等）和方法知识（如文献检索、调查分析、信息收集等）。

（2）就人才创新而言，隐性知识的作用远远大于显性知识。进入知识经济时代以来，知识的范围被大大拓展。一方面，不仅包括那些能够言传的显性知识，如事实、原理、概念、理论体系等。这类知识存在于认知范畴的知识，构成了人们在认知风格和认知特质上的共性。另一方面，还包括那些只能意会的隐性知识，如经验、技术、技巧、能力等。这类知识存在于应用范畴的知识，是每一个体以其个人的方式来理解、洞察、体会、感悟、认识自然和人类社会，隐性知识的运作犹如结网一样，在无意识中逐渐地将原本无关联的知识、经验连接在一起。不仅如此，显性知识的接收、理解、记忆、整理、深化等效果也要依靠隐性知识的运作。由此，缺乏实践性的教学活动所造成的影响不仅仅是动手能力差，还因隐性知识的缺乏而影响了显性知识的吸收和组合，从而直接影响了认知活动的水平。社会实践表明，在解决问题过程中，隐性知识的作用远远大于显性知识。所谓创新思维，就是根据解决问题的需要对原有的显性知识进行新的组合，其知识结构得以优化而形成新的合理的知识结构体系，并充分发挥其结构效能，卓有成效地解决实际问题。

就是因为隐性知识对显性知识具有潜在的制约和促进作用，所以大学生要特别注意从隐性知识的获得入手，对那些分散的、零碎的、低层次的经验知识，进行加工、提升，使之在知识结构内部与理性知识优化、协调相结合，共同发挥系统效应；而隐性知识的积累、组合、转换都是以参与综合性实践活动为前提的。大学生要善于开发自己的大脑，挖掘自己的潜质，打破传统思维定式、观念束缚，树立创新意识和创新志向，重视以独立的思维和创新的思维方法为主要内容的思维能力的培养。概而言之，知识结构优化的过程，实质上也是一个学习、积累、调整、创新的过程。

三、职业能力

1.能力与职业能力

能力是指能迅速和准确地完成某种活动所必须具备的个性心理特征。它是影响活动效果的基本要素。如果一个人的能力符合于某项活动的要求，那么就会很容易地、高水平地完成任务，也就表现出有能力；反之，如果一个人不具备工作所要求的能力，不能很好地完成工作要求，就是能力差的表现。

职业能力是指人们为从事某种职业而必须具备的，并在这项职业活动中表现出来的多种能力的综合。任何一个职业或工作岗位都会有相应的职责要求，职业能力是胜任职业岗位的必要条件。

2.职业能力的种类

（1）智力能力是职业能力的核心部分。一般的职业能力主要是指从业者的学习能力、文字与语言的运用能力、数学运算能力、空间判断能力、形体知觉能力、颜色分辨能力等智力因素以及手的灵巧度以及手眼协调能力等身体方面的能力。可以说智力在一定程度上决定了求职者可能选择的职业类型。因为任何职业都对从业者的智力有一定的要求，只不过不同的职业对智力的要求不甚相同而已，对一般的职业而言，智力的制约作用可能不很明显，但诸如科技工作者、高层管理人员等职业，对智力方面的要求就会相对较高。

（2）专业能力是职业能力的重要组成部分。专业能力指要从事某一职业所应该具备的专业知识。这种专业知识和技能是要通过专门的教育和培训获得的。某大学做的毕业生跟踪调查表明，一个接受过完整专业知识学习和技能训练的机械专业毕业生，走上工作岗位后，90%以上能够很快就适应岗位需求，成为技术骨干。

（3）社会能力是职业能力不可缺少的组成部分。社会能力主要指与人打交道的人际交往能力、与他人合作的团队协作能力、对生活与环境的适应能力以及面对失败和挫折的心理承受能力等性格和心理方面的能力素质。

随着时代的发展，现代社会的各行各业已经成了一个紧密联系的整体，任何职业和个人都不可能脱离他人而存在，因此能够待人公正宽容，愿意与人合作共同承担任务、共同完成计划，善于联络、协调，这些能力成为一个合格的求职者必须具备的能力，也是个人能够胜任岗位职责和开拓进取，取得优异成绩的重要条件。

3．六种基本的职业能力及培养

（1）适应能力。人与环境的正确关系是适应与改造的辩证统一。适应就是改变自身以迎合客观环境的要求；改造就是改变客观环境使之符合自身发展的要求。人们在谈到人与环境的关系时，往往注重了后者而忽视了前者。在人类社会的进步与发展中，人对环境的改造固然起着主导作用，但改造不能离开适应。社会生活的纷繁多样和生活环境的不断变化，要求每一个人必须培养自己适应环境的能力，只有这样才能在社会上立足，也才能谈得上对环境的改造。

（2）人际交往能力。以社会认可的方式，妥善处理人与人之间的关系，并与他人和谐共处、共同发展的能力即为人际交往能力。作为大学生，只有具备一定的人际交往能力，善于处理各种人际关系，才能在工作中充分施展自己的才能。在人际交往中，要以民族善良、诚实的传统美德，"将心换心，以诚相待"，要学会尊重他人，多为他人设身处地着想，这样才能得到他人的尊重；要既能干大事、又能做小事，不以"才子"自居，妄自尊大，要有甘当小学生的精神；要学会处理具体问题，既要坚持原则，又要不失灵活，以免贻误总目标的实现。

（3）表达能力。表达能力是指人们以语言或其他方式展示自己思想感情的能力，是交流科学技术思想、交流感情的工具。人们在日常学习、工作、生活中，要交流思想、讨论问题、互通情况、阐述观点等，不注意表达能力的培养，有再好的见解和办法，表达不确切、不清楚，也会直接影响本领的施展。口头表达能力要求的是语言的流畅性、灵活性和艺术性；书面表达能力要求的是文句的逻辑性、艺术性和条理性。对一名大学毕业生来说表达能力在将来的工作岗位上是极为重要的。有的大学生在工作岗位上，动手写东西很费劲，拿起笔来不知从何入手，写出来的东西，文字不顺，逻辑不通；有的连通知、申请都写得不像样；有的会设计写不好说明；有的外语不错，中文却不通等。因此，大学生在校期间要努力加强锻炼，不断提高表达能力。要多读书，以增加自己表达思想的深刻性、观点的新颖性、内容的丰富性；要多实践，以培养自己思路的敏捷性、表达的条理性、准确性和生动性。

（4）开拓创新能力。开拓创新能力是人们用已经积累的丰富知识，通过不断地探索研究，在头脑中独立地创造出新的形象，提出新的见解和做出新的发明的能力。它是人才素质的核心，包括发现问题、提出问题的能力，发现规律的能力，创造性地分析问题和解决问题的能力，发明新技术，创造新产品的能力等，它是由观察敏锐性、记忆保持性、思维灵活性、独立思考能力、创造性思维、创造性想象和创新意识等基本要素构成的。大学生毕业后，在实际工作中，将会遇到一些前人从未问津的新课题，有的人能把这些问题进行科学的分析，理出头绪、分清主次、抓住本质、提出方案，充分利用自己解决实际问题的能力进行不断的探索研究，得出科学的结论，取得创新的成果。相反，也有的人面对无成规可循的新问题，不知所措、不敢问津，或者乱撞乱碰，费了不少精力和时间，到头来一事无成。这些差异正是由开拓创新能力的不同所致。所以，大学生在学校期间，要不断加强自己的开拓创新能力的锻炼，增强开拓创新意识，为在今后的工作中有所发明、有所创造奠定良好的基础。

（5）动手能力。把创造性思维变成实际的物质成果，或是用生动形象的实验过程呈现创造性思维的转化能力即为动手能力，也称为实验操作能力。这种能力对于大学生，尤其是工科大学生来说尤为重要。现实工作中，尤其是在科研、生产第一线，要求的是理论上要懂，实践中会干的人才，要求讲能讲出科学道理来，动手能干出样子来。而目前的问题是，有些大学生对于工作中遇到的问题，理论上懂，道理也讲得出来，但要动手来解决这些问题，往往就显得能力欠缺，直接影响了自己作用的充分发挥。所以，大学生在学校不仅要积累知识，还要通过参加科研活动，利用生产实习和勤工俭学等机会，着力培养和提高实际动手能力，以满足今后的工作需要。

（6）组织管理能力。组织管理能力包括计划能力、组织实践能力、决断能力、指导能力和平衡能力。随着毕业生就业制度的改革，具有一定的交往能力和组织工作能力的大学生越来越受到用人单位的普遍欢迎，许多单位挑选大学生时在注重学生的学业成绩的同时，对学生是否担任过学生干部、担负过社会工作很感兴趣。因为，大学生将来无论从事何种工作，要把工作开展起来，把计划付诸实施，把他人的积极性调动起来，把大家的智慧发挥出来，没有一定的组织管理能力是不行的。因此，在学校大学生应积极参加社会活动，尽量做些社会工作，不断增强自己的组织工作能力，以利于今后的工作。

4 职场核心竞争力

（1）终身学习。未来 10 年会是一个职业和职业需求都迅速变化的年代。先把学历读到无比的高，然后一辈子靠这个混的策略早就过时。未来的职业发展大概以 3～5 年为一个阶段，每个阶段之间需要系统地重新学习新的领域，在职的培训、证书与学历教育将会成为常事，间隔年的旅行和学习会成为潮流。企业也会逐渐在企业内建立学习中心，甚至企业大学，同时送有潜质的员工出去学习。

（2）整合。既然没有人能够单凭一段时间的能力就获得竞争力，那么竞争力一定属于整合能力最强的人—能把过去的所有资源和能力都整合起来，能找到自己零散的能力，未来的职场中，整合是非常重要的能力。

能整合自身的能力，叫竞争力；能整合团队的能力，叫组织力；能整合公司的能力，叫领导力；能整合行业的能力，就是改变世界的能力。

（3）翻译能力。你一定知道格式转码这回事，这在早年的电脑上经常出现—有些播放器不能识别 WMA 或者 MP4 的文件，你就必须用一个转码软件转码，才能读出这段视频。同样的道理，很多人的职业发展不顺，不是因为能力不强，而是不知道如何把过去的能力和资源"转码"出来，让新的东家能读懂。

第二节　目标职业与能力的提升

案例

王赢为英语专业学生，她是一个来自农村的女孩，初中时，曾经因为家庭特困被迫辍学，但她从来不曾放弃过追求，也不曾悲观失望过。在力争回归求学之路后，更加自强不息。在大学求学期间，不但品学兼优，名列前茅，并长期担任主要学生干部，而且自立完成学业，没有向家里要过一分钱。她先后做过图书管理员、兼职辅导员、学生工作助理、家教、餐厅服务员等十几份工作，担任过班长、学习部长、班级辅导员等职务，在常人难以想象的高强度生活中，她也迅速成长成熟起来。她在新东方分校找到了一份工作，任课程顾问，主要工作：前台接待，课程咨询，接打电话，报名登记，收费合账，情况反馈等。工作踏实认真，谦虚勤奋，与同事相处融洽，得到领导和同事的广泛好评。后因工作目标调整离开新东方。现在，她在某路桥总公司职工大学任职，主要工作：宣传报道、办公文秘、招生培训、教务服务等，因表现出色，也得到了领导的赞赏。

案例点评：

贫穷不能决定一切。出身贫寒的王赢没有因家庭经济的窘迫而自卑、失望，而是依然保持一颗自信自尊、乐观积极的心。正是她踏实肯干、谦虚勤奋的态度和坚韧不拔的个性，使得她在吃苦耐劳中练就了过人的才干、在自强不息的道理上不断前进，终于获得了成功。

一、目标职业对专业技能的要求

不同类型的职业对从业者的知识结构、职业素质要求不尽相同，下面介绍几种大学生毕业之后接触较多的几种职业类型及其专业知识要求。

1.管理类职业的要求

管理类职业主要包括了企、事业单位中行政管理、企业管理、金融管理、财政管理、经济管理等工作。进入此类职业领域的大学生的知识结构中，需要有较大比例的管理学理论和专业知识，懂得管理科学的发展规律，了解最先进、最有效率的管理方法和经验。同时，还要涉及与管理工作相关的税务、工商、外贸等相关知识。除此之外，国家的方针政策和基本的法律知识也需要很好地掌握。在从事管理工作的过程中，懂得运用一些基本的管理技巧和管理策略将使工作得心应手。

2.技术类职业的要求

技术类职业主要包括了各行业各领域中从事各类技术应用工作的职业。例如各类技师、工程师、医师等，此类职业对专业知识和专业技能要求相对较高。进入此类职业领域的大学生的知识结构中，需要有扎实的专业技术知识，较新的现代专业理论，同时，要能熟练地掌握能够应用于实际工作中的操作技术。另外，还需要考取相应的职业资格，如医师执业证书、质量专业技术人员职业资格证、出版专业技术人员职业资格证等。

3．科研类职业的要求

科研类职业主要包括了科研院所、高新企业等机构中的基础理论研究、应用理论研究、各学科学术研究、信息情报研究等工作，科技含量相对较高。进入此类职业领域的大学生的知识结构中，需要有丰富、坚实的专业基础知识、扎实的理论功底、严谨的研究态度、良好的逻辑分析能力、掌握多种科学研究方法、精通本专业的各种实验方法和调查研究方法，会恰当运用调查研究的技巧。同时，还要密切关注和掌握本专业领域的国内外最新研究成果和前沿信息。

4．教育类职业的要求

教育类职业主要包括了各级各类教育机构中从事教书育人工作。例如，高校教师、中小学教师、幼儿教师以及各类职业教育、培训教师等。进入此类职业领域的大学生的知识结构中，需要具有较高的文化素养和丰富、坚实的专业知识，了解与本专业相似或相近的交叉学科或新兴学科的知识。此外，还需要掌握教育学、心理学、教育心理学等教育科学的相关知识。同时，还必须具备必要的师范技能，例如，普通话、板书、制作课件、师范礼仪、教学方法等。另外，教育类职业对职业道德、对师德的要求也相对较高。《教师资格条例》还规定"中国公民在各级各类学校和其他教育机构中专门从事教育教学工作，必须依法取得教师资格"，因此，教师资格证书是从事教育类职业学生所必须拥有的。

5．财会类职业的要求

财会类职业主要包括了财务、会计、审计、营销、采购等工作，例如，会计师、审计师、报关、业务员等。进入此类职业领域的大学生的知识结构中，需要具有税务、商法、财会制度、经济学、数学运算、法律、销售、采购方面的知识。随着市场经济体制的建立，社会对财会类从业人员的要求也相应提高，不仅要熟悉本职工作中涉及的政策法律、规章制度，还要紧跟形势，善于学习，拓宽知识面，能够很快适应国家或者单位财会制度和方法的不断变化。

6．政法类职业的要求

政法类职业主要包括了公安、检察、司法等国家机关中的各项工作。例如，法官、检察官、警察等。由于在国家稳定和社会安全中发挥着重要的作用，社会对政法类职业的从业要求一直比较严格。进入此类职业领域的大学生的知识结构中，需要具有较高的理论和政策水平，不仅要熟悉掌握本职工作中涉及的政策法律、规章制度，还要有较强的行政执法能力、公文写作能力以及处理各种紧急事件的应急能力。进入此类职业，一般需要参加各级别的国家公务员考试。近几年，通过选调的途径选拔任用各级各类公务员的现象逐渐增多。还有的大学生选择做"村官"，从基层开始锻炼，也可以做得很出色。

二、 目标职业对通用技能的要求

根据我国职业教育的培养目标，通用技能大体上可包括以下十个方面的重要内容：职业道德、表达沟通、人际交往、分析判断、解决问题、学习和创新、团队合作、组织管理、应变能力。

1. 职业道德

职业道德是一个人的爱岗敬业意识，是做好岗位工作的根本和思想保证，是专业技能的灵魂，是通用技能的精神支柱。

在现代社会中，职业道德在人们视野中所起的作用表现得越来越突出。随着社会的进步，人民生活水平的提高，人们的职业道德往往是从享受的产品和服务的质量中得到具体的体现，而产品和服务质量取决于生产质量和服务水平，生产质量和服务水平的高低又取决于的职业技能和职业道德素质。

个人的成功固然需要专业的知识和技能，然而，对于自己所从事的工作如果没有持之以恒、艰苦奋斗的敬业精神，以及开拓创新的进取精神和冒险精神，即使再聪明的人也会与成功失之交臂。只有德才兼备的人才能在职场畅行无阻。无论什么人，只要他想成就一番事业，就离不开道德情感、道德态度、道德良知、道德意志、道德责任、道德理想的帮助和支持。一句话，成功离不开职业道德，职业道德是个人事业成功的必要条件。具有诚实守信岗敬业的职业道德的人，无论在哪里都能受到别人的赞许与青睐；具有诚实守信、爱岗敬的职业道德的人，他永远不用担心下岗，而那些不思进取，工作不努力的人，天天都得担失业。

2. 表达沟通

表达沟通能力就是通过听说读写等思维载体，利用演讲、会见、对话、讨论、信件等方式将个人思想、观点、意见或建议顺畅地用语言或文字准确、恰当地表达出来，促使对方接受自己的能力。

表达能力包括语言表达能力和文字表达能力，这是大学生必须具备的基本能力。作为人与人之间最主要的交流工具，在日常学习、工作和生活中，语言和文字所起的作用不可替代。能够用准确、流畅的语言讲述事实，表达观点，能够撰写计划、总结、调查报告、公函等文书，这是用人单位对大学生表达能力的基本要求。大学生可以通过日常训练、参加专门的培训等方式来提高自己的表达能力。

沟通就是信息的传递和理解。沟通技能包括听、说、读、写多种技能。沟通的形式多种多样，最主要的方式是语言沟通，包括口头的和书面的。除了语言以外，非语言方式也是沟通的重要组成部分。非语言沟通也常常被称为身体语言，包括衣着、表情、神态、姿势、动作距离等。能够准确、高效地将信息传递给信息的接收方，并能正确理解对方的信息，这是大学生就业必须具备的能力要求。

3. 人际交往

交往是人类共同的心理追求。人是社会的人，在社会分工越来越细、协作越来越紧密的今天，人际交往的影响力很大，就业中缺乏交际能力就好比是在陆地行船，寸步难移。

人际交往是指人们为了相互传递信息、交换意见、表达情感和需要等目的，运用语言、行为等方式而进行的人际联系和人际接触的过程，即通常所说的人际关系。人际交往能力指的是他人传递思想感情与信息的能力。对于正在学习、成长中的大学生来说，良好的人际交往能力不仅是大学生活的需要，更是将来适应社会的需要。对于一个组织来说，良好的人际交往能力有助于营造良好的组织氛围，而良好的组织氛围可以促进组织成员之间的沟通与交流，可以促进组织内部与组织外部成员之间的人际关系，扩大组织与社会的联系面，掌握更多的社会资源，进而有助于组织目标的顺利实现。因此，在其他条件相同的情况下，用人单位往往更愿意接收和使用人际交往能力强的人。

4．分析判断

分析判断就是为实现一定的目标或解决一定的问题而制定行动方案并优化选择的过程。一个独立处理问题的过程其实就是一个决策的过程，因此，分析判断能力也就是独立处理问题的能力。对于一个特定的问题，分析判断一般包括以下环节：

（1）问题分析—分析问题的性质和特点

（2）确定目标——确定最后希望达到的效果。

（3）拟定方案—同一目标的实现往往不止有一种方案，通过对不同途径和步骤的排列与组合，拟定数套行动方案备选。

（4）方案评估—对备选行动方案的可行性、后果进行综合分析与比较，权衡每一个方案的利弊得失。

（5）方案选择—从备选的行动方案中选定最后行动的方案

了解了分析判断问题的流程后，大学生就可以有针对性地规范和完善分析判断问题的各个环节，从而提高自己分析判断问题的能力

5 解决问题

解决问题就是通过发现问题，对问题进行分析，最后运用一定的方法和技能化解矛盾实现工作的目标。解决问题的能力包括换位思考能力、高超的总结能力、解决问题时的逆向思维能力、方案制定能力等。

解决问题包括辨识问题和采取措施解决问题。该技能可用于寻求方法解决工作、学习和生活中的问题，运用不同的方法寻求解决方案，确定方法的有效性。

6．学习和创新

学习就是对新知识、新技能的求知和钻研，学习能力是动态衡量人才质量高低的一个尺度。知识经济时代，更是终生学习的时代，大学生既要培养自己能"闻一以知十""举一而反三"的能力，也要培养自己不断进行知识更新的能力，更要培养自己在学习和工作中自我归纳、总结，找出自己的强项和弱项，扬长避短，适时进行自我调整的能力。

学习能力也是人们在学习、工作及日常生活中必须具备的能力。现代社会对人的学习能力要求越来越高。应届大学毕业生基本上都要经过系统培训才能具备直接进行业务操作

的能力，因此，是否具备良好的学习能力和强烈的求知欲望是用人单位十分重视的，往往也是应聘时用人单位要重点考察的内容之一。

所谓创新，就是在前人发现或者发明的基础上，通过自身努力，创造性地提出新的发现发明或者改进革新方案。创新能力是人们革旧布新、创造新事物的能力，包括发现问题、分析问题和解决问题以及在解决问题过程中进一步发现新问题，从而不断推动事物发展变化的能力。创新能力最基本的构成要素是创新激情、创新思维和科技素质。创新激情决定着创新的产生，创新思维决定着创新的成果和水平，科技素质则是创新的基础。

创新能力根源于创造性思维，没有创造性思维就没有创新能力。创造性思维是发现或发明新的方法和新的事物的思维过程。较常用的创新思维方法有：通过相互间思维的碰撞产生共振，产生和启发创造性的思维；打破常规思维定式，将原来熟悉的事物当成完全陌生的事物来对待，抛开熟悉的方法，一切从头开始，重新进行设计和规划；采用逆向思维的方法。

7. 团队合作

团队合作能力是一种为达到既定目标，在团队中所显现出来的自愿合作和共同努力的能力，是个人在工作中与同事和谐共事的能力，是在实际工作中充分理解团队目标、组织结构、个人职责，并在此基础上与他人相互协调配合，互相帮助的能力。它包括了个人善于与团队其他人沟通协调，能扮演适当角色，勇于承担责任，乐于助人，保持团队的融洽等。现代社会经济发展的速度越来越快，社会分工越来越细，成员之间的关系越来越密切，无论是个人还是单位，都需要在协作中发展，谁也离不开谁。与他人合作的技能包括准备计划和执行活动时在团队中与人合作，可应用于参与小组活动、研讨课程或项目、协助他人执行工作任务、参与团队为当地社区组织活动等。目前，越来越多的企业意识到团队合作精神的重要性，特别是经营规模宏大的知名企业往往更加重视员工的团队意识和合作精神。

8. 组织管理

组织管理是指成功地运用管理者的知识和能力影响机构的活动，并达到最佳的工作目标。现代科学技术已经综合化、社会化，协作趋势日益增强，大到一个公司，小到一个团队，其活动过程都在紧密地相互支持与协作，这就出现了组织管理和协调的问题，也就势必要求组织者要具有一定的组织管理能力。组织管理水平的高低，已经成为一项工作、一个单位工作好坏的重要因素。

组织管理能力是一种对人心的把握与引导能力，组织管理能力强的人往往工作有主动性，对他人有影响力，有发展潜力，有培养价值。很多招聘单位面试后常有"无领导小组讨论""角色扮演"等情景测试，这就是对人的组织管理能力的考验。曾有一位普通院校毕业生，与一个重点院校毕业生和一个研究生同场竞争，在最后的测试环节中普通院校大学生胜出，就是胜在组织管理能力上。在那场"测试"中，组织者没有告诉三个应聘者会采取怎么样的方式测试，只是告诉他们，经理一会儿就来，你们先随意坐着先谈点什么。在"闲聊"的过程中，这个普通院校毕业的大学生由于平时参加的社会活动多，经常承担组织者的角色，"闲聊"中自然而然地也就常常引领着其他两人的话题。当经理出现时，公布录用结果的时候也就到了。

9．应变能力

应变能力就是善于根据客观情况的变化及时反馈、随机应变地进行调节的能力。现代社会复杂多变，大学生必须要适应这种变化，保证自己从学校到社会的顺利过渡，提高自己的社会适应能力。大学生走上具体工作岗位以后，有些知识用不上，有些知识不够用，很多要从头学起，这就需要刚走向社会的毕业生，根据工作的需要去调整自己的知识结构、能力结构以及行为方式，尽快地培养自己适应社会的能力。

应变能力也可以理解为处理突发事件的能力。在紧急情况下，如果事态得不到迅速控制，后果可能不堪设想。这就要求应对者具有一定的应变能力，要临危不乱和快速决断。

一般地，在紧急情况下，可以采取如下的方法应对突发事件。

（1）迅速控制事态源头。事件的突发性意味着没有过多的时间用于事前准备，要快速介入，稳住事态，防止事态向不好的方向继续发展，尽量将其影响控制在源头处。

（2）打破常规，积极应对。对于按常规操作难以解决的问题，可以尝试打破常规思维，采取非常规方法应对，这样往往能够起到立竿见影的效果。但是，这也要承担一定的风险，应对者应该权衡利弊，快速决断

（3）处理好善后，及时总结经验教训。平时多进行一些预防性的准备，对提高应变能力也会有所帮助。

应变能力常常会体现在工作中，当碰到和同事争执、生产经营失误、生产事故发生等情况时，应变能力发挥着至关重要的作用。事后的措施、想法再完美也无多大利用价值，应变能力体现在能否即时处理妥当。

通用技能所包含的内容很多，除了以上所陈述的九种之外，还包括计算机操作、外语的应用等。

三、目标职业对个人素质的要求

1 诚信

诚，即真诚、诚实；信，即守承诺、讲信用。诚信的基本含义是守诺、践约、无欺。通俗地表述，就是说老实话、办老实事、做老实人。诚信是一切道德的基础和根本，是一个社会赖以生存和发展的基石，是社会主义社会调节个人与社会、个人与个人之间相互关系的基本道德规范，也是社会公德和职业道德中的基本准则。诚于内而信于外，只有内心诚实，才能得到他人的信任。人生活在社会中，总要与他人和社会发生关系。处理这种关系必须遵从一定的规则，有章必循，有诺必践。否则，个人就失去立身之本，社会就失去运行之规。诚信是公民道德的一个基本规范，它不仅是一种品行，更是一种责任；不仅是一种道义，更是一种准则；不仅是一种声誉，更是一种资源。就个人而言，诚信是高尚的人格力量；就企业而言，诚信是宝贵的无形资产；就社会而言，诚信是正常的生产生活秩序；

就国家而言，诚信是良好的国际形象。诚信是道德范畴和制度范畴的统一，个人的人品如何直接决定了这个人对于社会的价值。而在与人品相关的各种因素之中，诚信又是最为重要的一点。微软公司在用人时非常强调诚信，公司只雇佣那些最值得信赖的人。当微软列出对员工期望的"核心价值观"时，诚信被列为第一位。

2．主动

由于文化氛围和性格特点，中国的学生和职员大多属于比较内向的类型，在学习和工作中还不够主动。在学习中，学生们往往需要老师安排学习任务；在公司里，中国职员常常要等老板吩咐做什么事、怎么做之后，才开始工作。但是，要想在求职和职业中获得成功，就必须努力培养自己的主动意识：在工作中要勇于承担责任，主动为自己设定工作目标，并不断改进方式和方法。"机不可失，时不再来"，只有积极主动的人才能在瞬息万变的竞争环境中获得成功，只有善于展示自己的人才能在工作中获得真正的机会。

3．自觉自律

古语云，人贵有自知之明。这实际上是说，社会生活中的每个人都应当对自己的素质潜能、特长、缺陷、经验等各种基本能力有一个清醒的认识，对自己在社会工作生活中可能扮演的角色有一个明确的定位。心理学上把这种有自知之明的能力称为"自觉"，它通常包括察觉自己的情绪对言行的影响，了解并正确评估自己的资质、能力与局限，相信自己的价值和能力等几个方面。一个人既不能对自己的能力判断过高，也不能轻易低估自己的潜能。对自己判断过高的人往往容易浮躁、冒进，不善于和他人合作，在遭到挫折时心理落差较大，难以平静对待客观事实；低估了自己的能力的人，则会在工作中畏首畏尾、犹豫不决，没有承担责任和肩负重担的勇气，缺乏工作的积极性。有自知之明的人既能够在他人面前展示自己的特长，也不会刻意掩盖自己的欠缺。坦陈自己的不足而向他人求教不但不会降低了自己，反而可以表示出自己虚心和自信，赢得他人的尊重与青睐。有自知之明的人在遇到挫折的时候不会轻言失败，在取得成绩时也不会沾沾自喜。认识自我，准确定位自我价值的能力可以帮助个人找到自己合适的职场空间及发展方向，有自知之明的人让人感觉他是一个自信、谦虚、真诚的人。

自律指的是自我控制和自我调整的能力。这包括：自我控制不安定的情绪或冲动，在压力面前保持清晰的头脑；以诚实赢得信任，并且随时都清晰地理解自己的行为将影响他人。自律必须建立在诚信的基础上。为了表现所谓的"自律"而在他人面前粉饰、遮掩自己的缺点，刻意表演的做法是非常不可取的。只有在赢得他人信任的基础上，严于律己、宽以待人才能真正获得他人的尊重和赞许。

4 谦虚执着

谦虚指不自满，肯接受批评，并虚心向他人请教。有真才实学的人往往虚怀若谷，谦虚谨慎；而不学无术、一知半解的人，却常常骄傲自大，自以为是。谦虚是一种美德，是进取和成功的必要前提。目前，不少大学生在生活中唯我独尊，不能听取他人的建议，不能容忍他人和自己意见相左，这些不懂得谦虚谨慎的同学也许可以取得暂时的成功，但却无法在人生的事业上不断进步。因为一个人的力量终究有限，在瞬息万变的当今世界，个人必须不断学习，善于综合并吸取他人的良好意见，否则就将陷入一意孤行的泥潭。世界计算机行业巨头比尔·盖茨就是一个非常谦虚的人，他在一次演讲结束后，会请撰写演讲稿的人分析一下他的演讲有哪些不足之处，以便下一次改进，正是这种精神和行为成就了他事业的辉煌。执着是指坚持正确方向，矢志不移的决心和意志。无论是个人也好，还是集体也好，一旦认明了正确的工作方向，就必须在该方向的指引下锲而不舍地努力工作。在工作中轻言放弃或者朝三暮四的做法都不能取得真正的成功。成功者需要有足够的勇气来面对挑战，任何事业上的成就都不是轻易就可以取得的。一个人想要在工作中出类拔萃，就必须面对各种各样的艰难险阻，必须正视事业上的挫折和失败。只有那些谦虚执着，有勇气迎接挑战的人才能真正实现超越自我，达到卓越的境界。

5 责任心

责任心是指个人对自己的义务和责任的自觉意识和积极履行的行为倾向。它意味着个人对待工作、家庭、自我、他人、社会乃至整个人类社会的负责态度和奉献精神，它总是表现在人们的社会生活和工作行为活动中。一个人有了责任心，他就会去主动地关心帮助他人，对他人负责；就会忘我地投入到工作中去；就会在学习和工作中严于律己，对自己的行为负责使自己不断完善，不断成熟。相反，一个缺乏责任心或责任心不强的人，往往意识不到自己做人、做事的责任，从而造成人格上的缺陷。用人单位在招聘大学生时，对责任心是很重视的，往往通过各种方式、方法考察一个人的责任感。

6. 自信

自信是自我意识中的重要组成部分，是心理健康的一种表现，是学习、职业成功的有利心理条件。自信的人能以自己的实际能力接受来自心理和社会的压力和挑战，并体现为沉着、冷静的情绪。在工作、学习、求职的过程中，一个人应勇敢地说出和实施自己的想法和主张，尽可能地积极影响同学、同事、上级和工作对象，创造各种有利机会，获得职场的成功。

7. 勤奋

通俗地说，勤奋就是不辞辛劳、不知疲倦地做事。这种勤奋是自觉自愿的，不是外部力量驱使的。其实，大学生都明白，做任何事情都不可能一蹴而就，学业也好，事业也好，要达到自己的奋斗目标，都必须付出艰苦的劳动，进行不懈的努力，克服这样那样的困难，但就是难以做到。当然，勤奋不等于一天从早到晚忙得昏头昏脑，不等于搞疲劳战术，应勤而有序，勤而有得，有效地利用正常的学习和工作时间，扎实勤奋地学习和工作。

8. 时间管理

时间对于每一个人来说都是有限的，只有善于管理时间的人，才能让有限的时间发挥最大效益。事实上，任何一个成功者，都是时间管理的高手。用人单位在招聘和选拔人才时时间管理能力是一个重要的考虑因素。在有些岗位，这一能力还显得至关重要，例如营销人员、外派采购人员、经理人等，他们相对来说，自由度较大，如果缺乏时间管理能力，他们不仅会浪费很多时间，还会浪费公司很多资源。所以，用人单位经常通过组织会议、处理信件、接待来访等方面的考题来考察一个人的时间管理能力。

9．专注

专注既是一种精神，又是一种态度，更是一种习惯。专注的人能专心致志、全神贯注，不受任何其他欲望和外界诱惑的干扰，对既定的目标和方向执着如一，不懈努力；专注的人能集中所有的资源和精力办事；专注的人能把一件事情做到底，不达目的不罢休。因此，专注是一种优秀的个人素质，大学生应具备专注的品格，保持一颗超然的平常之心，把时间、精力和智慧聚集到所要完成的重大目标和任务上。

四、根据目标职业，提升个人能力

1．树立正确的职业理想

大学生一旦确定自己理想的职业，就会依据职业目标规划自己的学习和实践，并为获得理想的职业积极准备相关事宜

2．正确进行自我分析和职业分析

自我分析即通过科学认知的方法和手段，对自己的兴趣、气质、性格和能力等进行全面分析，认识自己的优势与特长、劣势与不足。职业分析是指在进行职业生涯规划时，充分考虑职业的区域性、行业性和岗位性等特性，例如职业所在的行业现状和发展前景，职业岗位对求职者的自身素质和能力的要求等。

3．构建合理的知识结构

要根据职业和社会发展的具体要求，将已有知识科学地重组，建构合理的知识结构，最大限度地发挥知识的整体效能

4．培养职业需要的实践能力

除了构建合理的知识结构外，还需具备从事本行业岗位的基本能力和专业能力。大学生只有将合理的知识结构和适用社会需要的各种能力统一起来，才能立于不败之地。

第三章 职业选择

　　我们的使命绝不是求得一个最足以炫耀的职业，因为它不是那种使我们长期从事而始终不会感到厌倦、始终不会松劲、始终不会情绪低落的职业，相反，我们很快就会觉得，我们的愿望没有得到满足，我们的理想没有实现，我们就将怨天尤人。

　　在选择职业时，我们应该遵循的主要指针是人类的幸福和我们自身的完美。不应认为，这两种利益是敌对的，互相冲突的，一种利益必须消灭另一种；人类的天性本来就是这样：人们只有为同时代人的完美、为他们的幸福而工作，才能使自己也达到完美。如果我们选择了最能为人类福利而劳动的职业，那么，重担就不能把我们压倒，因为这是为大家而献身；那时我们所感到的就不是可怜的、有限的、自私的乐趣，我们的幸福将属于千百万人，我们的事业将默默地、但是永恒发挥作用地存在下去，而面对我们的骨灰，高尚的人们将洒下热泪。

摘自马克思《青年在选择职业时的考虑》

第一节 职业选择的市场意识

一、劳动力市场体制

（一）市场就业

　　在市场经济社会中，势必存在着各种各样的市场，有市场自然会有竞争，在激烈的竞争体制下，市场将会无情地淘汰那些没有做好充分准备的人，而对那些成竹在胸的人，市场会成就其一番事业。

　　劳动市场是一种社会体制，是我们走上工作岗位所要必须面对的问题。那么，究竟什么是劳动力的市场呢？

1．劳动力市场要素

劳动力市场的存在和运行，主要包括以下几个要素。

（1）劳动力市场主体

劳动力市场主体包括劳动者和用人单位。劳动者以自己的劳动能力在市场中实现其价值，并满足生存和发展的需要；用人单位则是在市场中选择劳动力，以实现劳动者与生产资料的结合，完成生产过程，满足最大的利润。两者的主动相互选择才是就业得以实现的根本保证。

（2）劳动力市场客体

劳动力市场客体，即劳动力市场的对象，是指在劳动力市场上被交换的劳动力资源，也就是劳动者的劳动能力，包括劳动者的体力、智力、技能、素质和能力等。

劳动者是劳动的要素之一，具有能动性、选择性、差异性，因此，才能相对较高的人在劳动力市场中的价值比较大，甚至会成为稀缺、珍贵的要素。

（3）劳动力市场中介

动力市场中介，就是在劳动力市场上进行交换的媒介。在通常情况下，主要是指职业介绍所、就业服务中心以及劳动争议仲裁机构等。常见的劳动力市场中介有人才招聘大会、报纸的招聘广告、电视中诸如"人才红娘"等栏目、互联网的招聘广告等。

（4）劳动力市场过程

动力市场过程，就是劳动者与用人单位为劳动力供求双方相互见面，就劳动条件劳动力价格等问题进行商谈，从而达成协议、完成交换的过程。劳动力交换一经完成，也就意味着求职者获得了相应的职业岗位

（5）劳动力市场规则

劳动力市场规则包括公平、等价与合法。公平就是在劳动力市场竞争中应遵循自愿、公平、公正的原则，反对任何以权力、金钱、关系等因素影响劳动力市场以及垄断、欺诈等不正之风，保护劳动者享有广泛的选择权；等价，就是指劳动力供求双方按照等价交换的原则来进行交易，劳动者获得公平的工资，用人单位获得符合生产需要的劳动力资源；合法，就是在进行劳动力资源的交换过程中，要符合劳动法和政府有关的规章制度

2．市场就业体制

市场就业是个人通过劳动力市场来寻找职业，从而获得工作岗位。在我国，市场就业体制的基本内容包括：市场就业、双向选择、择业自由、竞争就业；在市场经济体制下劳动者获得就业机会是通过劳动力就业市场自主择业、竞争上岗，劳动者个人有就业的权利和择业的自由，但同时也存在就业竞争和失业的风险，在劳动力市场上，求职者是市场物品的供给者,用人单位则是市场物品的需求者,双方的"付出劳动力,获得工资收入"与"获得劳动力,赋予工资"的交换行为是在市场中进行的。

一方面，市场就业体制为劳动者提供了巨大的选择空间和自主择业的权利；另一方面劳动者实现劳动就业权，必须遵守国家法律和职业道德，同时，国家也为劳动者维护自身

的合法权益提供了可靠的法律保障

3．劳动力市场的内容

对于劳动力市场，根据不同的标准可作出不同的划分。

（1）根据劳动力种类的不同，可以分为各种专业、职业的市场，如计算机人才市场、家政劳务市场，等等。

（2）根据劳动力等级的不同，可以分为普通市场和人才市场两类，其中普通市场又可分为技术工人市场和非熟练工人市场。

（3）根据劳动力市场存在形式的不同，可以分为固定机制性市场、集中交易性市场和散在性市场。固定机构性市场也就是常年性市场，包括职业介绍所、人才交流中心等，集中交易性市场如各类人才招聘大会、人才供需见面会等；散在性市场如在报纸、杂志、电视台的招聘广告等。

（4）根据劳动力市场范围的不同，可以分为地区性市场、部门行业性市场和全国性市场等。

4．劳动力市场的作用

劳动力市场是社会主义市场经济体制的一个重要的组成部分，实际劳动力市场就业体制是我国劳动人事制度改革的核心内容。劳动力市场在我国的经济和社会生活中具有重要作用，主要表现在以下几个方面。

（1）使劳动者自由选择职业，走上合适的职业岗位。

（2）使用人单位组合经济活动要素，达到资源的优化配置。

（3）有利于我国经济体制改革的深化和经济的增长与社会的发展。

（4）保证了公民的劳动权益和社会地位。

（5）反映了社会劳动力供求状况和表现经济发展状况，对职业教育事业具有导向的功能。

（6）使社会劳动力生产、开发、配置、使用均处于主动状态，从而有利于人尽其才、才尽其用。

为了更好地发挥劳动力市场的功能，适应市场经济的发展形势和求职者与用人单位双向选择的要求，我国正在大力加强劳动力市场的科学化、规范化、现代化建设。一个人来到这个世界上，总要不断地求学、求职，寻找人生幸福的支点。作为新时期的中职生，必须摒弃过去那种一次选择定终生的传统观念，树立不断选择、不断发展的新观念，适时地调整自己与外界环境的关系，不断提高自身的职业素质，以适应未来社会产业结构和就业市场变化的需要。

在当前社会形式下，"跳槽"成为一种普遍现象。由于职业的不断发展变化，从业人员转换职业也将越来越频繁。在一些发达国家之中，一个人的一生平均能转换职业 6 ~ 7 次。

【阅读材料】

人才市场热门信息发布

2020年初就业热门城市排行榜中，北京、上海、广州分列第一名。这个阶段各主要城市提供岗位都有不同程度的增长，尤其是成都、广州的招聘人数比历史同期增加了50%，这表明越来越多的城市在人才的使用上市场化的程度逐步地提高。根据过去一年的监测，西部城市，尤其是成都市等越来越成为"招聘大户"。

2020年初十大热门行业：以京、沪两地为例，北京地区十大热门行业依次是：计算机信息服务、广告传媒文化出版、建筑房地产商业中心、制造业、电信、电子、咨询服务、教育文化科研、医疗和金融投资保险。上海地区十大热门行业依次为：计算机信息服务、制造业、咨询服务、广告传媒文化出版、电信、电子、建筑房地产、消费品、贸易进出口和医疗。

2020年初就业热门职业排名依次是：工程技术研发、销售业务拓展、市场广告公关、行政文员翻译、经营项目管理、财务审计事务、设计创意网页制作、教师、医生、咨询经纪人、后勤采购仓储物流。其中对工程技术人才及销售业务人才的需求占到了总需求。

（二）就业服务

"就业"一词大家并不陌生，就是老百姓通常所说的"找饭碗"。那么,什么是就业服务呢？就业服务，也称为劳动就业服务或劳动服务，是政府的劳动就业管理部门为求职者所提供的各项帮助和服务工作的总称。

就业服务是劳动力市场运行的主要形式，是劳动就业市场化的产物。其服务的对象是所有的劳动者和用人单位，服务的范围是从劳动者进入劳动力市场到退出劳动市场的全过程。目前，我国的就业服务已经具有了一定的工作网络机制，形成了较健全的工作制度，较完备的服务功能，并具有高效的服务质量。

1. 就业服务的职责

在市场经济体制下，在双向选择、市场就业的情况下，政府作为社会利益的代表，专门设立了就业服务机构，给社会成员的就业提供了一个可靠的服务场所，适应了个人择业以及用人单位择员的需要。就业服务的职责，主要体现在以下几个方面：

（1）为劳动者实现就业提供了服务基础；

（2）为各类企业、事业单位和其他经济组织、个体工商户招用人员提供了平台

（3）为制定就业政策提供了服务；

（4）为实现对社会劳动力的管理提供服务

2. 就业服务的主要内容

在我国，就业服务的主要内容包括：

（1）进行职业介绍。职业介绍是劳动就业服务的中心内容。它是一定的主体对于社会上谋求职业的人提供帮助，以使其了解社会某些职位岗位空缺情况以及该职业的具体内容，

从而选择其中的某一职业。比如说常见的"职业介绍所""劳动力市场""人才交流中心"等机构，都开展劳动力供求见面的各种活动，为求业、转业人员寻找职业牵线搭桥，提供了多种形式的就业服务。

（2）提供就业训练。国家劳动服务就业部门根据"先培训，后就业"的政策要求，设立就业培训中心，开立职业技能训练，并组织和协调社会上的就业培训，为求职者获得职业技能、取得职业资格、提高就业竞争能力服务。

（3）发放失业救济。失业救济是对失业人员进行生活接济，以提供经济保障的服务国家对符合救济条件的失业人员在一定期限内发放一定数额的救济款项，以维持他们的生活。在失业救济方面，我国采取失业保险方式，失业保险部门对参加该项保险的人员以及生活困难的下岗职工发放一定数额的款项，以保障他们的基本生活。

（4）组织生产自救。生产自救是政府劳动就业部门通过扶植和直接组织，安排失业人员从事临时性的生产自救活动，或者组织他们在劳动就业服务中就业。这是一种帮助失业人员实现再就业自立的服务。近些年来，我国各地都开办了一大批"劳动服务公司"，组织生产自救，安置了大量失业人员和下岗职工再就业，取得了很好的效果，并受到国际专家的称赞。

3.就业服务机构

职业介绍所是劳动力实现就业的中介机构，也是从事劳动就业服务的公立机构，它们担负着为求职者提供工作岗位和就业帮助，为用人单位提供招聘择员对象的职能，是从事就业服务工作的主要部门。

二、市场就业方针

根据我国基本国情和社会主义市场、体制的要求，我国现阶段的劳动就业方针是：劳动者自主择业、市场调节就业、政府促进就业的方针。

（一）劳动者自主择业

劳动者自主择业，是指劳动者进入劳动力市场，通过各种渠道自谋职业。在劳动力市场上，劳动者是社会的主人，有宪法赋予的就业权力和选择职业的自由。因此，在对待就业的问题上，要摒弃完全依赖政府，等待国家分配的依赖思想，自己主动寻找职业，实现自主就业和创业。

（二）市场调节就业

市场调节就业，是指通过劳动力市场，以市场机制为配置劳动力资源的基础性调节手段，实现用人单位和劳动者的双向选择。劳动力市场是指劳动力要素买卖双方从事交易的场所。与其他商品市场不同的是劳动力市场交易的是劳动力的使用权，劳动力的价值在劳动力市场上体现为劳动力的价格，即劳动者的报酬——工资。市场调节的就业目标是企业自主用人，劳动者自主就业，两者相互选择，能够使劳动力合理流动，充分发挥作用。市场调节就业有利于劳动力在竞争中实现最优化配置。劳动力资源的最优化配置，能满足各个用人单位的用人要求和发挥劳动者的才能与积极性，有利于劳动力资源得到充分利用和开发。

（三）政府促进就业

政府促进就业，是指国家运用经济、法律和必要的行政手段，对社会就业状况进行宏观调控，创造就业条件，扩大就业机会。放弃计划就业体制并非意味着政府对就业放任自流。相反，国家会采取积极做法，从多方面保障公民就业权力的实现，努力达到比较充分的就业。

三、增强市场就业意识

（一）关心市场就业意识

关心市场就业动态，就是要有意识地及时了解整个劳动力市场就业发展的情况。随着经济结构的变化和技术的进步，劳动力市场也不断地发生着相应的变化。因此，必须及时了解和把握就业市场的形式变化，进一步增强职业选择的正确性和主动性。目前，我国市场就业的动态有以下表现：

（1）从事第一产业的人的数量有不断下降的趋势，转入第二、第三产业的人数呈不断上升趋势。第三产业不仅为大部分新成长的劳动力提供了就业岗位，还吸纳了第二产业中城镇国有经济、集体经济的富余劳动力和众多的农业劳动力，并成为中专毕业生、失业下岗人员以及农村剩余劳动力求职谋生的主要方向。

（2）伴随着现代工业社会的发展而崛起的一些新兴行业，也将会产生更多的空额职位，使求职者获得更多的选择机会。

（3）非公有制单位成了谋职的新天地，个体、私营、外商投资以及股份合作等多种所有制经济的就业容量，将成为中国城镇就业增长的重要途径。

（4）社区服务业开始发展，随着经济社会的转型，社区的地位被凸现出来，名种社区服务的功能亟待开发，吸纳劳动力的空间将不断扩大。

目前，我国正处于劳动力资源数量持续增长的高峰时期，劳动力过剩与社会职业需求的不足，造成了一定的失业率和求职者实现就业的一定困难。因此，作为一名中职学生，一定要正确评价自己，扬长避短，未雨绸缪，尽快地找到适合自己发展的职业方向，搞好学业，强化自己的职业技能水平，为自己将来的求职之路奠定良好的基础。

此外，由于在就业市场处于供过于求的情况下，用人单位为了能够得到高素质的人才，会以非常高的标准对求职者进行相对严格的审视，在招聘员工时"百里挑一"。这是一种自然的、客观的现象，对广大中职学生而言，对此一定要有足够的心理准备，进而做好知识和技能的准备，以尽快适应这种高难度求职的氛围。

（二）收集信息，做有心人

在市场经济和科技进步的条件下，信息就是财富，信息就是生命。树立信息意识与本专业发展有关的信息和劳动力市场的就业信息，有利于学好专业，选好职业。所谓就业信息，就是就业的基础，是通向用人单位的桥梁，就业前应该广泛地收集就业信息，以寻求更多的就业机会。

1．职业信息的内容

随着社会劳动分工的发展和劳动人事管理的深化，职业信息的内涵大大增加。对个人而言，完整的职业信息包括以下几点：

（1）进行招聘的单位有哪些，各自招聘多少人员，单位的名称、产权性质、所属部门行与地区情况如何。

（2）招聘职业岗位的具体工作内容、工作环境与劳动条件、工资福利待遇、单位的发展前景以及其他情况。

（3）应聘该职业的条件，包括专业、学历、年龄、性别、职业资格、技术等级、身体状况、心理素质等方面。

（4）招聘工作环节的内容，包括时间、地点、方式，应准备的证件和材料，如个人学历学历证书、职业资格证书、身份证等。

（5）在求职和就业方面的国际法律制度与有关政策。

2．收集职业信息的途径

收集职业信息，主要有以下几种途径：

（1）就业职务机构。这是获得职业信息的可靠来源，在政府举办的职业介绍所、职业介绍中心及人才交流中心中有许多职业信息。

（2）招聘洽谈会。这是择业个人与职业需求单位双方直接见面的方式，是短时间内大量收集就业信息的有效渠道。

（3）学校中的职业指导部门。通过学校职业指导部门得到的职业信息，既准确可靠又全面具体。

（4）新闻媒体。从新闻媒体中寻找和收集职业信息是一种很好的方法，不仅信息量大，覆盖面广，所提出的可能选择机会很多，而且节约时间、节省费用。

（5）电话。电话是收集职业信息的一种现代技术手段，为求职者与招聘单位进行联系，进一步了解情况提供了条件。

（6）网络。网络是一种现代科技手段，在互联网上，建有许多职业网站，为我国的求职者提供了一种效率高、成本低、内容多、时间快的现代信息收集渠道。

（7）向亲友、邻居、校友了解。这主要是对上述途径的补充，但此类信息存在提供者个人眼界的局限或者偏见，也存在信息误差的可能性。

（8）亲自观察。这是全面了解某种职业和用人单位情况的重要手段。

（三）接触社会，尽快成才

接触社会，了解社会，积极适应我国经济体制多元化对劳动者提出的要求，探索实现自我价值的途径，是我国中职生必须面对的问题。职业世界是一个五彩纷呈的天地。在校学习期间，中职生应通过社会实践、实习、参观、考察、访谈等途径，接触社会，增加对于专业、职业、事业的了解，增加对于社会现象的理解，为尽快成才积累条件。中职生大部分时间是在校园中度过的，很难接触社会。因此，应珍惜各项教学实习和社会实践活动，充分抓住这一时机，了解社会，了解纷纭复杂的社会现象，以锻炼自身适应环境。在学习、实践中，要将自己所学专业知识，所掌握的专业技能与实践紧密地结合起来，检验自己所学的知识是否适用，是否够用，所掌握的专业技能是否能满足工作岗位的需要。与此同时，在实习中还应学习人际沟通与交往的方法，处理好各种关系，做到诚恳待人，尊重他人，严于律己。

随着我国市场经济体制的不断完善，国有企业在转制过程中，劳动力需求状况总体明显供大于求，而非公有制企业急需大量中等技术人才，显示出旺盛需求劳动力的趋势。同时，随着西部大开发战略的实施，必将创造大量就业机会。转变就业观念，把目光投向新兴行业，投向待开发的西部地区，是有志气的中职生施展才华、实现抱负的选择，"双向选择、自主择业"，要求中职生必须树立正确的观念，主动迎接挑战，寻求发展机遇，争取尽快成才。只有在接触社会的实践活动中勇于锻炼，增长才干，同时积极查找自身的弱点和不足，尽快拣遗补漏，提高自己，才能够在未来的职业选择中成为胜利者在未来的工作岗位中成为佼佼者。

第二节　职业选择的法律意识

一、社会就业制度

（一）先培训后就业制度

为了提高就业者的素质，保证企事业、机关单位能够招收到合格的人员，我国实行先培训后就业制度。先培训后就业是我国劳动制度中一项重要的内容，即要求从业者先学会一技之长后再就业。具体来说，就是对有劳动能力，需要就业的青年，在其就业之前，根据国民经济的发展需要以及他们本人的志愿，按照不同行业、不同工种，采用不同形式，分别对他们进行必要的基础知识、理论知识和基本技能的学习，并经过考核取得合格证书，使之获得从事某种工作的职业能力，并成为具有一定政治和业务素质的劳动者。目前，我国已拥有各式各样的职业培训，能够保证"先培训后就业"制度的有效实施。进行就业培训主要有以下途径。

1．职业学校培训

职业学校培训包括中等职业学校（职业高中、中专、技校等）和高级职业学校培训。这是大批量正规化进行就业培训的途径，是就业前系统职业培训的主渠道。在校学生通过了 2 ~ 3 年的专业理论和职业技能的学习，考试合格，获得专业职业教育毕业证书和技能等级证书，具备了从业资格。

2．劳动预备制教育

劳动预备制教育主要是普通学校的初、高中毕业生，通过劳动预备制教育，接受 1 ~ 3 年的职业技能培训，获得培训合格证书，从而具有了职业资格。

3．劳动部门组织的就业培训中心的培训

此类培训主要是面对失业和转岗工人，主要特点为：培训和生产经营相结合，培训期限以短期为主，培训内容主要以操作技术、职业道德为主，培训结业经考核合格之后发给结业证书。

4．企业与培训机构联合培训

此类培训主要是充分利用企业的技术设备、生产现场训练技能操作，利用职业培训学校学习专业理论知识。

（二）求职登记与职业介绍制度

1．求职登记制度

求职登记制度，是指准备就业人员必须掌握一定的文化知识和就业技能，凭劳动教育部门颁发的职业培训毕业证书，到当地的职业介绍机构办理求职登记，取得就业准入资格后方能就业。它是职业中介机构为求职者介绍职业，给用人单位提供劳动力的服务制度。在我国，一定劳动年限内，有劳动能力、失业而要求就业的城镇居民，包括学校毕业生，要到政府的劳动和社会保障部门的就业服务管理机构（各区县、各街道、各乡镇职业介绍所和劳动科）进行登记、领取求职证。政府人事部门的人才交流中心，对专业技术人员和管理人员进行求职登记与职业介绍。在进行了求职登记后，就取得了就业资格，由就业服务管理机构进行职业介绍、就业指导。

2．就业介绍制度

职业介绍制度，是指职业中介机构为求职者介绍职业，给用人单位提供劳动力的服务制度。

在我国，职业介绍所在职业介绍工作方面的具体内容有：

（1）搜集和发布职业信息，帮助人们了解各类职业岗位的数量和工作内容。

（2）进行职业能力与性格定向测验鉴定，指导人们根据自身的条件和意向确定职业方向和选择职业。

（3）进行职业咨询，使求职者深入了解职业信息和有关就业的制度、政策和手续等，向其提出正确选择职业的建议。

（4）进行职业介绍。职业介绍机构根据所掌握的劳动力供求详细情况，为双方沟通信息，在用人单位与求职者之间搭起桥梁，促进就业的实现。

（5）进行委托服务。这主要包括：受求职人员的委托保存档案，受用人单位的委托组织招聘，受政府劳动部门委托办理劳动合同订立、职业培训和社会保险等事务。

（三）其他有关制度

1．工资福利制度

工资福利制度包括工资制度和福利制度。工资制度，主要包括工资形式和工资保障制度。工资形式有计时工资、计件工资、津贴、奖金和年薪等。工资保障制度是指保障劳动者依法得到工资并由其自由支配工资的制度和措施。福利制度，是指用人单位和有关社会服务机构为保证劳动者一定的生活水平，提高生活质量而向劳动者提供的一种社会保障制度。

我国《劳动法》明确规定，国家实行最低工资保障制度，最低工资的具体标准由省、自治区、直辖市人民政府规定，各用人单位的机关团体企事业单位支付劳动者工资的水平，不得低于最低工资水平。在平时延长工作时间，休息日和法定节假日加班和安排工作时，应当支付不低于 100% ~ 300% 的工资报酬。

2．社会保障制度

社会保险制度是劳动者因年老、患病、伤残或生育等原因而丧失劳动能力或失去劳动机会时，由国家和社会给予物质帮助或补偿的一种社会保障制度。

根据国家的规定，用人单位要为劳动者缴纳养老保险金、医疗保险金、失业保险金工伤保险金和女职工保险金等。国家鼓励用人单位根据本单位实际情况为劳动者建立保险制度，提倡劳动者个人进行储蓄性保险。

3．职业安全卫生制度

根据我国《劳动法》的相关规定，用人单位必须建立职业安全卫生制度，严格执行职业安全卫生规程和标准，对劳动者进行安全卫生教育，防止劳动过程中的事故，减少对于劳动者的职业危害。

在我国，职业安全卫生制度主要包括：安全生产责任制度、安全生产检查制度、劳动安全监察制度、伤亡事故报告和管理制度等。

4．劳动争议仲裁制度

劳动争议，也称为劳动纠纷，是劳动关系双方当事人因执行劳动法律、法规或履行劳动合同，持不同的主张和要求而产生的争执。

劳动争议仲裁是指劳动争议的仲裁机构，根据劳动当事人的申请，依照法定的程序按照劳动法律、法规，对劳动争议作出裁决，从而使争议得到处理的一种方式。

关于劳动争议的解决途径，我国《劳动法》第 77 条规定："用人单位与劳动者发生劳动争议，当事人可以依法申请调解、仲裁、提起诉讼，也可以协商解决。"在我国，处理劳动争议的程序包括协商、调解、仲裁和诉讼。

劳动争议的裁决作出之后，具有法律效力。劳动争议的当事人在对劳动争议仲裁的结果有反对意见时，可以向人民法院提起诉讼。在一方超出期限而不履行仲裁结果，也未向人民法院提出诉讼的情况下，另一方有权申请由人民法院强制执行。

此外，我国《劳动争议仲裁委员会办案规则》第 3 条规定："劳动争议仲裁委员会处理劳动争议案件，必须遵守国家法律、法规、规章和政策，查明事实，先行调解，调解不成时，及时裁决，对当事人适用法律一律平等。"在劳动争议的处理过程中，实行合法、公正、及时处理和依法维护双方当事人合法权益的原则。

二、劳动合同

（一）劳动合同的性质和作用

劳动合同，又称劳动契约或劳动协议，是劳动者与用人单位确定劳动关系，明确双方权利和义务的协议。

劳动合同由劳动者与用人单位双方协商订立，一般采取书面文本的形式，签字盖章后生效。书面形式的劳动合同，不仅有利于合同双方当事人履行合同的条款，而且还有利于有关部门的监督管理，在发生合同纠纷时也有据可查，便于处理。

劳动合同的订立和实施，在人们就业和劳动领域具有重要作用，主要表现在以下几个方面：

1. 劳动合同是劳动者与用人单位双方建立劳动关系的凭证

也是调整双方劳动关系的手段，它既是劳动者实现劳动权的重要保障，也是用人单位合理使用劳动力，加强劳动纪律，提高劳动生产率和工作效率的重要手段。

2. 劳动合同是一种法律文本

以确立双方劳动关系的法律形式，保障劳动者的权益能够得到国家法律的保护。

3. 劳动合同是规范劳动者与用人单位双方行为的准绳

用人单位必须按照合同中的规定提供正常的劳动条件，发放工资报酬等，劳动者则要按照合同从事工作，完成任务。

4. 劳动合同是减少和防止发生劳动争议的重要措施

而劳动合同中的各项条款，是处理双方之间劳动争议的重要依据。

（二）劳动合同的内容与订立

劳动合同的内容，是指在劳动合同协议中需要明确规定的劳动关系双方当事人的权利义务和其他事项，它通常通过合同条款的形式表现出来。

劳动合同包括必备条款和约定条款。前者又称之为法定条款，主要是指劳动法律法规规定的劳动合同必须具备的条款。我国《劳动法》规定了七项劳动合同必备条款：合同期限、工作内容、劳动保护和劳动条件、劳动报酬、劳动纪律、合同终止的条件、违反劳动合同的责任。后者则是当事人经协商约定的劳动合同的有关条款，如协商确定福利待遇，社会保险的履行以及保守用人单位商业秘密的有关事项等。

　　劳动合同的订立包括以下步骤：首先，用人单位向劳动者提出合同草案；其次，用人单位与劳动者对合同中草案逐条协商，达成一致意见；最后，用人单位与劳动者在协商一致的基础上，就合同的内容达成一致意见之后，双方在形成的劳动合同文本上签字盖章。

（三）劳动合同实施中的法律关系

1.劳动合同的终止

　　在一般情况下，劳动合同大多规定了固定的期限，比如一年、三年、五年、十年的劳动合同，并在其中规定了合同的起始时间和终止时间。在合同书中规定合同期限届满之时，就是劳动合同的终止之时。

2.劳动合同的解除

　　劳动合同的解除，是指劳动合同订立之后，在未履行完毕之前，由于某种因素而导致当事人双方提前终止合同效力的法律行为，是劳动合同变更的一种特殊形式。

　　（1）用人单位解除劳动合同

　　根据《劳动法》的规定，劳动者有下列情形之一的，用人单位可以解除劳动合同：①在试用期间被证明不符合录用条件的；②严重违反劳动纪律或者用人单位规章制度的；③严重失职、营私舞弊，对用人单位利益造成重大损害的；④被依法追究刑事责任的有下列情形之一的，用人单位可以解除劳动合同，但应当提前30日以书面形式通知劳动者本人：①劳动者患病、非因工负伤、医疗期满后，不能从事原工作，也不能从事由用人单位另行安排的工作的；②劳动者不能胜任工作，经过培训或调整岗位，仍不能胜任工作的；③劳动合同订立时所依据的客观情况发生重大变化，致使原劳动合同无法履行，经当事人协商不能就变更劳动合同达成协议的。

　　为保护劳动者的合法权益，有下列情形之一的，用人单位不得以下述情况为理由解除劳动合同：①劳动者具有职业病或者因工负伤并被确认丧失或部分丧失劳动能力；②患病或者负伤，在规定的医疗期内；③女职工在孕期、产期、哺乳期内；④法律、法规规定的其他情形。

　　（2）劳动者解除劳动合同

　　《劳动法》规定，劳动者解除劳动合同，应当提前30日以书面形式通知用人单位。但有下列情形之一的，劳动者可以随时通知用人单位解除劳动合同：①在试用期内的；②用人单位以暴力、威胁或者非法限制人身自由的手段强迫劳动的；③用人单位未按劳动合同约定支付劳动报酬或提供劳动条件。

3.劳动合同双方的责任和权利

　　订立劳动合同的劳动者个人和用人单位双方，具有遵循合同条款的法律义务和保护自身合法权益的权利。自劳动合同依法订立之日起，即对当事人双方产生法律上的约束力，当事人必须履行合同所规定的义务。

劳动合同双方的责任和权利，可以概括为一句话，全面履行合同规定的义务，保护合同规定的权利。

合同样式

劳动合同书

甲方（劳动者）：

乙方（用工单位）

根据《中华人民共和国劳动法》和有关规定，甲乙双方经平等协商一致，自愿签订本合同，共同遵守本合同所列条款。

一、劳动合同期限

第一条本合同劳动期限为　　月，自　　年　　月　　日至　　月　　日。其中试用期限　　月，自　　年　　日起至　　月　　日止。

二、工作内容

第二条甲方同意根据乙方工作需要，担任　　　　（岗位）职务。

第三条甲方应遵守乙方依法制定的规章制度，服从乙方管理。

三、劳动保护和劳动条件

第四条乙方安排甲方执行每周共计40小时工时制度。正常情况每周六、周日休息；如公司有业务，在征得甲方同意下适当加班，乙方按劳动法规定标准支付加班费。

第五条乙方负责对甲方进行职业道德、业务技术、劳动安全、劳动纪律和甲方规章制度的教育。

四、劳动报酬

第六条乙方每月以货币形式支付乙方工资，月薪人民币　　　　　元。乙方根据本单位的经济效益和甲方的工作表现，适时调整甲方工资。

第七条由于公司的特殊性，公司视业务状况征得员工同意，有时实行弹性工作时间，但由于工作业务引起超出正常工作时间的加班，乙方按劳动法规定标准支付加班费。

第八条甲乙双方按国家社会保险的有关规定交纳职工养老保险费用。甲方应为　　填写《职工养老保险手册》。双方解除、终止劳动合同后，《职工养老保险手册》按有关规定转移。

第九条有下列情形之一的，甲乙双方应变更劳动合同并及时办理变更合同手续：

1. 甲乙双方协商一致的；

2. 签订本合同所依据的客观情况发生重大变化，致使本合同无法履行的。

五、当事人约定的其他内容

第十条甲方有下列情形之一，乙方可以解除本合同：

1. 在试用期间被证明不符合录用条件的；

2. 严重违反劳动纪律和规章制度的；

3. 严重失职、营私舞弊，对甲方利益造成重大损害的；

4. 被依法追究刑事责任的。

第十一条有下列情形之一，乙方可以随时通知甲方解除本合同，但是应当提前30天用书面形式通知当事者本人：

1. 甲方患病或者非因工负伤，医疗期满后，不能从事原工作或不能从事单位另行安排工作的；

2. 甲方不能胜任工作，经过培训或者调整工作岗位后仍不能胜任工作的；

3. 订立时所依据的客观情况发生重大变化，致使原劳动合同无法履行，经当事人协商不能就变更劳动合同达成协议的。

在这三种情况下解除合同的，乙方单位依照国家有关规定对甲方给予经济补偿。

甲方有以下情况之一的，乙方单位不能单方解除劳动合同：

1. 患职业病或因工负伤并被确认丧失或部分丧失劳动能力；

2. 患病或者负伤，在规定医疗期内；

3. 女职工在孕期、产期、哺育期内的；

4. 法律、行政法规规定的其他情况。

第十二条双方解除合同应提前30天通知对方，双方当事人在合同期满30日内可向对方续订合同。

六、违约责任

第十三条在合同期内，甲乙双方除上述条件外，均不得解除合同或自行离职，否则应按劳动政策规定支付违约金。

第十四条甲乙双方必须严格履行劳动合同，除遇有特殊情况，经双方协商一致不能履行劳动合同的有关内容外，任何一方违反合同给对方造成经济损失的，应根据其后果和责任大小，给对方赔偿经济损失。赔偿金额按有关规定或实际情况确定。

七、劳动争议处理及其他

第十五条双方因履行本合同发生争议，当事人应当自劳动争议发生之日起，60日内向劳动争议仲裁委员会申请仲裁。当事人一方也可以直接向劳动争议仲裁委员会申请仲裁。

第十六条本合同未尽事宜或与今后国家、市人民政府有关规定相悖的，按有关规定执行。

第十七条本合同一式两份，甲乙双方各执一份。

甲方（签字）：

乙方（盖章）

三、增强依法就业意识

（一）学习和掌握有关法律

在社会主义市场经济体制下，为保障劳动市场的有序运行，规范社会主义市场经济中的劳动人事管理制度，保护劳动者的合法权益，促进稳定和谐的劳动关系，国家制定了一系列的相关法律，使我国的就业进入了依法管理的阶段。

那么，如何学习和掌握相关法律，以维护自身的合法权益呢？

第一，了解法律赋予公民哪些权利，树立正确的权利意识。1994年7月5日，第八届全国人民代表大会常务委员会第八次会议通过了《中华人民共和国劳动法》，并于1995年1月1日起开始实施。《劳动法》对于劳动者和用人单位的权利义务划分，对于促进就业，劳动合同、工作时间、工资、劳动安全卫生、女职工和未成年人保护、职业培训、社会保险和福利、劳动争议等诸多方面作出了明确的法律规定。它的颁布实施，对于正确建立和调整劳动关系，保护劳动者的合法权益，维护社会稳定，促进我国的经济发展和现代化建设，都具有十分重要的作用。

第二，了解法律规定的公民应承担的义务，树立正确的责任意识。劳动者的义务是根据劳动法规的要求，劳动者在劳动和工作过程中应当履行的基本劳动义务。劳动者履行劳动职责，应当完成一定的劳动义务。《劳动法》第3条规定：劳动者应当完成劳动任务。每个劳动者都应当积极地、勤勤恳恳地履行劳动职责，按时、保质、保量地完成或超额完成劳动任务，从而促进生产不断发展。提高职业技能也是劳动者的一项义务。当今世界，科学技术突飞猛进，提高劳动者的职业技能是现代化社会劳动生产的客观要求。

《宪法》第46条明确规定：公民有受教育的权利和义务。《劳动法》第3条规定：劳动者应提高职业技能。第63条规定：从事技术工作的劳动者，上岗前必须经过培训。此外，劳动者必须认真执行劳动安全卫生制度。《劳动法》第3条规定：劳动者应当执行劳动安全卫生制度。第56条还规定：劳动者在劳动过程中必须严格遵守安全操作规程。最后，劳动者应当严格遵守劳动纪律和职业道德。我国《劳动法》第3条规定：劳动者应当遵守劳动纪律和职业道德。

第三，了解劳动法律关于保护劳动者的相关规定，树立正确的自我保护意识。我国《劳动法》第89条规定：用人单位制定的劳动规章制度违反法律、法规规定的，由劳动行政部门给予警告，责令改正。《劳动法》第90条规定：用人单位违反本法规定，延长劳动时间的，由劳动行政部门给予警告，责令改正，并可以处以罚款。《行政处罚法》第4条规定：用人单位未与工会和劳动者协商，强迫劳动者延长工作时间的，应给予警告，责令改正，并可按每名劳动者每延长1小时罚款100元以下的标准执行罚款。《行政处罚办法》第6条规定：用人单位有下列侵害劳动者合法权益行为之一的，应责令支付劳动者的工资报酬、经济补偿，并可责令按相当于支付劳动者工资报酬、经济补偿总和的1倍至5倍支付劳动者赔偿金：（1）克扣或者无故拖延劳动者工资的；（2）拒不支付劳动者延长工作时间工资报酬的；（3）低于当地最低工资标准支付劳动者工资的；（4）解除劳动合同后，未依照法律、法规规定给予劳动者经济补偿的。责令用人单位对劳动者经济补偿按有关规定执行。

对于经济补偿的具体标准是：用人单位克扣或者无故拖欠劳动者工资的以及拒不支付劳动者工资的，除在规定的时间内全额支付劳动者工资报酬外，还须加发相当于工资报酬25%的经济补偿金；用人单位支付劳动者的工资报酬低于当地最低工资标准的，要在补足低于标准的同时，另外支付相当于低于部分25%的经济补偿金；用人单位解除劳动合同后，未按规定给予劳动者补偿的，除全额发给经济补偿金外，还须按该补偿金数额的50%支付额外补偿金。

用人单位违反《劳动法》对女职工和未成年人的保护规定，侵害其合法权益的由劳动行政部门责令改正，处以罚款；造成损害的，应当承担赔偿责任。

根据《行政处罚法》的有关规定，用人单位违反对女职工特殊保护的规定，有下列侵害女职工合法权益行为之一的，应责令改正，并按每侵害一名职工罚款 3000 元以下的标准执行处罚。

（1）安排女职工从事矿山井下、国家规定的第四级体力劳动强度的劳动和其他禁止从事的劳动

（2）安排女职工在经期从事高空、低温、冷水作业和国家规定的第三级以上劳动强度的劳动。

（3）安排女职工在哺乳未满 1 周岁的婴儿期间从事国家规定的第三级以上体力劳动强度的劳动和哺乳期间禁止从事的其他劳动及安排延长工作时间和夜班劳动的。

（4）安排女职工在怀孕期间从事国家规定的第三级以上体力劳动强度的劳动和孕期禁忌从事的劳动的，安排怀孕 7 个月以上的女职工延长工作时间和从事夜班劳动的。此外，女职工的产假不得低于 90 天，违反规定的，应责令限期改正，逾期不改的，按每侵害名女职工处以 3000 元以下的罚款。

对违反对未成年人特殊保护的规定，侵害未成年工合法权益的用人单位，要给以相关处罚。《行政处罚法》对违反未成年工特殊保护规定，侵害未成年工合法权益的用人单位的处罚办法是：

（1）用人单位安排未成年工从事矿山井下、国家规定的第四级体力劳动强度的劳动和其他禁止从事的劳动，劳动行政部门应责令改正，并按每侵害一名未成年工罚款 3000 元以下的标准执行。

（2）用人单位未按规定对未成年工定期进行健康检查的，应责令限期改正；逾期不改的，按每侵害一名未成年工罚款 3000 元以下的标准执行

（二）了解国家就业制度

所谓就业制度，是指国家对于人们获得就业资格、进行职业选择、合法获得就业岗位的途径和程序方法的各项行政规定，是维护社会正常就业秩序的各种管理条例。了解国家的就业制度具有以下几个方面的意义：首先，全面了解和掌握国家就业制度是实现正确就业的主要依据；其次，全面了解和掌握国家就业制度，是实现个人就业的根本保证；最后，全面了解国家就业制度，有利于树立正确的职业价值观和择业观，有利于遵守职业道德规范，培养良好的道德素质。

对于中等职业学校的学生而言，更应当了解国家有关就业环节的求职登记、职业介绍制度，诸如《职业指导办法》《就业训练规定》和《职业介绍规定》；了解劳动者与用人单位之间建立就业关系的劳动合同制度和处理双方劳动纠纷的劳动争议仲裁制度；了解国家对于用人单位劳动人事管理的规章制度要求，诸如工资福利制度、社会保险制度和职业

安全卫生制度等。如果缺乏对就业制度的足够了解，自然会降低择业的成功率，导致就业的随意性、盲目性和错误的选择。

（三）收集就业案例的相关资料

他人就业成功的范例或者失败的教训是一种财富，通过收集和学习相关就业案例，我们可以看到他人择业的成功经验，借鉴其就业技巧，弥补自己社会经验的不足和方法的失误，取得择业的成功，维护自己在就业方面的合法权益。

（四）了解和分析有关单位用人制度

中等职业学校的学生，在学习专业和考虑择业的问题时，应当了解社会有关用人单位的劳动人事管理制度，以便在未来能够正确地择业；如果对用人单位的用人制度及相关信息不甚了解，就不能进行正确的对比分析，会给自己的求职择业带来很大的随意性和盲目性。而面临毕业之时，更需要对择业目标单位的劳动人事管理制度进行多方面的了解，以做到"知已知彼"，最终获得择业的成功。

第四章 职业生涯设计

　　毛毛虫都喜欢吃苹果，有四条要好的毛毛虫，都长大了，各自去森林里找苹果吃。

　　第一条毛毛虫跋山涉水，终于来到一棵苹果树下。它根本就不知道这是苹果树，也不知树上长满了红红的可口的苹果。当它看到其他的毛毛虫往上爬时，也稀里糊涂地就跟着往上爬。没有目的，不知终点，更不知自己到底想要哪一个苹果，也没想过怎么样去摘取苹果。它的最后结局呢？也许找到了一个大苹果，幸福地生活着；也可能在树叶中迷了路，过着悲惨的生活。不过可以确定的是，大部分的虫都是这样活着的，没想过什么是生命的意义，为什么而活着。

　　第二条毛毛虫也爬到了苹果树下。它知道这是一棵苹果树，也确定它的"虫"生目标就是找到一个大苹果，问题是它并不知道大苹果会长在什么地方。但它猜想：大苹果应该长在大枝叶上吧！于是它就慢慢地往上爬，遇到分支的时候，就选择较粗的树枝继续爬。于是它就按这个标准一直往上爬，最后终于找到了一个大苹果。这条毛毛虫刚想高兴地扑上去大吃一顿，但是放眼一看，它发现这个大苹果是全树上最小的一个，上面还有许多更大的苹果。更令它泄气的是，要是它上一次选择另外一个分枝，它就能得到一个大得多的苹果。

　　第三条毛毛虫也到了一棵苹果树下。这条毛毛虫知道自己想要的就是大苹果，并且研制了一副望远镜。还没有开始爬时就先利用望远镜搜寻了一番，找到了一个很大的苹果。同时，它发现当从下往上找路时，会遇到很多分支，有各种不同的爬法；但若从上往下找路时，却只有一种爬法。它很细心地从苹果的位置，由上往下反推至目前所处的位置，记下这条确定的路径。于是，它开始往上爬了，当遇到分支时，它一点也不慌张，因为它知道该往哪条路走，而不必跟着一大堆虫去挤破头。比如说，如果它的目标是一个名叫"教授"的苹果，那应该爬"深造"这条路；如果目标是"老板"，那应该爬"创业"这个分支。最后，这条毛毛虫应该会有一个很好的结局，因为它已经有自己的计划。但是真实的情况往往是，因为毛毛虫的爬行相当缓慢，当它抵达时，苹果不是被别的虫捷足先登，就是苹果已熟透而烂掉了。

　　第四条毛毛虫可不是一条普通的虫，做事有自己的规划。它知道自己要什么苹果，也知道苹果将怎么长大。因此，当它带着望远镜观察苹果时，它的目标并不是一个大苹果，而是一朵含苞待放的苹果花。它计算着自己的行程，估计当它到达的时候，这朵花正好长成一个成熟的大苹果，它就能得到自己满意的苹果。结果它如愿以偿，得到了一个又大又甜的苹果，从此过着幸福快乐的日子。

第一条毛毛虫是条毫无目标，一生盲目，没有自己人生规划的糊涂虫，不知道自己想要什么。遗憾的是，我们许多人都是像第一条毛毛虫那样活着。

第二条毛毛虫虽然知道自己想要什么，但是它不知道该怎么去得到苹果，在习惯中的正确标准指导下，它作出了一些看似正确却使它渐渐远离苹果的选择。而曾几何时，正确的选择离它又是那么接近。

第三条毛毛虫有非常清晰的人生规划，也总是能作出正确的选择，但是，它的目标过于远大，而自己的行动过于缓慢，成功对它来说，已经是明日黄花。机会、成功不等人。

同样，我们的人生也极其有限，我们必须把握，那么单凭我们个人的力量，也许一生勤奋，也未必能找到自己的苹果。如果制订一个适合自己的计划，并且充分借助外界的力量，借助许许多多的望远镜之类的（在我们的现实生活中可以理解为找个贵人帮自己），也许第三条毛毛虫的命运会好很多。

第四条毛毛虫不仅知道自己想要什么，也知道如何去得到自己的苹果，以及得到苹果应该需要什么条件，然后制订清晰实际的计划，在望远镜的指引下，它一步步实现自己的理想。

其实我们的人生就是毛毛虫，而苹果就是我们的人生目标——职业成功。爬树的过程就是我们职业生涯的道路。毕业后，我们都得爬上人生这棵苹果树去寻找未来，完全没有规划的职业生涯注定是要失败的。

第一节　职业理想及其作用

一、职业理想

马克思在中学毕业论文《青年选择职业时的考虑》中，清楚地表明了他崇高的人生追求："在选择职业时，我们应当遵循的主要方针是人类的幸福和我们自身的完善。"毛泽东在湖南省立第一师范学校读书时，就确立了为中国劳苦大众谋幸福的远大理想，又以其革命的职业通道，为我们树立了人生目标与职业理想相结合的光辉典范。青年时代的周恩来去日本留学前，挥毫泼墨，写下了"面壁十年图破壁，难酬蹈海亦英雄"的壮美诗篇，立下了破除旧世界，与黑暗社会、反动势力奋战到底的决心和理想。无产阶级革命事业的伟人们，把职业选择与社会理想的追求融合为一体，成为值得我们永远学习的榜样。

（一）职业理想的含义

职业理想是个人对未来职业的向往和追求。它是人生目标的重要组成部分，与社会理想、道德理想、生活理想相互联系，相互作用，但又有其相对独立的特定内涵。职业理想直接指导人们的择业行为，体现了人们的价值观。树立正确的职业理想，对于在校生正确处理择业问题和正确对待职业通道，无疑具有重要意义。

职业理想随着社会的发展而变化，并通过具体事业的成就来实现。生产力发展水平不同，社会实践的深度、广度不同，人们追求的职业目标也就不同。社会分工、职业发展变化，是职业理想发展变化的决定因素。因此，职业理想，是一定的生产方式及其形成的职业地位、职业声望在人们头脑中的反映。

个人的职业理想随着年龄的增长、社会阅历的丰富而逐渐由朦胧、幻想变为现实，由波动变化而趋于稳定。因此，职业理想具有发展性。

一个人的政治倾向、道德修养水准及人生观决定着职业理想的方向，一个人的知识结构、能力水平决定着其对职业理想追求的层次，一个人的性格、气质、情感、意志等非智力因素以及性别、身体等生理特质对职业理想的形成也有影响。因此，职业理想有着一定的个体差异性。

一般来说，人生目标包含社会理想、职业理想、道德理想、生活理想等。不同的社会理想、职业理想、道德理想、生活理想等的不同组合，构成了不同的、异彩纷呈的人生目标。

（二）职业理想与社会理想的关系

一个人的职业理想与社会理想密不可分，社会理想制约职业理想，职业理想又是个人社会理想的重要表现。职业理想能够促进社会理想的实现。

社会理想是人们对社会现实与发展的希望和憧憬，是人们对于某种社会制度、社会风貌的向往。如果一个人没有正确的社会理想，就会变得目光短浅。职业理想是社会理想的具体化。比如，我国著名桥梁专家茅以升，幼年在家乡目睹端午节龙舟比赛中桥塌人亡的悲惨情境，就暗下决心，长大一定要学造桥。从此，他发奋学习，处处留心观察桥，15岁就以优异的成绩考入唐山路矿学堂学习。5年里，他记录了200本笔记，约900万字，堆在一起足有一人多高。他主持设计和建造了中国桥梁建筑史上第一座现代化大桥——钱塘江铁路公路两用桥。他主持设计和建造了闻名世界的武汉长江大桥……茅以升的名字和我国许多新建大桥一起，永远留在祖国大江南北。他实现了个人的职业理想，也实现了为人民造福的社会理想。

事实上，人们总是通过职业理想的实现，达到改造社会、造福人类的目的。没有职业理想，在职业活动中就难有作为，社会理想也就会因失去了基础而落空；职业理想是实现社会理想的桥梁，人们总是通过职业理想的实现，推动着生产力的发展和生产关系的变革，从而达到改造社会、造福人类的目的。

社会理想制约着职业理想。社会理想是长远的、根本的，也是方向性的，它贯穿于职业理想之中。不同的社会理想对职业理想所起的作用是不一样的。崇高的社会理想可以指导人们树立起正确的职业理想，并激励人们以蓬勃向上的精神风貌去为实现职业理想而工作。如果没有社会理想或者社会理想颓废，那就有可能使自己迷失方向，或变得急功近利、目光短浅，也就谈不上正确的职业理想。现阶段我国各族人民共同的社会理想，就是建设有中国特色的社会主义，建设小康社会，它制约着每个人的职业理想。每个人的职业理想都应建立在这个社会理想的基础上，这样的职业理想才是正确的。

面对日新月异的世界，我们只有在人生目标指引下，树立正确的社会理想和职业理想，根据社会的发展和个人的特点进行自己的职业通道规划，促使自己奋发向上、勇于开拓，才能在未来的工作中从容应对，取得应有的成就。

二、职业理想的功能

（一）职业理想的功能

职业理想是一个人所持有的一种主观意识，它具有如下基本功能。

1. 对求职、择业及就业准备有直接影响

青年学生由学校走向社会时，根据自身的特点及社会发展变化的客观现实，确立自己的职业理想后，可为理想的职业和具体的目标而努力，为获得自己认为理想的职业而做好有关的各种准备。

因此，职业理想对于人们求职和进行就业准备，绝不仅仅是一般性的影响，完全可以认为是一种推动人们想方设法地去获得理想职业的动力，即推动人们求职和进行就业准备的动力。

2. 实现个人事业理想和生活理想的前提条件

一个人的事业理想体现在个人自我价值在其工作业绩、成就方面的实现。个人的生活理想则体现在个人自我价值在其衣、食、住、行及休息、娱乐、恋爱、婚姻家庭方面的实现。在当今的社会里，一个人在事业上取得成就、作出成绩，多数是在职业理想推动下取得了重大突破。职业影响个人及家庭的经济收入及社会声望，影响人的生活方式。因此，职业理想是个人实现自己生活理想的前提条件。

3. 实现社会理想的重要桥梁

社会理想主要指一定社会集团（群体）或社会中一定成员对所向往和追求的未来社会的一种美好的想法，如我们常说的社会主义理想、共产主义理想等。社会理想所向往、追求和设想的是社会的经济制度、政治制度以至整个社会的形态；职业理想所向往、追求和设想的是职业岗位及就业要求。职业理想是在社会理想指导下，对社会理想的落实和具体化。人们通过从事一定职业，并以此为依托去实现自己的社会理想。实现共产主义是人类历史上空前伟大的事业，要靠千百万人的长期艰苦奋斗，离开了社会的每一个成员在各自岗位上的努力和点点滴滴的积累，共产主义的社会理想是不可能实现的。

（二）如何树立正确的职业理想

应该说，职业理想的形成对今后职业道德建立的影响是很大的，而树立正确的职业理想，一般需要有以下几个条件：

（1）把生活看成是一个劳动过程。当你确立依靠自己的劳动创造自己的未来时，就会使自己的职业理想建立在一个客观的现实的基础上，就会努力创造条件，不断追求，使职业理想不断升华，人生更显光彩。

（2）热爱自己的祖国，热爱自己的家乡。这看似与职业理想关系不大，其实它是树立职业理想的基本思想条件。当你从心底里建立起这两个热爱，你就会把个人的职业理想与祖国的命运、父母的企盼、家乡的发展联系在一起，从而把个人的理想与平凡而伟大的职业联系在一起，有了这样的职业理想就一定会有高尚的职业道德。

（3）正确地评价自己的职业理想，客观地看待社会发展条件是否允许实现个人职业理想。其实一个人可能一生都在寻求自我职业理想的实现，但客观地认识社会发展水平和实现自我职业理想的条件，就是一个主观见之于客观的过程，只有当理想与现实达到一致时，你的职业理想才能成为现实。

正确的职业理想形成后，它的突出作用，首先表现在选择职业时，不以个人喜好为转移，不受不现实的理想所干扰，不为个人得失和名利所诱惑，就能正确地作出职业选择，并全身心地投入工作。其次表现在正确的职业理想对创造性工作和特殊职业的职业道德的确立具有促进和提高作用，如体育项目、教师、医务、职业军人、警察等职业，就需要极高的奉献和敬业精神。

因此，学生在选择职业前，一定要树立正确的职业理想，这将会对正确地选择职业建立高尚的职业道德，起到不可估量的作用。因为：

第一，学生在进行职业选择前，一方面受所学专业的限制，有时因为自己的职业理想与所学专业矛盾而放弃对理想的追求；另一方面没有亲身实践，对职业理想依然停留在纯"理想"的限度内。因此，要突破职业理想的狭隘含义，把从事任何一种工作的意义与国家的未来、人民的希望联系起来，从一个崇高的境界去确立自己的职业理想。

第二，学生应该把专业理想与职业理想合理地统一起来，使专业知识的增长与职业理想的提高，相得益彰，共同进步，这样一方面能使专业知识在适合的工作岗位上发挥作用，另一方面又把自己的职业理想建立在专业工作上。

第三，要树立吃苦耐劳、工作在前、享受在后的品格，到生活的第一线，到祖国最需要的地方去。事实上，只有在火热的生活中，你的职业理想才能得到最完美的实现，只有在祖国最需要的地方，你的专业才能发挥出最大的作用。

第二节 职业生涯规划概述

一、职业生涯的概述

(一)职业生涯的含义

职业生涯是一个人从职业学习开始到职业活动结束的整个旅程,是指一个人一生的职业经历。也有人认为,职业生涯是指从职业兴趣的培养、选择职业、职业能力的获得、就业,直至完全退出职业生活这样一个完整的职业发展过程。

(二)职业生涯规划的含义

职业生涯规划是指个人根据社会经济发展需要及就业环境和本人实际情况,制定未来职业生涯发展方案,确立职业目标,选择职业道路,并采取行动和措施实现职业生涯目标的过程。

二、职业生涯规划的意义

近年来,毕业生就业难的问题日益凸显,主要原因除了客观就业形势严峻之外,更关键的是毕业生的自我定位问题,或者说是职业生涯规划问题。职业生涯规划的意义体现在以下几个方面。

(一)有利于明确人生未来的奋斗目标,实现职业理想

职业生涯规划主要由两部分组成:一是目标的确定与分解;二是实现目标的措施和安排。成功的职业生涯规划,应该是目标明确、切合实际,措施具体、科学可行,从而为职业理想的实现创造条件。

只有有了明确的目标,才会激励人们努力奋斗并积极去创造条件实现目标,而避免无目标地四处飘浮,随波逐流,浪费青春。事实也证明,不少学生由于对自己的职业生涯毫无计划,目标不明确,从而造成事业失败。

(二)有利于适应社会经济的发展和人尽其才

成功的职业生涯规划不是凭空臆造的,符合社会经济发展需要,是毕业生职业理想实现的前提。在研究职业及职业素质、职业道德及职业道德规范、职业个性、职业选择等内容的过程中,通过多种途径了解社会、了解职业,并根据自身的条件和社会经济发展的需要来设计自己的职业生涯,找到社会发展需求与自身能力优势的结合点,这样既充分发挥了自己的才能,又促使自己适应社会,融入社会,推动社会发展。

（三）有利于适应职业的发展变化

随着社会的进步和职业的发展变化，新的职业不断涌现，原有的老职业不断被淘汰只有正确地规划职业生涯，才能在纷繁的众多职业中找到适合自己发展的职业，并获得事业的成功。

（四）有利于在激烈的竞争中脱颖而出

新的就业体制，为毕业生提供了巨大的空间，但同时也使他们面临来自多方面的就业压力，要在激烈的竞争中把握稍纵即逝的机会，只有进行前瞻性的职业生涯规划才能自如地应对挑战。

（五）有利于提升学生的综合素质

职业生涯规划对在校学生起着内在的激励作用，能促使他们主动地去认识和完善自我，根据社会的需求不断完善自身的知识结构和技能素质，全面提升职业竞争能力。

三、职业生涯设计的内容

职业规划是个人生涯的战略性的谋划，要想获得事业和人生的成功，应该及早设计自己的目标，计划自己的生活，利用这个方式帮助个人了解自己，分析自己和周围的环境，付出努力，达成和实现个人目标，这个过程越早，效果越好。

姚明曾经是美国 NBA 的巨星，成为中国篮球界乃至中国体育的代表人物，引起了很多专家的研究和探讨，有一本书中写到，姚明的篮球生涯早已注定。他一出生，其在早期就是我国著名篮球运动员的父母就给他定出了未来从事篮球运动的方向。姚明早早地走向了专业训练的旅程，是他巨星成长段落中至关重要的一环。

姚明的启蒙老师李章民记得，姚明刚练篮球时一点篮球基础都没有，心肺功能也不怎么样，绕着球场跑两圈就已经累得不得了。姚明刚开始对篮球并不是太感兴趣，只是玩一玩。但是李章民特别强调的是："姚明很听话，训练非常认真，教练怎么安排，他就怎么做。我让他一个动作练20遍，他就扎扎实实地练20遍，不像有的队员那样偷工减料。所以姚明能够成功的一个关键是，他身体发育各个阶段的运动敏感期没有一个阶段被浪费掉，比如说，七八岁是练反应速度、灵敏度最好的时候，过了这个年龄，再练就晚了。有的人尽管身材条件很好，训练也很刻苦，但是因为练球时间太晚，要想取得更大成绩，就很难了。"对一个少不更事的孩子来说，遇到一个好教练是他的幸运，听从教练的每一句话，则是他自己的性格，也就是他的命运。

姚明现在所取得的成就要感谢篮球这项运动，没有篮球，姚明肯定不会在目前的中国体育中占据举足轻重的地位。姚明本人也用自己的表现回报了国家，而且在加盟 NBA 之后，他变得更具职业球员风范，也成为中国球员学习和效仿的楷模。

从上面的案例中可以看出，职业规划对一个人来说是越早越好，尤其是运动员，从年幼起就有运动敏感期，不抓紧时间就会事过境迁，世界上比姚明高的人不少，但没有进行多年的系统训练，会打篮球的并不多。像一些世界级的运动员，上一代人就给他们定好了职业发展方向，所以一到他们参加正规比赛时，别人就很难竞争了。另外，现实一点讲，并不是每个人都有姚明那样的父母，学生更多的是需要自我激励和自我鞭策。职业生涯设计的内容很多，概括起来有分析自身条件、确定职业目标、规划发展阶段、制定实施措施等内容。

（一）分析自身条件

案例

刘平的奋斗

刘平考上了当地一所职业学校。他父亲是当地农村中仅有的一名兽医，技术熟练，收入稳定，他希望让刘平子承父业，学习有关兽医的专业，共图发展大计。但刘平不喜欢这个行当，也不喜欢老爹过于严格的管教方式，两人谈不拢，因此他自作主张报了会计专业。毕业后，到了一家小公司任出纳员，但他又不满意那死气沉沉、枯燥重复的工作环境和微薄的收入。为了证明能比他爹强和自己选择的正确，他带着几本营销专业的书籍，来到千里之外的一个大城市准备搞市场营销，走捷径赚大钱。但半年后他只找到了一个洗涤品直销的临时工作，因普通话不好，家乡口音太浓，当地人都听不懂，销售额一直不好。他的住处是租来的一个六平方米的简陋小棚子，好在他雄心不减，每天背着一个大背包四处推销。两年过去了，境况没有太大的改观，收入低到一天只够吃一顿饭，还不得不接受他姐姐的接济。他在家的女朋友倒是看得开，劝他只要回家，不管干什么都行。后来他善良的人品引起了他的老乡，一个公司人力资源经理的关注。经理和他谈了起来，知道了他的处境，也劝他回家，并帮他进行了分析。那经理指出：一是他不适合于搞营销，满口的家乡方言，使客户觉得他是外地人不放心，而且他也错过了学普通话的年龄。二是他忠厚老实，不善于表达，抓不住商业机会，不会有发展。三是要正确利用各种社会资源。老爷子的技术、市场、资源都有优势，不要舍近求远，要摆正自己的位置，家庭之中也要经营，自家老爷子是合作伙伴而不是竞争对手。如果想在社会中安安稳稳搞事业，首先与老爷子的关系要处理好。因为他既是家长，也是老师，还是朋友。目前你虽没有挣到大钱，但也见了世面，积累了经验，还会财务，这都是回到家乡和老爹共同发展的有利条件。不愿吃苦可不行，正因为老爷子吃得苦才将你拉扯大，不要忘本。那经理说我想有你那条件还没有呢。

一席话说得刘平频频点头，他终于下定决心调整方向，又用两个月的时间作了准备，看了相关的书籍，回到家中和父亲进行了沟通。现在，他在帮老爹经营兽药的同时又学习兽医专业，因为当地又有一家兽医诊所开业，使他们感到了竞争压力。他想争取早日持证经营，为众多养殖户服务。

在日常工作生活中经常是当局者迷，旁观者清。一个人对自己的认识总是片面的，所以，在分析自身条件时还应当听取他人的意见，我们称之为"角色建议"。上例中的刘平对自己的认识和对社会的认识都是片面的，没有考虑到周围环境的利与弊。我们不难预想，得到来自父亲的技术传授和帮助，他只要将心态理顺，找准工作位置，将来会有一个稳定的发展。如果在当初他多论证一下，选择与兽医有关的专业，他的专业能力就会更强，专业优势就会及早建立。

分析自身条件又叫自我分析。要通过科学认知的方法和手段，对自己的职业兴趣、气质、性格、能力等进行全面认识，清楚自己的优势与特长、劣势与不足。

（1）了解今天，预测明天。了解今天的你是怎样的，你的健康情况怎样？是否有不良的生活习惯？是否有影响健康的活动？学习状况如何？是否有专长？是否在培养自己的专业技能？兴趣爱好是什么？人际关系怎样等。需要中职生清楚自身，正确地认识自我，客观全面地评价自我，找出一个真实的自我形象。这是做好职业生涯设计的前提。因为人们对自我性格和自我能力的定位，往往会决定自己的行为。预测明天就是根据现在自身状况，想想自己的未来。毕业后能做什么？什么对我最重要？什么职业适合我？人生需求到底是什么？怎样做才能达到自己的人生目标等等。经过认真深入的思考，一个属于你的美好明天就会诞生。

（2）分析自己所处的环境和变化的趋势。每个人都处在一个客观的环境中。毕业生对自己所处环境要认真分析。如你生活熟悉的家乡环境怎样？经济是否发达？什么职业在家乡有发展？你的家庭环境怎样？生活是否富裕？有没有创业的资本？在学校是否有恋爱对象？对方是否影响你择业？你选定的职业是社会当前需要还是未来需要？

你的人际关系如何？将来要工作的地方是否熟悉？有无朋友支持？等等。总之，毕业生要对自己的居家环境、生存环境、行业环境、地区环境、社会环境等作全面分析，同时还要考虑到将来发展变化，综合分析评定后，作出正确的决策。

（3）分析自身条件与职业的差距。当毕业生确定了职业理想后，就要分析职业要求的具体要素，不同职业对从业人员要求不一样，任何工作都有一套需要掌握的基本技能和应该遵守的行为准则。毕业生是否能够自觉适应？能适应多少？还是完全不适应？要干好这个职业，自身还有哪些不足？是否经过努力能够弥补等。做到知己知职业，就有可能成功。

（二）确定职业目标

职业目标是毕业生的职业期望，是自身的条件与社会职业需求机会不断协调的结果。职业目标一般分为贡献型、发展型、经济型、声望型、期待型、无取向型等六种类型。贡献型是以为社会作贡献为取向，发展型是以发挥个人特长为指向，经济型是以高收入为指向，声望型是以社会舆论对职业的声望评价为指向，期待型是以家长的期待为指向，无取向型是指没有目标取向。对毕业生来说有的可能是单一取向，有的可能是综合型但总的原则是择己所爱、择己所长，择世所需、择己所利。确定职业目标时还要比较鉴别，选择最佳方案。

第一，将个人的优势因素与职业的要求进行对比，把那些与个人条件相近的职业作为选择目标。第二，在选出的多种职业目标中进行比较，选择更符合自身条件，经过努力能很快胜任的职业。注意在确定职业目标时，不要过分强调专业对口。

（三）规划发展阶段

职业生涯设计中一项重要的内容是规划发展阶段。成功人士的事业发展阶段是 30 岁以前打基础，或者深造充电，或者在实践中摸索、积累经验；30 ~ 35 岁是职业短期目标实现阶段；45 岁以后是职业长期目标实现阶段，也是实现自己人生价值的阶段。毕业生可以将自己的职业生涯划分出几个发展阶段，可以 3 年或 5 年一规划，也可以逐年定目标，规划更细。发展阶段规划要从低到高，循序渐进，符合职业发展实际。而不是简单的口号，或不切实际的梦想。

（四）制定实现措施

毕业生根据自己的职业目标和职业发展阶段，制定实现措施时，主要内容有以下几方面：职业介入措施、行动措施、能力培养措施、管理措施、资金筹措及用人措施等。

【**阅读资料**】

当调酒师，开自己的酒吧

某中职学生的职业生涯规划简要方案

① 18 ~ 21 岁，在校期间打好专业基础；

② 21 ~ 23 岁，在酒吧打工；

③ 23 ~ 25 岁，有针对性地学习技术（艺）；

④ 25 岁，成为调酒师；

⑤ 30 岁，开一家自己的酒吧；

⑥ 25 ~ 30 岁，向专业化、国际化发展；

35 岁成为具有国际水平的调酒师。

选对池塘钓大鱼

《选对池塘钓大鱼》是美国职业指导专家雷恩·吉尔森写的一本书，他将人的职业规划形象地比喻为钓大鱼和选池塘。在这本书里，他将钓鱼和职业规划进行比较分析，见解独到，发人神思。他写道：我发现，大多数人的盲目，并非认为职业规划不重要，而是因为：他们不知道如何去做；他们觉得这样做太麻烦；他们对自己确定的目标和计划没有信心；他们将目标制订得过于长远，这使立刻看到成果变得不可能，从而导致他们丧失了勇气。

世界上只有 3% 的人有自己的目标和计划，并且将它明确地写出来，还有 10% 的人有目标和计划，但却将它留在自己脑子里，剩余的 87% 的人都随波逐流，不知道自己该向何处去，自己的生活完全被人掌控着。因为职业关系，我曾经拜访过许多事业有成的人，发现他们有一个共同特点，那就是在正确的时间作出正确的决策。这种选择并非因为他们拥有某种特殊的天赋，而是他们对自己的人生和事业有一个明确的目标和整体的规划。一个人从受孕开始经过一段漫长的经历，一直到离世为止，虽然每个人都有其不等的生命长度，但是成长的阶段则是不变的，不同阶段的成长环境，需要有不同的阶段来配合，以符合我们的发展，所以我们必须要有职业生涯规划的观念。从出生到死亡，一次就做好职业生涯规划几乎是一件不可能的事情，我们所要做的是在成长的转换点上来切割我们的人生。通过这种有意识的规划来矫正人生的偏差，达到最大的成功。

四、职业生涯准备

要想搞好职业生涯，中职生必须做好充分的准备。准备内容有知识、技能、才干、实践经验、分析能力、个人素质培养、见识增长等等，这些内容是成才的必要条件。要做好职业生涯准备应做到以下几点。

（一）珍惜在校学习生活

学校是中职生成才的摇篮。学校所开设专业是根据社会需要和市场需求设置的，其知识结构、能力结构、素质培养等都具有科学性、规范性、目的性，知识资源、信息资源、设备资源非常丰富，这就为中职生提供了职业生涯准备的场所。中专生们应珍惜在校园里的学习时间，有计划、有步骤地努力学习，刻苦钻研，构建合理的知识结构、能力结构，培养锻炼自己的才干，为走出校门就业打下坚实的基础。

（二）积极参加社会实践和职业活动

目前，中专生参加的社会实践和职业活动较少，即使学校组织活动也只是少部分人参加，对于大多数学生来讲，这是一个缺憾。因此，一方面学校要多组织活动，为学生创造实践条件；另一方面，学生自己也要积极努力寻找实践机会。就学生而言，校园里的一切活动都是有益的，参加就会受益，如书法比赛、演讲比赛、兴趣小组活动、科研小组活动、青年志愿者活动、毕业实习活动、假期实践活动、校外兼职等。学生应该积极参加有益的职业训练，更多地了解职业，掌握职业技能，为职业生涯做准备。

（三）关注职业发展动态，确定就业方向

职业发展受社会的政治、经济、文化等方面的影响很大。不同时代，不同时期，国家政策、经济体制、人才管理体制、社会文化习俗、职业的社会评价是不一样的，这些社会环境因素决定了人们对不同职业岗位的接受、赞誉或贬低的程度，也影响毕业生步入职业生涯的方式、态度、择业目标的确定。因此，中专生要关注职业发展动态，随时反馈、修正自己的职业目标，确定自己的就业方向。

（四）全面提高职业素质和综合能力

中职生的职业素质和综合能力是用人单位选择中职生的依据。从某种意义上说，能力比知识更重要。一般要求中专生具有满足社会需要的决策能力、创造能力、社交能力、实际操作能力、组织管理能力、终身学习能力、心理调适能力、随机应变能力等。职业需求人才的综合素质有思想道德素质、专业素质、文化素质、身心素质四个方面。思想道德素质是人的综合素质的灵魂，没有正确的思想道德指导，就没有正确的人生方向。文化素质、专业素质和身心素质是干好工作的基础。专业素质是人们所具有的为社会服务的特殊的工作能力，它表现为人们工作时呈现出来的知识、能力和方法。文化素质是人们在人文社会

科学、自然科学等方面的涵养,体现着一个人的公民意识和社会责任感,是完美人格的象征。身心素质包括健全的体魄和健康的心理素质,健全的体魄既指人们从事各种工作的体能,也指人们内在的旺盛精力、长期从事艰苦工作的耐力和对疾病侵袭的抵御能力;健康的心理指的是自我意识的健全、情绪控制的适度以及人际交往和对挫折的承受能力。中专毕业生综合素质的提高,是社会的需要,是时代的需要,因此,中专毕业生要学会生存,学会学习,学会关心,学会创造,全面提高自身素质,为社会作贡献打下基础。

第五章　就业法律与权益保护

第一节　识别求职陷阱，避免求职风险

案例

求职陷阱

现场一：星级饭店招聘男女公关经理，无须工作经验，无学历要求；底薪2000元，月薪可达数万元，具体根据个人所得小费而定；要求女身高165cm以上，男身高180cm以上，长相好。

专家解读：这样的招聘广告往往是骗人或是让人加入色情行业。所以一定要多加小心，不要盲目前往。

现场二：某企业招聘，把笔试或者面试地点安排在员工上班可见的醒目位置，或者特设招聘台，或者把笔试和面试时间安排在非员工工作时间。

专家解读：这种招聘的真正目的，很可能并非为了招新人，而是为了给现有员工施压，所以求职者不要对这些招聘抱太大希望

现场三：某企业常年招聘，但从不透露到底要招多少人，且招聘的信息从不更换或者很少更换；招聘会上该公司往往发给求职者很多宣传册、介绍公司文化的资料等。

专家解读：这类企业的目的，大多是为了宣传或者为公司积累人才库，他们实际上现在并不缺人，所以求职者一定要查清楚底细，再去应聘。

求职陷阱 2

王某学校毕业后，一直在积极找工作。某日，在浏览某求职网站的时候，他发现了一条某信息咨询公司的招聘广告。广告写明："岗位——市场推广员；用工形式——劳动合同制员工；薪水——每月底薪 1600 元人民币，并根据业绩另有提成。"王某看了觉得非常适合自己，立刻就把公司的招聘广告复印了下来，并按上面的联系方式，与这家公司联系。经过简单的面试后，被该公司正式录用。

在短暂培训之后，公司拿出一份为期一年的《市场推广代表合作协议》，要求包括王某在内的新员工签字。王某翻阅内容，密密麻麻的小字几大篇，有条有理、文书规范、用语专业，其中约定了工作岗位、业绩提成等条款，想到招聘广告里提到的"根据业绩另有提成"，便爽快地签了字。一晃半年过去了，公司竟然一直没有支付王某每月 1600 元的工资，更没有为他缴纳社会保险费。

王某找公司交涉，公司却说已与他签订了《市场推广代表合作协议》，所以他是公司的"代理商"而非签有劳动合同的员工，不存在劳动关系，不符合缴纳社会保险费的条件，王某听了非常气愤。向公司出具了当初打印的招聘网站上公司发布的招聘广告，指出里面明明白白地写着招收"劳动合同工"，怎么能说自己是"代理商"。但公司强调，招聘广告在法律上属于"要约邀请"，不具有法律上的约束力，双方的法律关系还是要以最终达成的协议为准，因此双方就是业务代理关系。

几经交涉无果，王某只能向区劳动争议仲裁委员会申请劳动仲裁，要求公司支付拖欠的工资，补办招退工手续。本案最终经法院的调解，公司承认其与王某的劳动合同关系，为王某补发了工资和补办了社会保险。

近年来，由于竞争激烈的就业市场，导致学生求职心切，盲目相信虚假招聘广告，非法职介机构或个别用人单位设置种种陷阱引诱毕业生上当的案例屡见不鲜，这就要求学生应擦亮双眼，学会识别各种虚假广告和网络求职陷阱，谨防上当受骗。

一、识别招聘广告

1. 招聘广告的法律性质

用人单位招聘有关岗位人员时，正是通过招聘广告的形式，对所需人员提出了要求。同样，劳动者也是通过招聘广告了解了用人单位的企业性、招聘的岗位、人数及相关的薪酬福利待遇等信息。招聘信息已经成为了求职的首选渠道，那么招聘广告到底属于什么性质，对于一般广告，法律认为它不具有合同效力，而只是希望别人来与自己签订合同的。

一个邀请，所以一般广告对发出人并不产生法律的约束力。根据我国合同法的规定，所谓"要约"是指向特定人发出的希望订立合同的意思表示，只要受要约人承诺了，合同就成立了。"要约"有两个条件：一是内容具体明确，即应当包含所要订立的合同基本内容；二是到达受理要约人，要约即具有约束力。如果承诺对要约的实质性内容提出了修改那就不是承诺而是发出了新的要约。本案中提到的"要约邀请"是指希望别人向自己发出要约的意思表示，最典型之一的就是商业广告。因此，商业广告中经常有一些夸张的意思表示，以吸引别人向自己发出要约。

但是法律同时规定，如果广告内容十分具体、明确，符合要约规定的，就应该认为是"要约"，而不再是"要约邀请"，即合同中的主要条款、内容已经具备了，比如价格。本案中公司发布的招聘广告中已经包含了岗位是业务代表、月薪1600元，并有业绩提成。这事实上已经包含劳动合同的主要内容，非常具体、明确，应当是"要约"，而不是"要约邀请"。

此外，根据劳动和社会保障部门的有关规定，用人单位的招聘行为是受到劳动保障行政部门监管的，主要有以下两种方式

（1）委托职业介绍所发布招聘信息。

（2）经劳动保障部门同意，自行发布。

用人单位如委托职介机构发布招聘信息，需要出示单位介绍信、劳动保障年检手册、营业执照（副本）或其他法人登记文件、招聘简章和经办人身份证件。其中，招聘简章必须具备以下几点：

（1）单位的所有制性质

（2）工种岗位要求。

（3）用工形式、劳动报酬、福利待遇和劳动保护。单位的固定和法定地址、电话、联系人等信息。

（4）用人单位但凡经过劳动保障行政部门审核同意，利用报刊、广播、电视等新闻媒介或其他形式发布招聘广告的，需提供以下内容：

①单位行政介绍信、劳动保障年检手册和单位法人代码证书。

②营业执照副本。

③招聘广告文书。其文本中也应包含类似于上述招聘简章的内容。

可见，招聘广告的内容应该是具体的，应该包含劳动合同的主要条款。这主要体现了劳动合同法对劳动者的保护，防止用人单位利用招聘广告欺骗劳动者。让劳动者可以看着明白，选得放心。因此，用人单位发布的招聘广告应该是要约。

2. 招聘广告的证据作用

现在各种各类报刊的招聘广告是求职者索取求职信息的重要来源，可许多求职者一旦求职成功，这份招聘广告往往就随手丢弃了。殊不知，一个小小的招聘广告，在劳动争议中却是一个有用的证据。一旦发生劳动争议，无论劳动者还是用人单位都可以此为据，证明已经承诺的信息

其实，不仅是遇上王某这样的事，需要保留招聘广告，对所有通过招聘广告求职的毕业生来说，保留招聘广告都具有非常重要的证据作用。

（1）可以证明自己与用人单位的雇佣关系

曾有媒体报道，某劳动者在某招聘会场结识了某公司正在招聘的公司副总，其后便开始在该公司工作，未签订劳动合同。此后，双方因工资纠纷，发生劳动争议。公司却提出该劳动者非公司员工，该副总个人雇用，与公司无关。因无招聘广告作证，劳动者最终输掉了官司。

（2）可以证明用人单位的录用标准

根据《劳动法》的有关规定，用人单位在试用期内解除与劳动者的劳动关系，就必须证明其不符合录用标准，而招聘广告的内容也可作为"录用标准"。因此，劳动者应注意保留招聘广告，并充分了解其中的内容，尤其在试用期内，要严格照章行事。

（3）可以确定劳动合同的主要条款

有些用人单位在招聘的时候，有各种各样的承诺，如出国培训、住房补贴等。但在正式签订劳动合同的时候，往往就拒不认账了。

因此，毕业生在就业后应保留招聘广告，以后与用人单位交涉的时候，招聘广告是个非常有力的证据。

3．谨防招聘广告陷阱

在"满天飞"的招聘广告中，挑选一个称心如意的工作真不容易，更有甚者一个不留神，还会坠入五花八门的广告陷阱中。

下面简单介绍一些常见的招聘广告陷阱，希望能引起毕业生们的注意，不要上当。

（1）过期或虚构的招聘信息：有一些职介机构，为求壮大声势，在职位推介中，刊登些已过期的所谓"招聘"，有些职介机构甚至把报纸上、电线杆上抄来的招聘广告凑在一起，让求职者"交了中介费就可以多个职位随便挑"，而求职者往往在交上钱之后才大呼上当。

（2）"高薪"招聘：招聘广告上常常铺天盖地的"高薪诚聘××"，开出的薪金越高，就越能吸引求职者的眼球。但是，等到求职者过五关斩六将接触到实质待遇问题时，职介所或用人单位又玩起了数字游戏。有的单位甚至打出"保证年薪多少万以上"的承诺，这常出现在以业绩提成为主要收入的行业，而最后能否实现还需看求职者的工作表现及能力。求职者应当先衡量在没有业绩提成的情况下，固定底薪是否达到可接受的水平，不要被广告误导。

（3）夸大头衔：一些公司为了提高入职要求，或吸引比较高学历的应聘者，将职务头衔粉饰得光彩照人，有别于一般惯用的职务称号。明明招的是推销人员，却非要用"业务主管""部门经理"等来诱惑求职者；明明是打杂文员，却一律说成是"储备干部"；明明做的是最底层的推销工作，可偏要说成是"做一回自己的老板"。

（4）掩饰危机：某些公司会在报刊、职介或者人才网站大量刊登广告，给人不断发展的错觉，目的是掩饰裁员危机，以避开债权人的追逐压力。另外，一些单位做广告仅仅是为了提高单位知名度。

（5）"不限男女"：碍于有关禁止性别歧视的规定，招聘广告中不能列明"非男不用"或"非女不聘"，但实质上某些行业特性就是如此，例如秘书、厨师等。毕业生应当预先冷静探析，切莫浪费时间和精力。

（6）"长期招聘""急聘"：某些不法用人单位在招聘广告上冠以"长期招聘""急聘""大量求聘"等字眼，目的是借助广告大量吸纳"新鲜血液"，在试用新手的短期内再淘汰不合适的员工。求职者可能只领到试用期的工资就会"下岗"，有的甚至借试工之名欺骗求职者为其提供无偿的劳动。"长期招聘"使这些不法用人单位一直都有可以剥削的廉价劳动力。

（7）语言歧义：某报曾经刊登被指责有性别歧视的招聘广告，经法庭裁定，由于文中无任何标点符号，使人可得出两种不同的理解，而成功脱罪。由此可见，雇主可以利用长句来避开有关法律的约束。求职者应当仔细推敲广告词语的含意，以免浪费宝贵时间和精力。

（8）泄露个人信息：求职者在应聘时还需提防"暗箭伤人"。有些不法分子在报纸上刊登招聘信息，却是"醉翁之意不在酒"。他们的目的不在于招聘人才，而是诱使应聘者递上个人资料，然后假冒他人身份到银行申办信用卡，最后拿着卡进行疯狂透支消费；或者对应聘的女性进行性骚扰。要有目的、有针对地应聘，对自身资料要加强保密。

二、网上求职注意规避风险

网上求职是指通过互联网找工作的求职方法。求职者通过互联网查询招聘信息，填写求职信和个人简历，并通过或者网上提交系统提交给招聘单位。用人单位在获得求职者的求职信息后，给予求职者面试的机会，以进行下一步招聘工作。应该说，随着互联网在中国的普及，现在越来越多求职者都有通过网上求职的经历，但是许多求职者并不清楚网上求职应注意哪些法律问题。

1. 谨防网上求职受骗

案例

沈阳某师范学院的小李今年7月就要毕业了，去了几场招聘会都不太理想。"我在网上看到很多招聘网站都有大量的招聘信息，而且我觉得都挺不错的"。于是，小李将自己的简历传给很多"对口"的单位企业。

3月2日，小李收到了这样一个邮件，邮件上说小李的基本条件和学历条件都符合公司的要求，经过公司讨论同意录用他为职员。但是在工作前要先进行业务培训，考虑到小李家不在大连，公司优先照顾他，可以让小李先汇教材费400元，在沈阳自学，然后再来大连参加进一步培训。

这则录用信息让小李喜出望外，小李一直都想去沿海城市工作，这么容易就找到了个不错的工作实在是"点子好"。

可是等了一个星期，小李也不见有教材邮到，就连忙拨打联系人的手机，又发了几个邮件，此时手机关机，邮件也没有人回复，小李这时才意识到自己被骗了。

网上求职的骗局有通常有以下几类：①骗子公司动不动就要求付费，求职者往往被要求汇款作为报名费、押金、手续费，凡是这类情况，求职者应当立即放弃，甚至可以举报；②网上传销的骗局，一些人在网上声称只需要交几十元会费就可以在家创业，这只不过是搬到了网上的传销而已；③收集个人信息和求职数据骗局；④榨取廉价劳动力骗局。

案例

某学校外语专业的毕业生孙某，通过招聘网站应聘一家公司，该公司以考查他翻译能力为由，发送一些英语材料让他翻译，可翻译了好几次之后，仍没有得到该公司录用的表示。如此三番五次"考查"之后，孙某明白了，该公司只是利用他为他们免费翻译英语技术材料，根本不招人。求职者为了防止网上诈骗，应尽量寻找那些比较正规、知名的网站，如前程无忧（www.51job,com），以减少不必要的麻烦。一般正规网站在刊登人才需求信息时，都会仔细验证招聘单位的真实性，要求对方提供企业营业执照、办理人员的身份证件以及加盖公章的单位证明等，严防虚假信息的发生。求职者在无法确定所要应聘单位的真实性与可靠性时，可以登录当地的工商局网站查询一下企业的注册情况，或者直接在搜索网站"Google"或"百度"里输入"公司名＋骗子"，看一下搜索结果，或者到一些求职论坛发帖请教，应该会有一个结果。

2. 注意个人信息保密

案例

某学校正在找工作的女生小钟，不断接到外地或本地的陌生来电，这些人操着不同口音，问小钟的问题大同小异，是否愿意从事"特殊服务"。更让小钟吃惊的是，对方对小钟的年龄、籍贯和爱好等了如指掌。小钟百思不得其解，不由得有些害怕：这些陌生人是怎样把自己了解得这么详细的。后来，小钟发现身边的女同学也有遇到这类情况的，大家不约而同想到了前不久的互联网上发布的求职简历。这时候，小钟和她的女同学们才知道，原来麻烦来自于她在网上发布的求职信息。这个时候她们才注意到登录查询求职者的个人信息，不需要浏览人提供任何身份证明。自己当时在网上提供的年龄、毕业院校、所学专业、籍贯、家庭住址、手机和身份证号码甚至写真照片等信息在网上一览无余。小钟没想到，她一直认为省事的求职办法，却给自己带来那么多烦恼。

网上求职要注意对一些私人的信息进行相应的保护，不要在网站上透露家庭地址等个人安全信息，求职者只需要留下个人的电话、邮箱及自己的大概位置就可以了，以防为一些犯罪分子所利用。

此外，常常有网上"雇主"以招聘为名，诈骗求职者的信用卡号、银行账号、社会保险账号、身份证或者身份证复印件等个人机密信息。毕业生应提高认识，注意防范。

综上所述，毕业生应当处处防范求职陷阱。当发现自己遭遇求职陷阱时，不要慌乱，更不要自认倒霉，要果断地拿起法律的武器来捍卫自己的合法权益。首要的选择是向各地所在区劳动监察部门咨询或举报，请求查处，也可以直接向人民法院起诉。

三、怎样识别职介陷阱

作为应届毕业生，最好通过政府开办的年度人才招聘会或者各学校开办的应届毕业生会求职。当不得不选择职介机构时，必须注意识别职介陷阱。以下是辨别虚假职介的方法：

（一）上门就看"四证"

要识别职介机构的性质，首先就要看其是否合法，也就是"四证"是否齐全。如果是营利性的职业介绍机构，在营业场所的明显位置一定同时挂有各行政主管部门颁发的《企业法人营业执照》职业介绍许可证》或《人才中介服务许可证》《税务登记证》《收费许可证》等证照原件。

（二）注意职介的设施

合法职介所都有规范的名称，大门外无一例外地要写上××职业介绍所或××市区职业介绍中心等字样。合法职介所都有变体的"介"字标志，周围都有管理部门批准的、正式固定、面积数平方米以上的信息广告栏。规范的职介所营业面积一般不少于100平方米，而且一般在3楼以下。

（三）注意职介的服务

合法职介所不兼营其他业务，还应在经营场所公布劳动部门的举报和投诉电话，其工作人员也应佩戴由劳动部门统一制作的工作牌，同时在向求职者提供合适的岗位时还应出示用人单位委托其代为招聘的委托书。此外，职介组织应当在其服务场所醒目位置悬挂收费项目、收费标准。

（四）违规收费

求职者需掌握的一个重要的判断标准就是看这个机构是否违规收费。根据四川省劳动保障部门的有关规定，正规职介机构在正式给求职者推荐工作之前只能收取为数不多的建档费，并在一年内为其提供求职机会。而且，推荐成功所收取的费用一般不高于所提供工作月工资的10%，如果对方收取过高的中介费，就应当引起警觉。

（五）及时向有关部门查询、反映

如果遇到无证照或证照不全的非法中介，应及时向相关的劳动保障部门、工商管理部门或公安部门反映，有关部门可以根据相应管理条例规定对其进行处罚，所收介绍费等费用应退还给本人。

四、怎样识别用人单位招聘陷阱

求职者应尽可能事先了解公司的基本情况，应聘时也要多留个"心眼"：注意公司内部的摆设、工作人员的谈话，注意该公司是否正常运作，面试时是否草率等。对以下问题要重点留意。

若面试地点地处偏僻，最好能有友人陪同并在外等候；而面试时若发现其他员工身不由己，合同上白纸黑字签着自己的名字，许多人在无可奈何之下，只好任人宰割。在就业难的今天，招聘方常常处于强势地位，有的求职者为了得到一份工作，明知是份不平等的合同，也只好委曲求全违心地签字。但更多的人是合同意识淡薄、经验不足或求职心切，不小心掉进合同陷阱。所以，求职者在签订合同时一定要对合同字斟句酌进行推敲，谨防合同陷阱。

案例

丁某的就业的经历

某学校毕业生丁某在求职过程中曾四处碰壁，终于在一次人才招聘会上应聘上一家物资供应公司。公司一位负责人与他交谈后表示很满意，希望能当场签下合同，职位是公司销售部储备干部。而且许诺，上班后有住房，而且月薪 3000 元以上。丁某喜出望外，没有丝毫犹豫就同意当场签约，生怕错失良机。对方出具的是一份早已打印好的格式规范、条文专业的合同，双方的权利与义务似乎也规定得很清楚。他只是草草地浏览了一下合同，就怀着一种兴奋的心情在上面签下了自己的名字。

等到正式上班之后，丁某才慢慢明白，他干的正式职务是一线销售员，所谓的月工资 3000 元以上仅仅是有可能实现的最高值。因为销售人员的工资实行的是上不封顶下不保底，与销售业绩直接挂钩。销售部有十几名销售员，只有一位业绩突出的销售员曾拿到过 3000 多元的月工资。对方许诺的住房其实是一间水泥瓦沿墙搭建的偏房，不到 30 平方米，挤住着 8 个人。

丁某愤愤不平地找到了那位公司负责人讨个说法，却被告知，"当初的许诺只是口头上说的，并没有写进合同；至于住房嘛，不就是条件差点儿吗。如果好好干，月工资肯定不会低于 3000 元"。

丁某找出当初与单位签订的合同，在工资条款里只写着"工资待遇高"，在住房条款里用词更是模糊："由公司提供住处。"看到这里，他大呼上当，可是再往下看，却吓出了身冷汗。合同规定，合同期间为 3 年，劳动者如果要提前解除合同，应当支付违约金 1 万元。

下面介绍几种常见的合同陷阱：

1．格式合同

一些用人单位在劳动部门制定的合同示范文本基础上事先拟好劳动合同，表面看起来这种合同似乎无可挑剔，可是具体条款却表达含糊，甚至可以有几种解释。一旦发生纠纷，招聘方总会振振有词地拿出这种所谓的规范合同来为自己辩护，并称自己依照合同享有最终解释权等，最后吃亏的往往是应聘者。

2．单方合同

一些企业利用应聘者求职心切的心理，只约定应聘方有哪些义务，如遵守企业的各项规章制度，若有违反要承担怎样的责任；悔约要交纳违约金等等，而合同上关于用人单位的义务几乎只字不提。这是最典型的不平等合同之一。如果接受这样的合同，无疑"人为刀俎，我为鱼肉"，任人宰割。

3．口头合同

依照《劳动合同法》的规定，劳动合同必须采用书面的方式。这样可以避免口头承谋的冠冕堂皇的劳动条件落空时，因为无书面合同而难以追究承诺方法律责任的后果。许多用人单位与求职者就权、责、利达成口头约定，并不签订书面正式文本。一些涉世未深的毕业生极易相信那些诱人的许诺，以为对方许诺的东西就是真能得到的东西，毫不怀疑对方的诚意。可是，这种口头合同是最靠不住的，如果碰上对方不讲诚信，那些许诺就会像肥皂泡一样破灭。

4. 生死合同

一些危险性行业的用人单位为逃避承担的责任，常常在签订合同时，要求应聘方接受合同中的"生死条款"，即一旦发生意外事故，企业不承担任何责任。有的求职者为了得到工作，违心地签了合同，却不知这样做的结果更使用人单位无视劳动者的安全。如果真的发生了意外，也许连讨个说法的机会也没有。因此，签订这样的合同时，一定要按国家《工伤保险条例》的规定，力争自己的合法权益。

5. "两张皮"合同

有些用人单位慑于劳动主管部门的监督，往往与应聘方签订两份合同。一份合同来应付劳动部门的检查，另一份合同才是双方真正履行的合同。用来应付检查的合同常常是用人单位一手炮制的，连签名也是假冒的，应聘者不但见不到这份合同，甚至不知道有这份合同的存在。而双方真正履行的那份合同，是不能暴露在阳光下的，因为那份直合同一定是只利于用人单位的不平等合同。

合同是维护自己权利的武器，失去了这个武器，不但会失去自己的尊严，同时也会失去本应该得到的利益。签合同时，一定要擦亮眼睛，冷静思考，谨慎自己的每一个签名。

第二节　就业协议书与劳动合同

案例

小张的应聘经历

小张毕业后到一家广告公司实习。由于实习表现突出，小张与该公司达成就业意向，并签订了就业协议。双方约定，服务期为3年，如果小张提前解约必须赔偿公司1万元。至于协议中的待遇、福利等条款暂为空白，公司人事部门让他先签名，具体条款过几天再补上。小张觉得自己是经熟人介绍来的，不好意思提待遇的事儿。"找个工作不容易，不敢要求太多。反正别人有啥咱有啥呗，差不了多少。"小张便在协议上签上了自己的名字。

正式上班后，公司与他签订了劳动合同，合同的有效期仅1年，而且也没有提前解除合同的赔偿条款。由于待遇与其他员工相差比较大，小张在工作第二年便向公司提出辞职。公司提出，必须按就业协议的规定赔偿1万元。

分析：

毕业生就业协议是毕业生在校时，由学校参与见证、与用人单位协商签订的，是编制毕业生就业计划方案和毕业生派遣的依据。劳动合同是毕业生到单位报到后，与用人单位确立劳动关系、明确双方权利和义务的协议。

就业协议要解决的核心问题是毕业生正式毕业后要到单位报到，单位在毕业生报到上班时无条件地录用；同时，单位应当提供"毕业生就业协议书"中约定的劳动报酬、工作岗位等内容。就业协议属于普通的民事协议，因而受民法的调整。而劳动合同则受劳动法的调整。

一、什么是就业协议

就业协议是明确毕业生、用人单位和学校在毕业生就业工作中权利和义务的书面表现形式。就业协议一般由教育部或各省、市、自治区就业主管部门统一制定就业协议书的作用。

1.就业协议书是制订就业计划的依据

就业协议书经由毕业生、用人单位及其主管部门、学校就业主管部门负责人签署审批意见并加盖公章之后，纳入毕业生就业方案。经学校审批的毕业生就业协议书，由学校统一汇总上报省教育厅就业办审核，列入就业计划。就业协议书一经签订盖章，即具有相应的法律效力，学校将以此为依据统一安排计划下达执行。用人单位也将以此为依据做相应的人事及其他安排，毕业生的求职过程也就完成了。

2.就业协议书是确认就业意向和劳动需求的凭证

就业协议书是确认用人单位愿意接收毕业生、毕业生愿意去用人单位就业、学校审核并同意派遣的书面凭证。毕业生和用人单位经过双向选择，以签订就业协议书的方式确定预期的就业关系，明确相互之间的权利和义务。就业协议书的签订，表明用人单位的劳动需求与毕业生的就业意向达成了一致。学校参与就业协议书的签订，是对毕业生就业过程进行规范和管理的重要方式，有利于学校及时了解、掌握毕业生就业情况，防止或减少就业过程中的违规操作，避免有些学生与多个用人单位签约，或签约之后又随意违约等现象。在一定程度上，学校直接参与就业协议的签订，对毕业生和用人单位都产生一定程度的约束作用，有利于维护毕业生和用人单位在择业、择人过程中的合法权益。

3.就业协议书是进行劳动统计的重要依据

就业协议书能够准确反映用人单位的劳动需求，反映劳动力市场对毕业生的需求状况。学校每年依据就业协议书来编制就业计划，落实当年的就业率指标，向国家提供关就业数据。同时还可以通过对就业信息进行统计、分析和对比，及时调整专业学科设置，促进教学改革，使其更好地适应劳动力市场需求。

4.就业协议书可维护各自的权利和利益

办理就业协议书有利于明确用人单位和毕业生各自的权利和义务，维护各自的利益，具有与劳动合同同等的法律效力。

二、就业协议书的订立原则

1. 主体合法原则

签订就业协议的当事人必须具备合法的主体资格。对毕业生而言，就是必须要取得毕业资格，如果学生在派遣时未取得毕业资格，用人单位可以不予接收而无须承担法律责任。对用人单位而言，用人单位必须具有从事各项经营或管理活动的能力，单位应有录用毕业生计划和录用自主权，否则毕业生可解除协议而无须承担违约责任。

2. 平等协商原则

就业协议的三方在签订就业协议时的法律地位是平等的，一方不得将自己的意志强加给另一方。学校不得采用行政手段要求毕业生到指定单位就业（不包括特殊情况的毕业生），用人单位也不应在签订就业协议时要求毕业生缴纳风险金、保证金等。三方当事人的权利义务应是一致的。除协议书规定内容外，三方如有其他约定事项，可在协议书"备注"栏中加以补充确定

三、就业协议书的填写方法

就业协议书是毕业生就业主管部门编制毕业生就业计划，学校制定毕业生就业方案及就业名单的一个重要依据，是明确毕业生、用人单位、学校三方在毕业生就业工作中权利和义务的书面材料，因而，毕业生要认真填写。以下主要介绍就业协议书中毕业生情况及意见栏的填写方法。

毕业生情况要如实填写，"姓名"栏以进校时录取通知书上姓名为准，一般不能更改；"培养方式"栏中，对属于国家计划招收的毕业生要填写"统分生"；在毕业生应聘意见栏中，要对是否愿意到用人单位就业表明自己的意见，同时也将与用人单位在洽谈中达成的基本条件写明，防止将来因态度不明而发生争议。在就业协议书中，"应聘意见"对毕业生非常重要，这是毕业生行使自己权利的重要表现。因此，毕业生不能只填写"同意"，简单处之。实践中，有的甚至一字不写，这是不对的，放弃了自己应该行使的权利，这样往往留下造成争议的隐患。

四、填写就业协议书的注意事项

毕业生领到学校发给的就业协议书后，要认真阅读协议书中的全部内容，然后再填写自己的有关情况。毕业生填写就业协议书应该注意以下几点：

（1）要用钢笔或毛笔书写，切忌用铅笔和圆珠笔。

（2）字迹书写要求工整，不得涂改，切忌字迹潦草，难以辨认。

（3）所有填写内容应准确无误，无错别字。

（4）填写内容要实事求是，正确反映自己的情况。

五、签订就业协议应注意的问题

目前，学校使用的就业协议书是由毕业生、用人单位、学校三方共同签署后生效。它具有一定的广泛性和权威性，是学校制订就业方案的主要依据，是明确毕业生、用人单位、学校三方在毕业生就业过程中的权利和义务的书面材料，对签约的三方都有约束力。

毕业生签订就业协议时，应注意以下问题：

（1）签约是非常严肃的事情，同时也是法律行为，因此签约前的了解、洽谈十分重要。毕业生应详细了解用人单位的情况，一般包括单位的规模、效益、管理制度等。单位的隶属也很重要，国家机关、事业单位、国有企业一般都有人事接收权。毕业生还应对不同地方人事主管部门的特殊规定有所了解。

（2）要了解清楚签订就业协议书的具体程序。签订就业协议书的程序一般有以下步骤：

①毕业生与用人单位通过双向沟通、双向选择，达成就业意向。

②毕业生与用人单位双方协商，围绕就业协议书各条款达成一致意见。

③毕业生签字，表示愿意按协议要求毕业后到用人单位工作。

④用人单位盖章，表示在毕业生毕业后，按协议要求接收毕业生来单位工作。

⑤学校毕业生就业主管部门签署意见并盖章。

⑥对没有人事权的用人单位，将就业协议书送用人单位主管部门审核并盖章。

（3）毕业生到用人单位报到后，一般要和用人单位签订劳动合同书。因此，在签约前了解合同书的内容是十分必要的，尤其重要的是合同书中的工作年限和待遇。

（4）为有效地维护毕业生的合法利益，防止出现意外情况，在签约前最好向单位了解工资待遇、福利、保险、服务期等情况。如果报考了专升本、研究生或准备出国，应事先向用人单位讲明。有些毕业生向用人单位隐瞒这些情况，这是不可取的，也会带来许多麻烦。

（5）如果除协议书条款以外，毕业生与用人单位约定新的条款，一定要注意其合理性，并权衡利弊。另外，新约定条款一定要以文字形式写下来，"口头协议""君子协议"没有任何法律效力，一旦发生纠纷，毕业生的利益无法得到保障。因此，毕业生签订协议条款时，必须慎重、仔细，要学会保护自己。

（6）毕业生签订协议，切忌脚踩两只船。有这样一个案例，某校毕业生用学校发给自己的就业协议书与西安某一单位A签了约，后来又联系了北京某单位B，觉得单位B比单位A好，就擅自用考取研究生同学的协议书与单位B也签了约。B单位协议书经学校盖章同意后，该生反悔又想去A单位，为达到目的，该生到B单位谎称学校要将其协议书取回补办手续，并保证什么时间之前一定办好。单位相信了他，将其协议书全部退给了他。当他拿到协议书后即回学校谎称B单位欺骗了他，解决不了他的户口问题，将其退回，要求学校在A单位协议书上盖章。学校为慎重起见，与B单位联系，得知该生有不诚实的行为，对其做出严肃批评，责令他向B单位道歉，请求谅解。谁知该生自认为精通法律，声称B单位没有任何证据（即协议书）在手，B单位一气之下，向学校反映该生行为恶劣，欺骗单位，欺骗学校，道德品质败坏，希望学校给予严厉处分，否则将影响学校的声誉。最后，该生以"身败名裂"告终。签订协议书是一件非常严肃的事情,各方一经签字盖章即具法律效力,任何一方都有履行协议的责任和义务,不得随意变更协议。案例中这个学生违背了诚信原则,知法违法,多头签约,逃脱责任,既损害自己的利益,又败坏学校的声誉,这是一种极不道德的行为。

六、劳动合同

案例

小杜毕业后,分配到某工厂干车工。他与工厂签订了为期5年的劳动合同。回家过春节时,看到家乡的变化很大,很多人做买卖挣了大钱,小杜跟妻子一核算,决定不如辞职,在家乡开个小商店。春节一过,小杜回到工厂立即写了一份辞职报告,要求即行解除劳动合同,厂领导不同意,认为按规定应提前30天通知工厂才行。小杜没理会工厂的意见,径自就离开了工厂。

小杜开个体商店应享受政策优惠,在办有关手续时,有关部门要求他出具与工作单位解除劳动合同的证明。小杜只好又回到工厂,请求单位为他出具解除劳动合同的证明。厂领导明确表示,不能为他出具劳动合同证明。原因是没有提前30天通知工厂解除劳动合同,小杜擅自离去给工厂的生产造成了损失。

小杜认为工厂侵犯了自己的合法权益,于是向当地的劳动争议仲裁委员会提请仲裁。仲裁委员会审理认为工厂的做法符合《劳动法》的有关规定。经协商,小杜赔偿工厂损失1000元,厂方才给他出具了解除劳动合同的证明。

（一）劳动合同概念

劳动合同是劳动者与用人单位确立劳动关系、明确双方权利和义务的协议。建立劳动关系应当订立劳动合同

（二）劳动合同订立的原则

劳动合同订立的原则是指,在劳动合同订立过程中的双方当事人应当遵循的法律准则。我国《劳动法》第十七条规定,劳动合同订立必须遵循以下原则:

（1）合法性原则。这个原则也称守法原则,是指劳动合同当事人在协商订立劳动合同时,必须使所订劳动合同的条款符合法律、行政法规的规定。这条原则是劳动合同有效并受国家保护的前提条件。否则,所订劳动合同是无效的。

案例

利用假文凭求职签订劳动合同无效

某学生王某由于多门课程不及格,没有拿到毕业证,于是通过非法渠道购买了伪造的某学校文凭,参加某一公司的招聘,被该公司录用。报到上班后,公司调取档案为王某办理医疗、养老、失业等保险时,发现王某的毕业证系伪造,遂通知王某立即解除劳动合同,王某不服向当地劳动争议仲裁委员会提出申诉,要求确定劳动合同有效,并要求公司支付

解除合同的经济补偿金。

分析：

劳动合同是签约双方真实意思表示一致的协议，王某使用假文凭求职，致使用人单位对事实做出错误的理解，录用了他，公司的录用行为不是一种真实意思的表示。王某为了追求自己的利益，违背了诚实信用的基本原则，侵犯了公司合法权益，其行为构成欺诈。王某采取欺诈手段与公司订立的劳动合同，属于无效合同，所以当地劳动争议仲裁委员会裁决对申诉人王某的申诉请求不予支持，王某要求公司经济补偿的要求无法律依据，故也不能得到支持。

（2）平等自愿、协商一致的原则。这个原则是劳动者择业自由和用人单位择人自由在劳动合同中的体现。

平等是指在订立劳动合同时，双方当事人的法律地位是平等的，不存在一方应该服从另一方的关系。

自愿是指劳动合同的订与不订、如何订，应该由当事人自己决定，任何一方不得将自己的意志强加给对方，任何第三者也不得对他人劳动合同的订立施加压力。

协商一致是指劳动合同应该是双方当事人真实意愿表示一致的结果。也就是说，劳动合同的内容必须由当事人双方在法律、法规允许的范围内共同协商讨论，取得一致意见后确定。如果当事人就劳动合同的具体条款无法达成一致意见，劳动合同就无法订立，劳动关系也就无从建立。采用欺诈、威胁手段订立劳动合同，是违反协商一致原则的，因而也是无效的。

案例

强迫劳动者续定劳动合同无效

毕业生李某到协议单位报到上班，与该单位订立了为期两年的劳动合同。期间，单位派李某外出培训半年，并且双方约定，培训期间劳动合同继续有效，培训时间计入劳动合同履行期间。两年后，合同期满，但单位不同意办理与李某解除劳动关系的手续，要求李某必须续定劳动合同，否则李某赔偿公司为其支付的培训费8000元，为此双方发生纠纷。李某向当地劳动仲裁部门提出仲裁申请，经过调解，企业同意与李某解除劳动关系，并自动放弃收取培训费的要求。

分析：

这是一起因强迫劳动者续定劳动合同而产生的劳动纠纷。本案中，李某与该单位的劳动合同期满，双方按照合同规定的条款履行了各自的权利义务。合同终止后，双方的劳动关系也解除。因为我国《劳动法》第二十三条明确规定："劳动合同期满或者当事人定的劳动合同终止条件出现，劳动合同即行终止。"如果想继续维持双方的劳动关系，那就必须在平等、自愿、协商一致的基础上续定劳动合同；如果一方不同意，则不能续定劳动合同。

（三）劳动合同的条款

我国《劳动法》第十九条、《劳动合同法》第十七条规定了劳动合同应当具备的条款称为劳动合同的法定条款，包括以下九项：

（1）用人单位的名称、住所和法定代表人或主要负责人。是指用人单位的全称、单位的详细地址和能代表单位权利的法定责任人，一般指单位的行政一把手，这也是处理合同纠纷的法律依据。

（2）劳动者的姓名、住址和居民身份证或者其他有效身份证件号码。是证明劳动者姓名、地址和身份是否真实的法律依据。

（3）劳动合同期限。是指劳动合同约定的对双方当事人约束的有效期限，是双方当事人所订立的劳动合同起始和终止的时间，也是劳动关系具有法律效力的时间。

（4）工作内容和工作地点。是指用人单位安排劳动者在什么地点从事什么工作，是劳动者在劳动合同中确定的应当履行的劳动义务的主要内容。包括劳动者从事劳动的岗位、工作性质、工作范围以及劳动生产任务所要达到的效果、质量指标等。

（5）工作时间和休息休假。是指用人单位所实行的日、周工作制度、加班时间规定及劳动者享受国家规定的节日假、公休假、年休假、探亲、婚丧等假期待遇。

（6）劳动报酬。是指用人单位根据劳动者的劳动岗位、技能及工作数量、质量，以货币形式支付给劳动者的工资。包括工资的数额、支付地点等。劳动报酬的内容和标准不得低于国家法律、行政法规的规定，也不得低于集体合同的规定。

（7）社会保险。是指用人单位为劳动者办理的养老、失业、医疗、工伤、生育等保险。

（8）劳动保护、劳动条件和职业危害防护。是指在劳动合同中约定的用人单位对劳动者所从事的劳动必须提供的生产条件、工作条件、劳动安全卫生保护措施和职业危害防护措施，即用人单位保证劳动者完成劳动任务和劳动过程中安全健康保护的基本要求，包括劳动场所和设备、劳动安全卫生设施、劳动防护用品等。用人单位不仅必须为劳动者提供必需的劳动条件和劳动保护，而且必须提供符合国家规定的劳动安全卫生条件和必要的劳动防护用品，对从事有职业危害作业的劳动者应当定期进行健康检查。

（9）法律、法规规定应当纳入劳动合同的其他事项。

（四）劳动合同注意事项

劳动合同的签订，不仅事关个人在薪酬、福利、保险等方面的物质利益，还涉及诸如培训、晋升等个人长远发展问题，因此必须慎重对待。在试用期间或面谈接触之际，应全面了解与工作相关的情况，切忌在求职竞争激烈、工作难找的情况下，为尽早有一份工作，而草率地与用人单位签订劳动合同，结果反为用人单位所利用。对于刚毕业的学生尤其要重视签订劳动合同注意的事项。

1．提前准备，做到心中有数

学生在签订劳动合同前，应详细了解《劳动法》《劳动合同法》的内容。《劳动法》《劳动合同法》是约束劳动者和用人单位行为以及处理今后纠纷的重要法律依据。劳动合同的每一条款，都不能违反法律规定，也不能侵犯劳动者的合法权益。劳动合同的条款包括两部分：一是法律规定的条款，即《劳动合同法》第十七条规定的劳动合同应具备的9个方面的内容；二是双方认为有必要明确约定的条款，要求明确并写明。

2.了解合同内容，保护自身利益

在劳动合同签订的前几天，可以要求用人单位提供合同文本，以便对合同文本内容有充分的了解。除了了解劳动合同的前9项内容外，还应特别注意对于双方协商约定的条款是否合理。对诸如"工作必须随叫随到""一切听从单位领导的安排"等词语要特别加以关注，必要时可要求给予特殊说明。

3.签字盖章当面进行

拿到合同后，应该让用人单位的负责人同自己一起当面签字盖章，以防某些用人单位的负责人利用先后签字的时间在合同上做手脚（如更改数字、时间等）。同时，仔细辨别单位所盖公章，看其是否与自己即将进入的单位一致。因为事后往往发现，在同一法人单位下，会存在许多分公司、下属单位或营业部门，容易造成实际工作岗位与所应聘的单位不一致。

4.合同上的数字一定要大写

合同签字后，有些用人单位会将合同上的数字更改，造成求职者吃"哑巴亏"，所以，求职者在签订合同涉及数字时，一定要用大写汉字，如："期限一年"，写成"期限壹年"就比较好。

5.注意生效条件，劳动合同要妥善保管

注意你所签订合同生效的必要条件和附加条件（如签证、登记）；合同至少一式两份，双方各执一份，妥善保管；双方在签订时如有纠纷，应通过合法方式解决。

6.认真了解解除合同的条件

了解是在什么条件下可解除劳动合同，在什么条件下不得解除劳动合同，是学生在签订劳动合同时必须注意的问题。此外，还要了解在解除合同时，劳动者可以获得的经济补偿以及补偿标准。关于这一点，可以从《劳动法》《劳动合同法》中了解或向劳动部门查询。劳动者一定要将此类条款审读清楚，避免模糊的合同措辞，以免发生纠纷时维权困难。

7.应在试用期前签订劳动合同

进入单位工作一般都有试用期。按规定,劳动合同应在你上岗、试用前与用人单位签订，而不是等试用合格后再签订。有的用人单位是先将人招进来，先试用一段时间再说，不签订劳动合同。

应该注意，根据《劳动法》《劳动合同法》，从劳动者和用人单位建立劳动关系的第一天起就应该签订劳动合同，这是劳动者保障自己合法权益的必要手段。只要你与用人单位建立劳动关系就须签订合同，双方约定服务年限及试用期。在某种特殊情况下，用人单位与劳动者存在劳动关系但未订立劳动合同，劳动者要求签订劳动合同时，用人单位不得解除劳动关系，并应当与劳动者签订劳动合同。

8．关于"末位淘汰"合同

有的劳动合同上清楚地写着"业绩排在部门最后一名，就将被辞掉"以及类似的条款。严格地说，业绩排在最后一名的劳动者，工作能力不能胜任职位的要求，用人单位可以对其实行"末位淘汰"。但根据《劳动法》的规定，应先对劳动者进行培训或者调整工作岗位，经过培训或调整工作岗位后，仍不能胜任工作的，才能解除劳动合同，但应支付经济补偿金。因此，学生在签订劳动合同前，应仔细考察用人单位的实际情况，了解"末位淘汰"制是否经用人单位职代会或董事会的批准，了解这一制度的合理性和可操作性，然后根据自己的情况来选择。如果决定到该单位工作，在签订劳动合同时，就要约定好"淘汰"的方法及结果。

9．劳动报酬和福利

劳动报酬和福利待遇是每一个劳动者都十分关注的问题，是劳动合同中的重要条款，签订劳动合同时，一定要清楚用人单位能提供哪些社会保险以及个人的缴付比例。

10．扣压毕业证

有个别用人单位由于种种原因，扣压学生的毕业证，这种行为是明令禁止的。用人单位有这种行为，劳动者可以向劳动监察部门举报。

11．社会保险

社会保险主要包括养老保险、失业保险、医疗保险、工伤保险和生育保险等，具有强制性。

如果毕业生是到国家机关、国有企事业单位工作的，就不用过多考虑这个问题；如果是到私营企业、民营机构或被聘用到不占其行政编制的机关事业单位，就得提出这个问题，至少要提出参加基本养老保险和医疗保险。有些单位没有为劳动者办基本养老保险，这是违反《劳动法》规定的。有些单位薪酬高，让劳动者以个人名义参保，应该主动参加。除了以上列举的外，还有其他应当注意的问题，诸如人事档案、工龄计算、职称评定等，应届毕业生最好是到各地人才交流中心委托办理人事代理。不要认为只要有工作，管它什么工龄、身份、档案保险。有的毕业生认为现在反正不包分配，也不到毕业生分配部门报到，觉得有没有人事关系无所谓，直到有一天需要某方面材料时，就会手忙脚乱，给自己造成不要的损失。

第三节　就业权益的法律保护

案例

试用期，白用期？

山东省某学校毕业生李梅的就业遭遇情况是比较特殊的。她在济南一次人才招聘会上找到了一份理想工作，顺利实现了一次性成功就业，这令室友们感到十分惊异又非常羡慕。在李梅上班的第一天，该公司负责招聘的工作人员告诉她："试用期 3 个月并且没有工资，待转正后才有工资。公司多年来一直是这样安排用人的，你可以选择不来，如果来就必须按照公司的规定签署就业协议。"李梅感到十分意外，她犹豫了很久，最后只好同意签约。后来出于自己的虚荣心，她骗自己的好友说试用期月薪为 850 元。因为不懂相关法律，她也没有向有关专业人士进行法律咨询，转眼 3 个月试用期结束了。李梅像往常一样到公司上班，却发现这里已经大门紧闭。直到上午 10 点多才有一个自称是代表公司的人过来，给聚在门口的李梅和其他一样在等候的人发"通知"说："公司已经倒闭了。"

3 个月后，李梅再一次路过这里时发现，几乎还是原来那些人在用另一个公司的名称在这里办公，招聘者也还是当初面试自己的那个人。当李梅上前想问个明白时，此人却说没有见过李梅。附近有人指出这一伙人一直在用这种方式，把"试用期"变成"白用期"来骗取大家的免费劳动成果。

这样的"试用期"遭遇给"初出茅庐"的李梅的打击实在是太大了！即使她自己能够默默承受，也需要花费很长时间来化解这一不良事件给自己内心造成的巨大伤害，这样的经历还有可能影响到她本人更久远甚至一生的职业生涯。如果李梅熟悉法律懂法，开始就能按照我国劳动管理相关法规要求婉转地提出自己维权的要求，就不至于上当受骗。

分析：

李梅所经历的痛苦就业遭遇，究其原因不难发现，主要是由于她在校期间未能学习掌握维护自身合法就业权益的法律知识，没有树立正确的就业权益保护观，最终才让不法分子钻了空子。我国专门制订《劳动法》等相关法律法规来保护劳动者自身合法的就业权益。对于应届毕业生的就业权益，国家也制定了一系列的政策法规予以特殊保护，毕业生应该在求职前主动了解相关的法律知识，认真学习，灵活运用，使自己的就业权益得到应有的法律保障。

一、毕业生就业权益

毕业生就业制度改革正逐步走向市场化、法制化，但毕业生就业过程中仍然存在信息独占、不公平录用等侵犯毕业生权利的情况。毕业生在其整个求职择业过程中应增强法律意识，自觉遵守市场规则，并运用法律武器保护自己的合法权益。根据目前就业法律法规和政策有关规定，毕业生在就业求职过程中主要享有以下几个方面的权益。

1. 平等就业权

毕业生在参加就业求职过程中，享有平等就业权。就业时遵循平等、公平、公正的原则。在国家就业方针政策、指导下自主择业，只要符合国家的就业方针、政策，毕业生就可以平等、自主地选择用人单位，学校、其他单位或个人均不得干涉。

2. 获取信息权

就业信息是毕业生择业成功的前提和关键，只有在充分占有信息的基础上，才能结合自身情况，选择适合自身发展的用人单位。毕业生获取信息权，应包括两方面含义：

（1）信息公开，即所有用人信息向全体毕业生公开。各地根据当地实际情况，信息公开的范围、程度有所不同。例如，上海市已建立毕业生需求信息登记制度，凡需录用毕业生的用人单位，须到上海市毕业生就业指导中心和有关学校办理信息登记，由市学校毕业生就业指导中心通过学校向毕业生发布用人需求信息，任何单位和个人不得隐瞒、截留需求信息。

（2）信息准确，即毕业生获取的信息必须是及时、有效、准确、全面，而不能将过时无利用价值的信息传递给毕业生。毕业生有权获得准确的就业信息，以便对用人单位有全面的了解，从而做出符合自身要求的选择，而不是迷惑的盲从。

3．被推荐权

职业学校在就业工作中的一个重要职责就是向用人单位推荐毕业生。历年工作经验证明，学校的推荐往往在较大程度上影响到用人单位对毕业生的取舍。推荐是学校的基本责任，也是毕业生享有基本的权益。毕业生享有被推荐权包含这样几方面内容：

（1）公平、公正、平等地被推荐。学校对毕业生进行推荐应做到公平、公正，应给每位毕业生以平等的就业推荐的机会，不能厚此薄彼。在对毕业生进行推荐时，应实事求是，根据毕业生本人的实际情况向用人单位进行介绍、推荐。不能故意贬低或随意捧高对毕业生在校表现的评价。

（2）实事求是、择优推荐。学校根据毕业生的在校表现，在公正、公开、平等的基础上，还可以进行择优，用人单位在录用毕业生时也应坚持择优标准。真正体现学以致用、人尽其才。这样才能调动广大毕业生和在校生学习的积极性。毕业生在就业过程中只能凭自身综合素质的提高来取胜。

4．选择权

学校毕业生在国家就业方针、政策指导下自主择业。毕业生只要符合国家的就业方针、政策，可以自主地选择用人单位、学校，其他单位或个人均不得干涉。任何将个人意志强加给毕业生，强令毕业生到某单位的行为都是侵犯毕业生选择权行为。毕业生可结合自身情况自主与用人单位协商，要求学校予以推荐，直到签订就业协议以及被学校派遣往用人单位报到。

5．公平待遇权

用人单位录用毕业生的过程中，应公平、公正、一视同仁。目前在就业实践中，毕业生的公平录用权受到很大的冲击，也最令人担忧。由于各项配套措施滞后，完全公平的就业市场尚未真正形成，用人单位录用毕业生还不同程度存在不公平、不公正的现象，如女生就业难仍然是困扰毕业生就业的一大问题。公平待遇是毕业生最为迫切需要得到维护的权益之一。

案例

因感染乙肝病原被取消公务员录取资格，安徽青年张某以违宪为由状告安徽芜湖市人事局，成为"中国乙肝歧视第一案"，张某也被媒体称为中国 1.2 亿乙肝病毒携带者"权利与尊严的捍卫者与推动者"。芜湖新芜区人民法院做出一审判决，认为被告芜湖市人事局取消张某进入考核程序资格的行政行为证据不足，判决张某胜诉。但其报考职位因已完成录取程序，已无可挽回，因此被媒体称为"名义上的胜诉"。芜湖市人事局不服审判决，向芜湖市中级人民法院提起上诉。经过审理，芜湖中院二审做出裁定：驳回上诉，维持原判。张某争取的不仅是个人的胜利，更重要的是宪法的胜利、劳动者公平待遇权的胜利。新修订的《传染病防治法》实施。该法新增了一条规定：任何单位和个人不得歧视传染病人、病原携带者和疑似传染病病人。

6. 违约求偿权

毕业生、学校、用人单位三方签订《就业协议》后，或者毕业生与用人单位双方签订《劳动合同》后，合同当事人都应严格履行协议。任何一方提出变更或解除协议，均须得到其他当事人的同意，并应承担违约责任。对于用人单位无故要求解除就业协议的，毕业生有权要求对方严格履行就业协议或者要求对方承担违约责任，按照合同约定取得求偿权。

二、毕业生就业权益保护

在就业过程中，当处于弱势地位的毕业生的合法就业权益被侵犯时，毕业生可通过以下途径对自身合法权益实施保护：

1. 毕业生就业主管部门的保护

毕业生就业主管部门可通过制订相应的规范来确定毕业生的权益，并对侵犯毕业生权益的行为加以抵制或处理。

2. 学校的保护

学校对毕业生权益的保护最为直接。学校可通过制订各项措施来规范毕业生的就业指导和就业推荐，对于用人单位在录用毕业生过程中的不公平、不公正行为，学校有权予以抵制以维护毕业生的公平待遇权。对于用人单位与毕业生签订不符合有关规定的就业协议，学校有权不予同意，未经学校同意的就业协议不发生法律效力，不能作为编制。

第六章　职场应聘技巧

第一节　自荐的方式与技巧

一、自荐的方式种类

自荐方式是多种多样的，有口头的、书面的，也可以通过他人介绍或学校推荐。

（一）口头自荐

这种自荐方式，要求求职者必须亲临用人单位或招聘现场。其优点是直接面对用人单位，便于展示自己的风度和才华，容易给人留下深刻的印象。如果自己表现出色，可能会被用人单位现场录用。其缺点是涉及面有限，尤其对路途遥远的单位更难实现。对个人来说，如果自己风度潇洒，谈吐自如，反应敏捷，此种自荐方式更能发挥自己的优势。对用人单位来说，新闻、外贸、外事、旅游、教育等部门也更青睐此种方式。

（二）信函自荐

此种方式是毕业生求职择业过程中最常用的，也是最重要的手段。它覆盖面宽，可以扩大自荐范围，不受时空限制。科研、出版、金融单位和工矿企业等注重实际的用人单位，也乐于接受此类自荐方式。

书面自荐时有几点值得注意：

（1）推荐材料最好用计算机打印，这样推荐材料整洁美观；杜绝错误，无论是语法上的错误还是错别字、标点符号错误都应避免。试想，一个连求职材料都错误连篇、漏洞百出的毕业生，还会是一个认真、负责的人吗？

（2）将打好的推荐材料存入软盘，应聘不同的公司时，针对公司的具体要求，将内容增删，突出你对该公司更有价值的一面，省略对你不利或无关紧要的东西，做到"对症下药"。

（3）不要在个人爱好、兴趣等方面滔滔不绝，大做文章。你是否爱唱歌、喜欢下围棋或打篮球，这与工作的关系不大，公司是聘请有工作能力的员工，不是聘请有闲情逸致的文人骚客，也不要一提笔就提工资、奖金、待遇等敏感问题，多谈工作打算、职责、事业心。

（三）广告自荐

这是近年来出现的一种新的借助于新闻传播媒介进行自我推销的自荐形式。部分长线专业、非通用专业的毕业生以及一些有特殊专长的毕业生往往乐于采用此种自荐方式。诸如在报纸、电视、刊物、网上刊登自荐材料及信息等。

（四）电话自荐

现代社会里，电话日益普及，已经成为人们日常生活中不可缺少的最为快捷、方便的通信工具。在日常的人际交往、商务会谈以及求职择业中，都起着不可忽视的作用。电话自荐是指通过电话推荐自己的一种求职方式。在求职过程中，电话自荐起着敲门砖的作用。充分利用电话接通后那短暂的几分钟，用最简洁明了的语言清楚地表达自己的意思，充分展示自己的优势，尽可能给接话人留下一个深刻清晰的印象，能为面试打下良好的基础。

在电话自荐中需要注意一些电话礼仪及技巧：

（1）电话自荐的时机。一般来说，电话自荐应在对用人单位较为了解的情况下使用，比如自己曾经实习过的单位、曾经寄过求职信的单位或曾经联系过的单位。

（2）打电话的时间。一般应选在上午9～10点较为合适。最好不要一上班就打来电话，要给对方一个安排工作的时间。一般情况下，下午4点以后不宜再打电话。

（3）注意音量、语速的控制。通常来说，打电话的音量要比平时略高，以保证对方能够听清楚。另外，语速也应稍快于平常讲话，但应保持平稳。

（4）通话时间。随着时代的发展，人们的时间显得越来越宝贵。为了取得较高的工作效率，人们都希望能够用最短的时间做最多的事。

一般情况下，求职者可以参考下列电话自荐例子。

求职者："老师您好（注："老师"被当作一个广泛的称谓，不一定指学校里的老师。如果已清楚对方的身份、职务、姓氏后，则应改称对方的职务，如王处长等），我是某学校某某专业的毕业生，刚好今年毕业，专业对口，成绩不错，我又特别爱好研究工作（兴趣是最好的老师，对方的所需正是你的兴趣所在，这是最佳选择，一定能够引起对方注意），希望您能考虑我的情况。"

到这里，求职者用十几秒钟的时间就把自己的意图表达清楚，而且初步推荐了自己，可谓言简意赅。介绍完自己的情况之后，对方可能会有几种不同的反应：接受、拒绝、模棱两可。

如果受话人对你介绍的情况感兴趣，愿意与你做进一步接触，这说明你的介绍已初步奏效。通常情况下，受话人还会通过电话简单问一些你的有关情况，如基本状况、专业能力、社会工作、学习成绩等。

当受话人对你的印象有了一个大致的轮廓以后，询问告一段落，接下来就是双方预约

面谈的时间和地点。因为电话自荐仅是求职的第一步，用人单位必须在与求职者进行直接的面对面的交流以后才能决定是否录用。对方可能会直接告诉你具体的时间和地点，你应该在电话里重复一遍，请对方确认一下。确认无误后，要有礼貌地向对方表示感谢。有时，对方可能会征询你的意见，这时作为求职者，应该根据用人单位的统一要求参加面试。因此应该客气地说："主要看您的时间，我们现在做毕业课题，时间容易调整。对方也可能以专业不对口、指标已用完等作为理由拒绝。一般来说，用人单位对于急需的人才是不会拒绝的，尤其是希望能够从众多的应聘者当中选拔出最合适的人选，对方拒绝了你的要求，那就意味着他们的用人计划已完成，求职者只好另做别的选择了，但在告别之前，要对受话人表示感谢。

（五）其他自荐

（1）学校推荐。这是一种间接的自荐方式。这种方式的特点是，学校向毕业生推荐的单位往往是主动向学校提供明确的用人需求或是与学校有密切合作、相互信任的工作关系，因此，就业信息可靠，用人单位的情况明确，值得信赖。同时，在用人单位看来，学校对毕业生的情况比较了解，学校对毕业生的介绍可信度高，有权威性，因此，经过学校的推荐，求职者和用人单位往往容易互相认可，成功率较高。

（2）他人推荐。即利用老师、父母、亲友推荐而达到自我推荐目的的一种自荐方法。有的教师与一些对口用人单位的领导或业务骨干有较为密切的联系，或已在某个行业学科中具有较高的学术声望，因此，他们的推荐容易引起用人单位的重视和信任。当然，父母、亲友的推荐可帮助毕业生扩大自荐的范围，对自己的成功择业也会助一臂之力。

在这里需要指出的是：上面介绍的诸种自荐方式，并不是独立存在和独立使用的，在现实的求职过程中往往要综合应用才会达到自我推荐的目的。一般说来，适当的口头推荐再加上书面自荐和学校、老师、父母、亲友的推荐，效果会更理想。

二、自荐的基本技巧

在求职择业过程中，毕业生推销自我一定要讲究方式，掌握基本技巧。

（一）有备而来

毕业生要推销自我，首先要准备好自荐材料——自荐信、简历、获奖证书等。

（二）积极主动

"双向选择，自主择业"的就业体制，对毕业生最基本的要求就是主动出击。毕业生在收集到用人单位的需求信息后，要及时采用合适的自荐方式，积极推销自我。有些单位的信息注明了截止日期，所以必须在截止日期前提供自荐材料，超过期限后一般单位不会再接收毕业生的资料。寄出书面自荐材料，估计用人单位已经收到材料，就要及时询问用人单位，最好约定详细的面谈时间。通过他人推荐的，要及时询问、了解进展情况。

（三）实事求是

毕业生在自荐时一定要实事求是。优点不羞谈，是一说一，是二说二，尤其是在介绍自己以往学习、技能、工作上取得的成绩时，一定要恰如其分，有根有据。对于自己的缺点也要如实介绍，如果隐瞒了一些情况，一旦用人单位通过其他途径了解后，会给学校、毕业生的信誉带来不良后果。进行自我评价时要客观全面，让招聘者对你有一个全面的分析和把握。

（四）有的放矢

根据用人单位的具体要求，有针对性地突出自己的知识结构、社会经验、兴趣特长、职业理想，力争让招聘者确信你就是最理想的应聘者。如果用人单位招聘文秘人员，你就要着重介绍自己认真细致、写作能力强；如果用人单位招聘科研开发人员，你就要介绍自己科研能力强、有创新意识。

总之，自荐前要做好充分的准备，自荐过程中要积极主动，不要消极等待。自荐时要实事求是，如实全面。要增强应聘的针对性，根据用人单位的不同要求突出自己优点的不同侧面。只有综合运用各种技巧，才有助于实现自己的就业目标。

第二节　面试的种类与技巧

案例

小吴的成功游说

小吴毕业那一年，恰逢机构改革，各单位人事关系冻结，要找一份满意的工作更是困难。在敲了一家又一家单位的门都被拒绝后，终于有一家省报的领导答应见他。见面时，他展示了自己所掌握的多种知识，在学校期间发表的作品，以及各种获奖证书。可以看得出，报社领导对他有兴趣，但还下不了决心接受他。这时他暗想：整天都是你摸我的底，能否让我也摸一下你的底？于是他就对报社领导说："我想您不仅对传统文化很精通，对现代知识想必也会很有研究。"果然，这句话击中了这位领导的兴奋点，他表示赞同地说："对呀，比如我对系统论等'新三论'就很感兴趣。"正好小吴在学校里对系统论下过比较多的工夫。这话又给了他一个很好的自我发挥的机会，他们谈得越来越投机，仅用十多分钟便促使报社领导决定录用他。

这个例子说明成功游说的关键，有时并不在于如何展示游说者的才能，而是应充分掌握对象的心理，打动人心最重要的就是"揣摩"。"揣"是摸底，"摩"是磨合。大多数人的错误，在于主要着眼于"摩"，而忽略了"揣"，"揣"得准，"摩"才有基础。

请记住：为就业而推销自己时，成功的关键，不仅是要把自己最重要的方面推销好而且更要摸清对方到底对什么感兴趣，然后将他最感兴趣的方面推销足。把握住这点，打开就业之门，便事半功倍了。

一、面试方式

面试是通过当面交谈问答对应试者进行考核的一种方式。由于面试与笔试相比较具有更大的灵活性和综合性，它不仅能考核一个人的业务水平，而且可以面对面观察求职者的口才和应变能力等，所以许多用人单位对这种方式更感兴趣。对大多数学生来说，上学期间各种笔试不断，尚能应付自如，而面试则因为经历少，常常不知所措，心里发虚。学会面试，是毕业生求职择业时面临的新课题。

常见的面试种类和面试的方式很多，概括起来有以下几种。

（一）模式化面试

由主考官根据预先准备好的询问题目和有关细节，逐一发问。其目的是为了获得有关应试者全面、真实的材料，观察应试者的仪表、谈吐和行为以及沟通能力等。

（二）非引导式面试

即主考官海阔天空地与应试者交谈，让应试者自由地发表议论，尽量活跃气氛，在闲聊中观察应试者的能力、知识、谈吐和风度。

（三）压力式面试

由主考官有意识地对应试者施加压力，针对某一问题做一连串的发问，不仅详细，而且追根究底，直至无法回答。甚至有意识刺激应试者，看应试者在突如其来的压力下能否做出恰当的反应，以观察其机智程度和应变能力。

（四）综合式面试

由主考官通过多种方式综合考查应试者多方面的才能。如用外语同应试者会话以考查其外语水平；让应试者抄写一段文字以考查其书法水平；让应试者讲一段课文以考查其演讲能力；让应试者现场操作计算机，以考查其计算机操作技能和熟练程度等。

（五）情景模拟面试

上海通用公司在面试时，就推出了情景模拟面试的新思路，即根据应聘者可能担任的职务，编制一套与该职务实际情况相仿的测试项目，将被测试者安排在模拟的、逼真的工作环境中，要求被试者处理可能出现的各种问题，以此测试其心理素质，观察应聘者的领导能力、领导欲望、组织能力、主动性、口头表达能力、自信程度、沟通能力、人际交往能力。通过情景模拟面试孰优孰劣，泾渭分明，一目了然。

（六）讨论、分析面试

普华永道公司的面试，经常采用的测试形式有给出题目进行演讲、辩论，小组讨论、商业案例分析、英文写作等。在每年的招聘过程中，普华永道都会设计不同的题目组合。

（七）解决问题的能力面试

有些面试题目让你猛一看摸不着头脑，其实质是考学生的思维方法。前几年微软公司在复旦大学举行了一场校园招聘，第一轮笔试题目中就有一道令应试者困惑的"东方明珠"题："请估算一下东方明珠电视塔的质量。"当时真是难倒了众多学子。据上海微软软件有限公司负责招聘考试的软件研发部经理蔡先生说："就东方明珠这道题来说，它和一般的谜语或智力题还是有区别的。这类题为快速估算题，主要考的是快速估算的能力，这是开发软件必备的能力之一。"蔡经理说了一种比较合理的答法：首先应在纸上画出东方明珠的草图，然后快速估算支架和各个支柱的高度，以及球的半径，算出各部分体积，然后进行各部分密度运算，最后相加得出一个结果。像这样的题目，考的都是解决问题的能力。

（八）反应能力面试

这类题目有不同的版本。比如说，问你如何在不使用台秤的情况下，称出一架飞机的质量？估算一下长江水的数量？这是大的、宏观面的问题；小的方面的试题，还会问你"估算一下一个行进在小雨中的人 5 分钟内身上淋到的雨点的数量"之类的题目。

（九）没有标准答案的面试

比如说，你认为北京有多少公共汽车站？你可以随便给出答案，5 家或者 5000 家，但你得有理由。再如，一楼到十楼的每层电梯门口都放着一颗钻石，钻石大小不一。你乘坐电梯从一楼到十楼，每层楼电梯门都会打开一次，只能拿一次钻石，问：怎样才能拿到最大的一颗？应试者不知该怎么办。考试后主考官并没有明确公布答案，但他对其中一位女士的做法表示赞赏。那位女士的回答是：选择前五层楼都不拿，观察各层钻石的大小，做到心中有数。后面五个楼层再选择，选择大小接近前五层楼出现过最大钻石大小的钻石。这位女士后来在互联网上谈体会时说："我至今也不知道这道题的准确答案，也许本来就没有准确答案，就是考一下你的思路。"

（十）实战面试

某超市招聘一名收银员，经初步筛选有七名候选人参加了面试。面试由老板亲自主持，对前来面试的人员，老板甩出一张百元钞票叫她们去楼下某处买包香烟。当应聘者到达指定地点买烟时，才得知这张钞票是假的。只有一位在银行干了多年出纳的面试者，一接过老板的钱便习惯性地照照、摸摸、甩甩，马上发现是假币，并将钱退还。老板当即与她签订了雇用合同，没有当场发现是假钞的求职者均遭淘汰。

（十一）素质在平常生活积累中，最高的技巧是无技巧

（1）品行考验。一家知名的民营企业招聘行政主管，经过激烈竞争，张先生终于进入最后的面试。面试在老板的办公室进行。张先生一进办公室，老板的目光就在他的身上停住，然后老板离开座位，走到张先生面前，惊喜地说："你就是去年帮我女儿追回拎包的那位先生吧，你怎么不留姓名就走了？现在像你这样见义勇为的人可不多见啊。"张先生感到很

突然，因为他根本就没有抓过拎包贼，老板一定是认错人了。但是，张先生没有加以解释，只是含含糊糊地说那是应该的。老板的脸色变得有些难看，一旁的人事经理对张先生说："你回去等通知吧。"张先生事后得知，老板根本就没有女儿。

（2）实地考验。一家公司到一所学校招聘应届毕业生，考官要求每位同学就"从我做起，从小事做起"进行两分钟的演讲，许多同学侃侃而谈，神采飞扬，言辞动人。就在演讲的同时，另外几名考官逐一到这些学生的宿舍中突击检查。演讲完毕，考官当场公布了检查结果。可想而知，在那些没有叠过的被子、揉作一团脏衣服、凌乱不堪的桌面面前，再动听的演讲也成了讽刺。平时生活懒散、不讲卫生的学生成了首轮淘汰的对象。

（3）陷阱考验。一些招聘单位会在求职者面试时的必经道路上故意设置"路障"，观察他们通过时的各种表现来测试前来应聘者的素质。楼道里或横着拖把，或堆着杂物考官给那些俯身扶好拖把或清除杂物的应试者加分，而那些踢开拖把或横跨过去、不清除杂物的应试者就没有获得加分。

（4）"声东击西"考验。有时候考官的要求听上去很合情合理，出的题目似乎也很容易，但是天知道他真正的意图是什么！

"干好工作需要有充沛的精力和体力，所以请你们用最快的速度跑到楼顶大厅，然后再尽快返回。"当所有的应聘者气喘吁吁地跑回来时，考官并没有掐着秒表算时间。

现在，请你们用英语描述楼顶大厅的陈设。

天哪！刚才只想着快点跑回来，谁有闲情观察大厅的布置。

考官接着又发话了："敏锐的观察、良好的记忆力和英语交流的能力才是我们的考查重点。"

总之，要有知识的充分积累和能力的不断提升，在此基础上，了解了面试的基本规律和技巧。我们就没有必要刻意去迎合，用平常的心态，从容应对，就有可能应聘成功

（十二）集体面试

这也是主考官常用的一种方法，主考官让多个应试者做小组讨论集体解决问题。应试者有时要轮流担任小组领导或主席，主考官借此来评审应试者的领导才能。这种应聘方式近来越来越普遍，可以有效地当场评估应试者的几个能力：合群性、人际关系、洞悉及控制环境的能力、领导才能。

二、面试技巧

（一）着装技巧

应征面试，第一印象很重要，衣着装扮不容马虎，穿上合适的面试装，可让自己在应对进退之间更有信心

（1）男士的着装要求。发型整齐，胡须刮净；穿与裤子色调相匹配的外套；要穿正规衬衫；系领带脚穿款式合适、颜色为深色的皮鞋，并着深色的袜子。

（2）女士的着装要求。发型应梳理整齐，化妆淡雅得体；服装样式要求含蓄大方，配色及饰物不要过分张扬；穿颜色款式合适的皮鞋。

（3）不符合要求的着装。一是过分休闲的装束，包括牛仔服饰、短裤、裙裤、凉鞋便鞋、时尚拖鞋等；二是过于张扬的装束，包括无袖、吊带、露背裙、紧身裤、靴子等；三是运动装束，包括薄绒衫裤、球鞋、登山鞋等。

（二）倾听的技巧

倾听也是一种重要的交流沟通信息的技巧，是获取成功的一个重要因素。面试的实质就是主试者与应试者进行信息交流而获得全面评价的双向过程，形式上充分体现在"说"和"听"上。应试者做一个好的聆听者，让别人觉得和你对话时容易产生共鸣，显示对别人的尊重；同时，只有通过专心致志地听，才能抓住问题的实质，否则就会答非所问。此外，应试者要学会察言观色。

（1）注意听是一种重要的交流信息的技巧。面试中应注意以下几点：一是目光要专注，要有礼貌地注视主试者，并且要不时地与主试者进行眼神交流，视线范围大致在鼻以下胸口以上，千万不要东张西望；二是尽量微笑，适时爽朗微笑令气氛活跃，但决不可开怀大笑；三是用点头对主试者的谈话做出反应，并适时说些简短而肯定对方的话语，如对、可以、是的、不错等；四是身体要稍稍向前倾斜，手脚不要有太多的姿势，如果漫不经心，表情木然则必然伤害主试者的自尊心。

（2）在面试中，应试者除了注意倾听主试者的提问，同时要注意察言观色，从而做到知己知彼，有针对性地应付。察言观色要求细心、敏锐，能捕捉到有价值的信息，并能解读和"被译"这些体态语言的真实含义。

其一，应密切注意主试者的面部表情。如对方听了你的介绍，双眉上扬，双目上张则是惊奇、惊讶的表现。可能表明，你就是他们理想的人选，有相识恨晚的感觉。这时你可能成功了一半，一定要锲而不舍。如果对方听了你的介绍后皱眉，则表示不高兴或遇到麻烦无能为力等，也可能表明你不是他们的意中人，你则可以采取其他途径进一步努力。

其二，要密切注意观察主试者的目光。对方听你自我介绍时，双目直视前方，旁若无人，则他的眼睛无声地告诉你：他是一个高傲的人，"了不起"的人，那么你讲话时就要力争满足他的自尊心。如果对方的眼睛眨个不停，则他的眼睛告诉你：他在表示怀疑，那么你就力争把问题解释清楚。如果对方眯着眼看你，则表示他比较高兴，那么你的介绍可能打动对方，再继续下去，就可能成功。如果对方白了你一眼，则表示他对你或你的某句话反感，这时你就要特别注意。

总之，只要你认真观察，就会通过心灵的窗户—眼睛，把握对方的内心世界，力争主动权。

（三）语言表达的技巧

语言表达艺术标志着应试者的成熟程度和综合素养，是主试者获取信息的最主要途径。

对应试者来说，掌握语言表达的技巧是相当重要的。准确、灵活、恰当、得体的口语表达，是面试成功的关键。下面介绍几种语言表达的技巧。

（1）口齿清晰、语言流利、文雅大方。交谈时要注意发音准确，吐字清晰，还要注意控制说话的速度，以免磕磕绊绊，影响语言的流畅。为了增添语言的魅力，应注意修辞美妙，忌用口头禅，更不能有不文明的语言。

（2）语气平和，语调恰当，音量适中。面试时要注意语言、语调、语气的正确运用。语气是指说话时的口气；语调则是指语音的高低轻重配置。打招呼问候时宜用上语调，加重语气并带拖音，以引起对方的注意。自我介绍时，最好多用平缓的陈述语气，不宜使感叹语气或祈使句。声音过大令人厌烦，声音过小则难以听清。音量的大小要根据面试现场情况而定，两人面谈且距离较近时声音不宜过大，群体面试而且场地开阔时声音不宜过小，以每个主试人都能听清你的讲话为原则。

（3）语言要含蓄、机智、幽默。说话时除了表达清晰以外，适当的时候可以插进幽默的语言，使谈话增加轻松愉快的气氛，也会展现自己的优雅气质和从容风度。尤其是遇到难以回答的问题时，机智幽默的语言会显示自己的聪明智慧，有助于化险为夷，并给人良好的印象。

（4）注意听者的反应。求职面试不同于演讲，而是更接近于一般的交谈。交谈中，应随时注意听者的反应。比如，听者心不在焉，可能说明由于自己音量过小使对方难于听清；皱眉、摆头可能表示自己言语有不当之处。根据对方的这些反应，就要适时地调整自己的语言、语调、语气、音量、修辞以及陈述内容，这样才能取得良好的面试效果。

（四）应答的技巧

应答是面试的主要形式。高明的应答技巧能提高面试成绩，获得理想的效果。

（1）有问必答。不管是什么问题，都要作出回答。这是最基本的原则，对于考官的问题，有的虽然刁钻，但可能是测试你的应变技巧、反应能力，不管你反应能力如何，总得有一个答案，如果拒绝或者说："这个问题很难回答……"，那么，你获胜的机会可能不大了。

（2）坦率不掩饰。有些涉及专业性很强的问题，而你又确实不懂，你就坦率承认，千万别说"我想想……"，再怎么想也没有结果，会给考官留下不懂装懂的印象。有时考官出这一类的问题纯粹是想验证一下你是否诚实，如果你坦白承认自己不懂，就正好通过了考官对你在这方面的测评。

（3）"外交辞令"。有些问题如果硬要回答会漏洞百出。比如，考官问你"如果把这个职位交给你，你有什么样的工作计划？"如果你有很熟练的相关工作经验或对这个单位状况的分析，也许能说出个 A、B、C 来。否则，你就回答："我只有在接手这个职位后，才能根据实际情况制定相应的工作计划。"这样会给考官留下你不想空谈，比较注重实际的稳重型人才的印象。

（4）侧面回答。有些问题要想正面回答等于是否定自己，因此要设法将可能否定自己的话，转化成肯定自己的话。例如，考官问你是否曾在食品厂工作过，然而你却只在酒厂工作过。如果你据实回答这个问题，答案只能是"没有"。你可以这样说："没在食品厂工作过，但我在酒厂工作多年，我认为酒厂与食品厂在某些工艺上有相似之处，而且企业管理应该是相通的。"这等于变否定为肯定的回答。

（5）反戈一击。有些问题太过刁钻，而且实在无法回答，不妨反戈一击，反问对方，也能起到意想不到的效果。

（6）"大题小做"。招聘人员有时会问一些"很大"的题目，比如问"说说你自己"，至于说"你自己"什么，并没有限定，但他要的答案并不是"你自己"事无巨细的全部。因此，你必须"小"作，不要没选择、没目的地说起来。一般来说，"大"题"小"作的技巧是，围绕你应聘的职位来谈，以"说说你自己"为例，"小"在与应聘岗位相关的知识、技能、经验方面即可。考官如果有兴趣再了解你的其他情况，他会发问的。这样的问题往往出现在面试开始时，考官等于不出任何问题，而让你先打开话匣子，因此，你必须有意识地把话题拉到你的能力、性格优点、学识、经验等方面上来，不能错过这样的好机会。

（五）提问的技巧

学生求职向面试官提问题这个环节经常会被人们所忽略，以为不重要。实际上并非如此，提问不仅是一个礼貌问题，而且可以使你有机会对公司有进一步的了解，同时显示你的应变和交际能力，从而给面试官留下更好的印象。另一方面，面试是一个双向交流的过程，面试官也可以在这个环节里向你推荐一下自己的公司。总的来说这是一个双方都应该重视的环节。

（1）面试提问的原则。面试提问中应该把握两个原则。一是问题不能过于简单，最好要能够表现你对公司有一定的了解，同时显示出你想加入公司的强烈愿望。第二个原则是不能让对方感觉到你在刁难，这样会让双方都进退两难，其结果只能是给面试官留下了不好的印象

（2）提问的内容。

第一，面试过程中不大明白的地方，比如招聘的程序问题。并不是所有公司的招聘程序都会事先做很详细的说明，所以可以这样问："请问这个面试之后多久能知道结果，之后还有多少轮的面试呢？"

第二，问建议。人都好为人师，所以，问建议会收到很好的效果。一般的问法可以是："如果我有机会加入公司的话，您会给我什么样的建议呢？"这种问法还可以让初入职的我们更多地了解在相关行业中工作的一些要点，同时可以从面试官的回答中看出整个面试的情况。

第三，问公司的发展战略和前景。这是面试官很愿意谈的一个话题，但要尽量避免公司已经公开发布的信息。

第四，把现场的情景和你准备的东西结合起来问。这种问法会让对方感觉到你的观察能力，也表现出你适应环境的能力。

第五，提问对方最自豪或者最熟悉的方面。这会让面试官有话好说，而且事实上是通

过这样的问题表达了对他们工作的认同和欣赏

（3）不应该问的五个问题。下面的五个问题都是毕业生在面试中问到过的，事实证明这几种问法都不合适，应该避免。

第一，不问工资。因为在这一面试阶段还没到要谈工资细节的时候，问这种问题是不恰当的。而且单位也不喜欢完全冲着工资来的人。

第二，不要问自己不确定的事。这样会使招聘人员很反感，且自己得不到应有的回答。

第三，不要问招聘人员的学历，尤其是那些毕业于名校的学生更应避而不提。招聘人员的学历除非他自己愿意说，或自己暗示出来，否则最保险的做法是免提。

第四，不要当面询问面试结果，更不能缠着问，也不要说"请您一定要帮忙"之类的话。比较好的做法就是在完毕后说声"谢谢"就行了。

第五，敏感的话题不要问。容易使得主考人员感觉尴尬的问题或是不便于回答的问题不要问，这会使人感觉到你不尊重用人单位，有种挑衅的意味。

三、面试常见的问题及应对技巧

（一）面试可能涉及的问题

交谈一般从面试者的自我介绍开始，自我介绍是展示自我的重要机会。如果一个人连自己的情况都摸不清楚，又如何去干好别的事情呢？虽然你的求职信和个人材料主考官已经看过，但自我介绍一般很短，两三分钟就够了。但是，这一炮打哑了，不仅涉及第一印象，而且涉及以后的问答，关系到面试成败。因此，要切实坚定自信心，努力稳定情绪，准确把握自己的特长和优势，并用简短却能给人强烈印象的语言流畅地表达出来。自我介绍主要包括姓名；毕业学校、专业、学习成绩、担任职务、获奖情况、特长、兴趣、爱好等。从礼仪的角度看，在交谈中，面试者不要打断主考官的说话或抢话头，这种急躁的态度很容易打断或干扰主考官说话的思路或误会、误解主考官说话的意思。这是失礼的行为，主考官会认为你不尊重他。面试交谈可能涉及下列内容，供大家准备时参考。

1. 关于个人情况

谈谈自己，通常作为第一个问题提出，为你消除紧张心理。例如："你家庭情况怎样？""你恋爱了吗？""你有什么特长爱好？"对这类问题要据实回答，不可无中生有，也不可过分谦虚。

"你有什么优缺点？"这是一个常被问及且较难回答的问题。如实讲述自己的优缺点，客观评价自己，既不自傲，也不自卑，回答问题时的态度比回答的内容更重要。

2. 关于单位情况

"你了解我们单位吗？""你为什么喜欢这种工作？""你找工作首先考虑的因素是什么？""你的理想是什么？""到本单位上岗之前，让你先到基层锻炼两年，你愿意吗？"

回答这些问题要求你事先对面试进行准备。应该对用人单位和要对你进行面试的人的情况做一些调查研究。某单位一旦约定与你见面，你就要马上进行准备。通过熟人、朋友或有关部门了解该单位和当天对你进行面试人员的有关情况。你对情况了解得越多，招聘

单位越认为你有诚意。同时你要站在人生高度上来回答其他问题

3．关于专业情

"你为什么选读此专业？""你学过的科目与我们的工作有什么关系？""你最喜欢或最不喜欢的课程是哪门？为什么？""你对自己的学习成绩是否满意？""如果让你重新考学校，你会报什么专业？"

回答这些问题得根据你的专业知识和技能水平、个人志趣、特长等正确评价自己，正确定位求职岗位，恰如其分地回答上述问题。

4．关于工作能力

"你的适应能力如何？""你有什么特长？""你在学校曾担任过何种职务？成绩怎样？"

无可讳言，面试就是要展现自己的优点。事实上，在美国自我推销也被认为是商业能力中相当重要的一环。尤其面试是向主考官展现个人能力的唯一机会，错过不可能重来。可用较为客观的方式表现自我优点，期间可以加入学校或别人曾给你的正确评价或赞美，使对方充分了解，以起到到"毛遂自荐"的作用

5．关于人际关系

"你喜欢与什么样的人交往？""你喜欢独立工作还是与别人合作？""你喜欢什么样的领导？"良好的人际关系是团结的基础。人际关系状况反映一个单位的精神文明状况。人际关系好，这个单位就团结，同事及上下级之间就会齐心协力，工作也会高效而愉快；反之，人际关系紧张，必然内耗丛生、涣散无力、缺乏生气。所以，你到一个单位后一定要搞好人际关系。你可以从以下七个方面搞搞好人际关系：尊重他人，不自视清高；平等待人，不厚此薄彼；热心助人，不见利忘义；诚实守信，不贪图虚名；主动随和，不孤芳自赏；宽人律己，心胸开阔；服从领导，遵章守纪。

4．关于工作态度

"怎样对待面前的困难？""如果为了某事你受到批评怎么办？""你想怎样取得成绩？"竞争进取是成才的驱动力，是创业途中的"开山斧"。顽强的意志是人生航船的铆钉，顽强的拼搏是事业的船桨。只有竞争进取，顽强拼搏的人，才会到达成功的彼岸。为适应社会主义市场经济发展的要求，学生要树立竞争意识，增强竞争能力，敢于竞争，善于竞争。同时，还要有顽强的意志，顺境中不要只安于现状，不思进取；逆境中不要自暴自弃，而要自强不息，拼搏进取。这就是回答上述问题的核心。

其他方面面试内容广泛,绝不仅限于上述六个方面。因此,学生们应广泛涉猎政治经济、文化及国际国内社会各方面的知识，用科学的世界观和人生观武装自己的头脑，来应对考官提出的各种问题。

（二）成功面试的十条原则

面试者面对未来的雇主如何应对作答，在很大程度上决定面试的成败。如果你花点时间仔细阅读研究下列十条面试的原则，并付诸实施，你一定会有意想不到的一份惊喜。

（1）对公司背景及其经营状况了如指掌，你必须在应聘面试前对公司做深入了解和研究，包括公司的产品、服务、存在的问题、前景以及公司在其领域定位。知己彼，方能胸有成竹。这种试前准备对应聘成功与否具有不可估量的作用

（2）采取积极自信的态度。参加面试最重要的是要保持胜利者的心态。精心准备加上信心，你就已取得了一半的成功。即使你以前面试有过失败和挫折，也不必气馁，要深知你和主考官之间的关系是建立在相互感兴趣的基础上的。要大胆告诉主考官你未来的计划，以及你的计划如何能充分协调和满足公司的需求。你对自己的优点要自始至终抱有充分信心。

（3）松弛肌肉。让微笑贯穿整个面试过程。有人说；"不会微笑的人不能经商。"同样道理，一个不会微笑的人是很难取得应聘成功的。事实证明，一种发自内心的微笑，等于代表你向主考官传递了这样一种信息："我很高兴见到你。"尝试一下，你会创造奇迹。

（4）握手时要坚定有力。应聘者很少有人意识到握手也有文章可做。事实上，有力的握手是一种充满能量、值得信赖的象征。政治家们往往能把握手作为一种交朋友和影响他人的手段。当然，握手用力也不能过分，否则，可能会使对方觉得你支配欲太强。

（5）集中注意力聆听主考官的话。在应聘时，如果你不集中注意力，你就会遗漏某些可能答非所问。要做到集中注意力，有以下几种办法：当主考官说话时，你应直视对方双目，同时目光在两目和鼻梁间移动，这样既保持了接触又避免了直盯。直视对方，说明了你的兴趣，要达到最佳的聆听效果，就不能左顾右盼，否则你会给主考官留下缺乏诚意的印象。

（6）必须保持良好的坐姿。僵硬呆板的姿势只能让人视为刻板，斜靠桌子上或懒散伸开四肢则是太随便、不礼貌的表现。聆听对你应显示出一种积极的兴趣，不时在脸部表情上作出反应。你可以不时点头或可以发表一些评论，如"我完全懂"或回答："是的先生""是的，小姐"。你的面答应该既能体现尊重，又能体现出你的能力和个性。聆听时也不要玩弄眼镜、钢笔、头发或任何会影响你注意力的东西。

（7）注意你的仪表。主考官或许不会公开承认，但事实上许多应聘者就是由于不注意自身的仪表而过早地被淘汰。有一项调查表明：三分之一的应聘者被淘汰是由于穿着随便、不得体、不修边幅。要充满热情，如果你内心非常渴望得到职位，就不要克制你对该工作的热情，让主考官共同分享你的热情。没有对工作的热情，一切成就均无从谈起，热情可以在许多方面表现出来：你的谈话、手势、面部表情等。

（8）谨慎地对待工资问题。面试之前，在工资问题上多了解其他公司同等职位或相关职位工资的行情。询问该公司的雇员，了解与你心目中的工资行情是否相一致。你的能力越是公司所急需的，你在工资商讨方面就越有竞争力。为了能够得到主考官最好出价，答复时应着重围绕他最感兴趣的内容。例如，扩大市场，降低生产成本，提高生产效率，改善和客户的关系，提高利润等。总而言之，要使他迫切想雇用你。如果你在工资方面和主考官不能达成一致，也不要由此拒绝这份工作，你应提出给一个合理时间重新加以考虑。

（9）不要滔滔不绝，应当言简意赅。主考官往往将面试时间安排为25%给自己，75%给应聘者，这样他就能有充分的时间观察了解应聘者的方方面面，包括专业知识、个人性

格爱好以及那些在简历中难以获得的信息。明智的应聘者应该将这个时间安排倒转过来，即留给自己的时间为25%，留给主考官的时间为75%，或至少平均分配时间，应聘者应在充分展示其特殊能力和资格方面以及这些能力和资资格在满足公司需求的重要性方面做文章。

（10）让主考官喜欢你。许多主考官在仔细评估了一个应聘者的资格和能力后，在最后聘用与否时往往是凭一种内心总体感觉来决定。那么如何使主考官对你有一种良好的感觉呢？

首先，你要注意你所说的话会使主考官充分感到他地位的重要性，因为任何人都有种需要被他人欣赏和赞扬的本能。如果你能在面试之前就对主考官有一定了解，那么面试时你就能处于较有利的地位。比如，你可以提及主考官在某些领域所取得的成就以及其职位在其公司中的重要作用等，注意赞扬应该来自内心，过分吹捧只能适得其反。其次，要使主考官喜欢你，你还要认真倾听他们的谈话，并以积极自信的态度应答。注意不要轻易打断其谈话，不要对其谈话妄加评论，更不要纠正其错误

第三节　笔试的种类与技巧

案例

某公司招聘笔试题

（1）为什么下水道的盖子是圆的？

（2）美国有多少加油站？有多少辆汽车？

（3）你让工人为你工作7天，给工人的回报是一根金条。金条平分成相连的7段，你必须在每天结束时给他们一段金条，如果只许你两次把金条弄断，你如何给你的工人付费？

（4）你有4个装药丸的罐子，每个药丸都有一定的重量，被污染的药丸本是没被污染药丸的重量，只称量一次，如何判断哪个罐子的药丸被污染了？

（5）将汽车钥匙插入车门，向哪个方向旋转就可以打开车锁？

（6）如果要你去掉50个州的任何一个，那你会去掉哪一个，为什么？

（7）上海出租车数量占全市机动车总量的万分比是多少？

一、笔试种类

笔试是用人单位对求职者的专业知识以及文字表达能力和书写态度等综合能力的有据可查的测试。在用人单位招聘学生的过程中，笔试是一种常用的考核方法。它通常用于一些专业技术要求很强和对录用人员素质要求很高的大型企事业单位，如一些涉外部门、技术要求很高的专业公司以及国家机关选聘公务员等。学生对笔试并不陌生，但应该注意择业过程中的笔试和学校考试的不同之处，有针对性地做好笔试准备，掌握笔试的答题技巧，

是笔试成功必不可少的。

（一）专业考试

这种考试主要是为了检验求职者文化知识水平和相关的实际能力。一个合格的毕业生经过学校几年的深造，各门功课都取得了一定的成绩，所以一般都可免于笔试，只要看看成绩单就可大致了解其知识能力基本情况。但是，也有一些特殊的用人单位，需要通过笔试的方式对求职的毕业生进行文化专业知识的再考核。值得注意的是这种考试方式已被越来越多的热门就业单位所采用。比如，外贸、外资企业招聘雇员要考外语，公检法机关录用干部要考法律常识等。

（二）职业心理测试

职业心理测试是用事先编制好的标准化量表或问卷要求被试者完成，根据完成的数量和质量来判定其心理水平或个性差异的方法。一些特殊的用人单位常常以此来测试求职者的态度、兴趣、动机、智力、个性等心理素质。然后根据对人才的要求，决定取舍。

（三）技能考核

学生在择业时，许多企业、公司对毕业生的考核除了理论知识和专业知识外，很重要的一项就是技能考核，而且对技能考核的要求越来越高。如果求职者有一个或几个能证明他的技能的职业资格证书，那他的就业机会就会增加。

技能考试分为基础知识考试和操作技能考核两部分。基础知识考试一般采用笔试操作，技能考核一般采用现场操作，加工典型工件、生产作业项目、模拟操作等方式进行。

（四）综合能力测试

综合能力测试兼有智商测试的要求，但程度更高。比如，应试者要在规定的时间内对一组资料进行分析，找出其合理的地方和存在的问题，并解决问题方案。这是对学生的阅读理解能力，发现问题、分析和解决问题的能力，知识面等素质的全方位测试，甚至有时候问答都是用英语进行，相对来说难度更大一些

（五）国家公务员录用考试

国家机关录用公务员，一律实行考试录用。近年来，国家公务员录用考试的笔试科目为《综合知识》《行政职业能力倾向测验》《申论》。其中，《综合知识》是测试应试人员作为机关工作人员应具备的知识面，如时事、历史、自然科技知识、行政机构常识等；《行政职业能力倾向测验》主要测试应试人员的知觉速度与准确性、语言理解及运用、数量关系、判断推理、资料分析等方面的能力；《申论》则是测试应试人员的综合分析及文字表达方面的能力。

二、笔试的内容

笔试主要是对毕业生的工作能力进行测试。由于毕业生都经过正式的专业训练，因此

大多数单位都是根据毕业生的专业成绩来判断毕业生的专业技能而不进行笔试。但也有一些单位由于书面材料不能反映毕业生的某些能力，需要进行笔试。一般分三种：专业能力测试、智商测试、综合能力测试。下面分别予以介绍。

1. 专业能力测试

文、史、哲等专业的学生，毕业后从事行政管理、秘书方面的工作，是一条主要出路，文字能力的好坏至关重要。有的毕业生在学习期间已在报纸、杂志上发表过文章，在就业中无疑是提高了自己的竞争能力。但是，大多数毕业生没有这方面的现成材料，因此有的单位要进行笔试。对这类笔试，毕业生除了平时加强文字训练、提高写作能力外，笔试前最好看看有关应用文写作一类的书，对各类应用文体的格式心中有数。同时，应用文的写作只要求格式规范、叙述清楚、语句通顺、用词准确、有观点、有材料，并不要求有过多华丽的辞藻。

理工科毕业生有时也要碰到专业考试。比如，非计算机专业的毕业生应聘计算机方面的工作，或者单位对于某种计算机语言有较高的要求时，会通过笔试，考核毕业生应用特定语言编程的能力。

另外一种常见的是英语水平的测试。这种测试一般说来还是比较简单的，因为大多数单位不可能出非常严格的题目，多是英汉互译。毕业生也不太可能临时抱佛脚，完全取决于平时的训练。

2. 智商测试

智商测试主要由一些著名跨国公司所采用，他们对毕业生的所学专业一般没有特别要求，但对毕业生的素质要求较高。在他们看来，专业能力可以通过公司的培训获得，因此有没有专业训练背景无关紧要，但毕业生是否具有不断接收新知识的能力是至关重要的。智商测试并不神秘，就我们观察到的，一种是图形识别，比如一组有四种图形，让应试者指出其相似点和不同点。这类题目在一些面向中小学生的智力游戏书中是很常见的，一些面向大众的杂志偶尔也刊登这类游戏题目。另一类是算术题，主要测试毕业生对数字的敏感程度，以及基本的计算能力。比如给一组数据，让毕业生根据不同的要求求出平均值，其难度决不超过对中学生的计算能力的要求水平。尽管如此，一些理工科的毕业生也考不到 60 分。这类测试尤其是会计师、审计师等职业所必需的。

3. 综合能力测试

综合能力测试兼有智商测试的要求，但难度更大。比如，应试者要在规定的时间内对一组数据、一组资料进行分析，找出其合理的地方和存在的问题，并设计出解决问题方案。这是对毕业生的阅读理解能力、发现问题的能力、分析和解决问题的能力、知识面等素质的全方位测试。最难的可能是资料的提供、毕业生的问答都是用英语进行。

三、笔试的技巧

为了能够在这场激烈的竞争中取胜，踏踏实实地进行备考固然重要，同时还应该掌握一些必要的应试技巧，它将给你提供巨大的帮助。

在考试过程中，辅助技巧虽然并不直接指导应试者对具体试题进行解答，但有助于防止和克服人为的疏忽或失误对考试产生的消极影响。

1．备齐应试所需物品

应试所需物品主要包括准考证、身份证或学生证、笔、尺子、橡皮擦等。其中笔又有好几种，如钢笔、铅笔及圆珠笔等。为做到万无一失，考生在准备过程开始前应对照一下考试规则及考试要求。拟带物品清单，然后依照这个清单逐项进行准备。那些平时粗心大意的考生对此应该更加重视，最好反复检查和核对，以保证无一缺漏。另外，还应检查一下物品的性能，以免在考试过程中发生故障。

2．熟悉考场环境和考场规则

熟悉考试环境，主要是了解一下考场的设置情况，如自己所在考场的大小和空间位置、考场里面的装饰及采光等方面的情况，重要的是要弄清自己座号的具体位置。其次，还要熟悉一下存包处及卫生间等地方。对应试者来说，不仅要熟悉考场环境，还应熟记考场规则，并将每场考试的起止时间、作答要求等重要事项牢记于心。

3．了解题型

了解一些题型和答题中的技巧也会有不少帮助，一般来说，有下述几种类型。

4．填空题

填空题的作用主要在于测试考生对于知识掌握的准确程度和熟练程度以及理解能力。由于填空题所测试的内容往往是一些容易混淆和被人遗忘的东西，所以也具有一定的难度。为了正确地作答，考生必须准确地记忆答案内容。同时在解答时要仔细阅读题目，弄清题意，切忌粗心大意。要先明确空白处应填写的内容与试题叙述的内容之间的关系，才可填写答案。

碰上连续设空的填空题时，应试者应更加仔细。这种试题在公务员录用考试中经常出现，其目的是检验考生对于某个事物的变化、发展、进程、规律以及运行程序等的掌握情况。

在试题内容中，隐含着一定的逻辑关系。这就要求考生必须具备一定的逻辑思维能力和推理能力。答题时应严格遵循试题内容的内在逻辑关系，不可随意改变逻辑次序所填写的答案，不仅要与题目本身相协调，而且彼此之间也不能前后冲突。答案填完以后，考生还应通读一遍，务必使整体内容表述完整，各部分内容之间实现高度相容与协调。

5．选择题

选择题的类型主要是单选题、多选题和双选题三种。前两种类型在我国公务员录用考试中应用较为广泛。在解答过程中考生可以采用的方法主要有以下几种方法。最适合单选题。当确定一个选择项不符合题意时，便将自己的注意力迅转移到下一个选择项，依次加以否定。假如第一个选择项就是正确答案，那么后面的几个选项就可以忽略不看，这样可以节省时间。当然，在这个判别过程中，具体操作的方式是灵活多样的。

去同存异法。应试者在阅读完试题内容和所有选择项后，根据题意确定一个选择项为参照项，该选择项同其他选择项存在着比较明显的特征差异；然后将其他选择项与之进行对比，把内容或特征大致相同的项目去掉，而保留差别较大的选择项；再将剩余的选项进行比较，最后确定一个符合题意的正确答案。

印象认定法。印象认定法是指根据印象的深刻程度来选择答案。应试者在读完这道试题的题干和各项选择后，各选择项对于考生大脑的刺激强度是不同的。有的较强有的较弱，那些似曾熟悉的内容必然会在头脑中最先形成正确选项的印象，据此作出判断的命中率还是比较高的。

比较法。此法应用范围较广。在解答单项选择题时，应试者可以将各选择项同题意要求进行纵向比较，根据各自同题意要求差异的大小来确定最符合题意要求的答案。在解答多项选择题时，就要求考生将选项同题意要求做纵向比较，再将前一过程中保留下来的选项进行横向对比，最后确定符合要求的正确答案。一般经过这两次的对比之后漏选或误选的可能性就比较小。

大胆猜测。如果运用其他方法都无法确定正确答案，可以通过猜测来选出答案，这以避免考生在这种试题上过分深究，影响自己的注意力和情绪，同时也有一定的命中率。

6. 判断题

判断题的命题通常是一些比较重要的或有意义的概念、事实、原理或结论。在判断题的解答过程中，以下几个方面值得应试者注意。

结论必须明确，不可含糊或骑墙居中。判断题中有的试题字词较多，语句很长，包含有很多各自可以独立存在的内容。其中有的表述正确，有的不正确，在这种情况下，应试者所作出的判断，应该是针对试题的整体内容来说的。只要有一部分是错误的，整个题便应被视为错误。

分辨表现形式，确定解答思路。判断题的表现形式一般分为直接结论式或间接结论式两种类型。间接结论式试题的特点是非项的陈述在前。应试者在作答时，必须先对是非项进行推理，然后才能得出结论。直接结论式试题本身的陈述就是一个判断句，考生可对此直接进行判断，无须经过推理便可得出结论。回忆、辨析、差别定义的思维路线是这种判断题的解答思路。

辨析设错方式。命题人员在编制试题时采用多种多样的设错方法和技巧。如事实错、前提错、逻辑错、隶属关系错以及概念使用、词语表达错等。事实错是指某一命题所表述的意思违反了事实真相；前提错则是指所给出的前提无法推断出命题的结论。总之，应试者在解答时必须仔细辨析命题的设错方式，以免被一些错综纷繁的干扰因素所迷惑。

7. 案例分析题

解答案例分析题，考生应该仔细阅读背景材料。为增强针对性，一个很好的办法就是带着问题进行阅读。因为试题中的问题会在背景材料中有直接或间接的某种暗示把握题意后，紧接着就应该确立分析重点，考虑需要运用哪些理论知识或原理来进行分析。就解题思路及具体分析过程中的要求来说，案例分析题的解答同论述题有着较大的相似之处。

此外，考生在确立分析的原理或理论知识时，也要有主次之分，切忌面面俱到，以免被一些细枝末节的事情或现象所困扰。原理的选用应该有较强的代表性，使之为重点内容的分析服务，从而提高答题的整体质量。

最后需要注意的是，考生在答题过程中必须摆正自己的位置，不能将自己置身于当事人的位置，而应以一个局外人的身份对此进行客观的分析或评价。

8．论述题

一般来说，解答论述题应该抓住试题的中心议题，按照"是什么""为什么"和"怎么办"的思路渐进深入地进行阐述。

确立中心议题。确立中心议题，是整个解答过程最为关键的步骤。为避免跑题，考生在解答前一定要仔细推敲题意。对于试题的测试要求，应试者应该做到心中有数，并使全文的论述紧紧围绕着这个中心议题而展开。

辨别试题类型。根据不同的标准，论述题可以划分为许多类型，主要有叙述式、说明式、评价式、分析式和批驳式五种。叙述式论述题要求考生把某一事实或原理详细地记述下来；说明式论述题则要求考生用自己的话对某一事件或原理进行解释。运用所掌握的知识或理论对事物或人作出价值评定，是评价式论述题的重要特点。分析式论述题要求考生对某一现象进行分解，然后找出这些独立的组成部分相互之间的内在关系。批驳式论述题要求应试者用某种观点对试题所展示的观点或立论进行反驳。题型不同，作答方式也不同，考生一定要看清试题类型，按相应方式作答。

确立论点。中心议题和应答方式确定后，考生接下来就要根据试题的中心议题来确立论点。在确立论点时，考生应考虑到时间许可程度，论点数量不宜过多，安排也应有主次之分，尽量将重要的论点前置，不太重要的内容放在后面叙述，以免把时间耗费在意义较小的内容上。

选择论据。论据的选择是论述题解答中的一项非常重要的内容。针对性是论据选择的首要准则或要求。考生应从说明或证明论点的需要出发，选取那些能够强化所提论点或对论点进行解释和论证的材料作为论据，使这些论据能有效地为论点服务。由于考试时间有限，考生往往不可能将所有符合要求的材料都选择进来，这就要求考生必须对所有的材料进行筛选，依据代表性的大小来确定取舍，最终只将那些最有代表性或最有说服力的材料作为自己的论据，而不是毫无选择地堆砌材料。

论证充分、全面。应试者在具体论述过程中，要做到论证充分、全面。中心议题的内涵应该在论点中有完整的体现，而且，每一个论点也应有充分的论据作为基础，论点应是对论据的正确概括。要注意说理的全面性，不能以偏概全。其次，表述上要注意逻辑，内容之间不能相互矛盾和冲突，同时应避免层次不清、语无伦次的现象。除此之外，还要注意理论联系实际，将所述理论同现实生活中的某些事实结合起来。运用这些理论来对现实事物作出解释，这一点很重要，因为从命题的角度来讲，论述题侧重于对知识原理的分析和论证。

回应主题。论文结束部分应是全文论述的概括和总结。考生在这里应用简洁的语言对全文的内容进行高度概括，以使论点更加突出。

9. 作文题

作文题是对应试者的逻辑思维、创造性思维及书面表达等多方面能力进行测试的一种综合性较强的试题。我国公务员录用考试中的作文题包括命题作文和条件作文两种。

命题作文主要是要求考生依据一定的材料或图画写一篇议论文或说明文，条件作文主要是公文写作。公文写作我们将另做详细介绍，在此，我们重点讲讲命题作文的写法。一般来说，写命题作文应注意以下几个问题：

弄清题意。命题作文的题目本身往往就是文章的中心议题，因而考生应仔细体会题意，通过仔细审阅确认了文章的主题之后，应试者需要对主题的内涵进行分析，不可遗漏任何内容，以免写作中出现偏差或失误。

论点新颖。在确立文章论点的时候，考生应仔细推敲，最好能够使自己的论点具有定的独特性，区别于他人而从一个全新的角度对同一主题进行阐述。这不仅可以增强文章的表达效果，而且还能够给人一种耳目一新的感受，从而提高阅卷人员的阅读积极性。

精选材料。材料的选取必须以表现主题的需要为依据。只有那些与主题有关且能有力地说明、烘托或突出主题的材料，才属于应选择的范围。同时，所选材料必须具有较强的代表性，能够深刻地反映出主题的实质。只有这样，文章才能够具有较强的说服力。

第四节 求职礼仪

走出校门就意味着要走入社会，面对近乎残酷的职场，纷繁的社会，复杂的人际关系，未知工作的压力，你可能连喘口气的时间都没有，更别说在世人面前展示一下天之骄子的优越。对职场新人来说，求职应聘的成功只是刚刚迈入了社会的门槛，而尽快适应新环境，融入企业文化，养成良好的工作习惯和工作技巧，完成学生到员工的角色转换才是职业生涯初期的关键。俗话说"三岁看老"，在这一阶段，要学会"如何做人、如何做事"，这关系到你以后整个职业生涯的发展是否成功。

美国形象顾问沽兰克说："你在办公室中的威信，五成来自别人如何看你。"在美国，形象顾问成为美国人心目中最酷的职业之一；在北京、上海、广州等大城市私人形象顾问也日益走红。从如何穿衣打扮、如何把握说话的语音语调、如何保持优雅的行为举止、如何与不同的人进行目光交流，到社交场合如何介绍来宾、如何交换名片、如何与人握手、如何参加宴会、如何打电话等，全面塑造良好的个人形象。可见，人与人之间的竞争已经不仅仅表现在工作能力上，能力强、形象好、气质佳的职业化人士则有可能越来越多地受到机遇和幸运的青睐。

常见的职场礼仪有以下几种：

（一）介绍礼仪

（1）位尊者有优先知情权。

（2）先介绍位卑者给位尊者。

（3）年轻的介绍给年长的。

（4）自己公司的同事介绍给别家公司的同事。

（5）低级主管介绍给高级主管。

（6）男士介绍给女士。

（7）公司同事介绍给客户。

（8）非官方人士介绍给官方人士。

（9）本国同事介绍给外国同事。

（二）握手礼仪

（1）握手时，尊者决定伸手的先后次序。

（2）在职场中，先后次序主要取决于职位、身份。

（3）社交、休闲场合，主要取决于年龄、性别、婚否。

（4）向平辈、朋友或熟人表示问候和致意时，先伸手为有礼。

（5）握手时不能昂首挺胸，若对方是上级、长辈或贵宾，身体可稍微前倾，以示尊重，但也不能因此就显得胆小拘谨，或感到"荣幸"而久握不放。

（6）对方先伸手时，应快步走上前，用双手握住。

（7）遇到若干人在一起时，握手、致意的顺序是，先上级、贵宾，后同事、晚辈，先女后男。

（三）名片礼仪

1．名片的准备

（1）名片不要和钱包、笔记本等放在一起，原则上应该使用名片夹。

（2）名片可放在上衣口袋（但不可放在裤兜里）。

（3）经常检查，保持名片或名片夹的清洁、平整。

（4）应保持名片内容的时效性，勿用内容过时的名片。

（5）不可递出污旧或皱褶的名片。

2．递名片

（1）应由下级或访问方先递名片，如是介绍时，应由先被介绍方递名片。

（2）递名片时，应将名片内容朝向对方，双手呈递，并说些"请多关照""请多指教"之类的寒暄语。

（3）互换名片时，应用右手拿着自己的名片，用左手接对方的名片后，用双手托住，或先接后递。

（4）在会议室如遇到多数人相互交换名片时，可按对方座次排列名片。

（5）会谈中，应称呼对方的职务、职称，如"×经理""×教授"等，无职务、职称时，称"先生""×小姐"等，而尽量不使用"你"字，更不可直呼其名。

3．接名片

（1）接受名片时，应以双手去接，认真地看一遍，并确定其姓名和职务。

（2）如果是坐着，尽可能起身接受对方递来的名片

（3）辈分较低者，应先递出个人的名片

（4）遇到难认字，应事先询问。

（5）不要在名片上做标记或写字、也不可随手置于桌上来回摆弄。

（6）不要将对方的名片遗忘在座位上，或存放时不注意掉在地上

（7）和上司外出拜访时，要等上司递上名片，或经上司介绍后，才能递上自己的名片。

（四）拜访礼仪

（1）访问前应与对方预约访问的时间、地点及目的，并将访问日程记录下来。

（2）访问时，要注意遵时守约。

（3）到访问单位前台时，应先自我介绍，如果没有前台，应向附近的人员询问。

（4）如遇对方繁忙，应耐心等候，或改在其他时间再来访问。

（5）需等候时，应听从对方单位接待人员的安排；等候时，可准备好名片和资料文件，不可随意到处翻看。

（6）看见对方后，应起立（初次见面，递上名片）问候。

（7）如遇到对方的上司，应主动起立（递上名片）问候。

（8）会谈时，要注意谈话或发言不要声音过大。

（9）会谈应在预约时间内结束，如需延迟，应征求对方的意见。

（10）告辞时，要与对方礼貌道别，并表示感谢。

（五）通讯礼仪

1．电话

（1）铃响三声应拿起听筒，报出名字及问候，问候语要谦恭礼貌，不要用"喂"或"你找谁"等不礼貌的语言问候对方。

（2）交谈时要专心致志、彬彬有礼，并配合肢体动作如微笑、点头。

（3）通话时的重要信息应及时记录，并与对方确认。

（4）若是代听电话，应先讲明"某人不在"，然后询问对方身份，是否需要代为转告或留言。

（5）通话时，如确有急事需与身边的人说话或需离开电话，应向对方道歉，并将话筒捂住。

（6）通话时的声音不要过大，话筒与嘴部保持三厘米左右的距离。

（7）通话时不要对着话筒打哈欠、吃东西。

（8）听到电话铃响，若正在嬉笑或争执，一定要等情绪平稳后再接。

（9）电话来时正和来客交谈，应告诉对方有客人在，待会儿给他回电。

（10）工作时朋友来电，应扼要迅速地结束电话。

（11）接到投诉电话，千万不能与对方争吵。

2．手机

（1）外出时手机要放置到位，最佳位置是公文包中和上衣内口袋。

（2）在公共场所，尽量不要使用手机，需要与他人通话时，应压低通话音量，或寻找无人之处。

（3）给对方手机留言时，要留下时间、日期。

（4）信号较弱时应寻求其他方式联系。

（5）手机电话最好自己接，更不要随意接听他人手机。

（6）在开会、会客、上课、谈判、签约以及出席重要的仪式、活动或其他要求"保持安静"的地方应自觉关闭手机，或将手机来电及手机信号暂时调为静音或振动状态。

（7）电影院、音乐厅、美术馆、歌剧院、比赛现场等地方严禁手机铃声干扰，通常情况下，应当关机。

（8）用手机拍照或者摄影时，应该征得对方的同意，不要随意拍照。

（9）在办公室，手机应调为静音或振动，接听手机声音不宜太大，时间不宜太长。

（10）当你正在与人进行非正式交谈时，如果有事可以接听电话，但要说声"对不起"，并且一定要注意接电话的态度和措辞。

（11）注意手机安全，驾驶汽车、病房、加油站、飞机上都禁用手机，以免发生车祸、干扰治疗仪器、引发油库爆炸或干扰导航仪器，导致飞机失事。

（12）个性化铃声应注意使用场合，要和身份相匹配，不能有不文明或妨碍公共秩序的内容。

（13）发短信一定要署名。

（14）工作时间不要频频发短信。

（15）及时清除不必要的短信。

（六）会议礼仪

（1）应衣着整洁，仪表大方，提前五分钟左右入场，进出有序，依会议安排落座。

（2）如果有工作装，应穿工作装。

（3）开会时应认真听讲，积极参与，不要私下小声说话或交头接耳，表现良好的工作态度，也是对发言者的尊重。

（4）开会时，不要趴着、倚靠、打哈欠、胡乱涂画、低头睡觉、接打电话、来回走动以及和邻座交头接耳。

（5）中途退场应轻手轻脚，不影响他人。

（6）在每个人的发言结束的时候，应该鼓掌以示对他讲话的肯定和支持。

（7）座次原则为"面门为上、以右为上、离远为上"：若会议桌横放，应面对正门的一方为上，若会议桌竖放，以进门的方向为准，右侧为上，举行双边洽谈时，应使用长形或椭圆形会议桌，宾主分坐在桌子两侧。

（七）办公室礼仪

（1）上下班主动打招呼，保持微笑。

（2）办公台上应保持清洁和办公用品的整齐。

（3）不要私下议论、窃窃私语。

（4）不要高谈阔论，影响他人工作。

（5）离开座位时，将去处、时间及办事内容写在留言条上以便他人安排工作（离开座位前应将机密文件、票据、现金和贵重物品存放好）。

（6）离开座位时，将办公台面整理好，椅子放回办公台下。

（7）办公室里用餐时，注意时间和个人卫生，用餐后，及时清理餐具、桌面和地面。

（8）公司电话仅用于公司业务用途，不可以随意聊天或处理私人事务。

（9）在工作时间，私人电话要尽量长话短说，精简通话内容。

（10）同事离开时，应主动帮忙接听电话，记录相关信息。

（八）公共区域礼仪

1. 电梯

（1）靠电梯内侧为尊位，较靠电梯门口处，则为第二顺位，操作按键是晚辈或下属的工作，所以同电梯辈分最低的人站在此处。

（2）伴随客人或长辈来到电梯口门前时，先按电梯呼梯按钮，让客人先进入电梯，若客人较多，也可先行进入电梯，一手按"开门"按钮，另一手按住电梯侧门，礼貌地说"请进"，请客人们或长辈们进入电梯轿厢。

（3）进入电梯后，按下客人或长辈要去的楼层按钮。

（4）若电梯行进间有其他人员进入，可主动询问要去几楼，帮忙按下。

（5）电梯内可视状况是否寒暄，例如没有其他人员时可略做寒暄，有外人或其他同事在时，可斟酌是否有必要寒暄。电梯内尽量侧身面对客人。

（6）到达目的楼层后，一手按住"开门"按钮，另一手做出请出的动作，可说："到了，您先请！"客人走出电梯后，自己立刻步出电梯，并热诚地引导行进的方向。

（7）不应当对镜整装，避免过度使用香水，不吸烟。

2. 引路

（1）引路时，应走在客人左前方的二、三步处，让客人走在路中央。

（2）引路时要与客人的步伐保持一致，要注意引导提醒客人，适当地做一些介绍。转弯或有楼梯台阶的地方应使用手势，并提醒客人"这边请"或"注意"等。

第七章　走出校园进入 职场

第一节　从校园人到职场人的转换

　　刚跨出校门的大学毕业生往往面临着职业转换与适应的问题。要尽快成长为一个职场人，独立、自信地开展工作，还需要一个对职业社会、职场人不断了解、学习和感悟的过程。

一、校园人与职场人的比较

　　事实上，当毕业生经历一番辛苦的求职最终得到一份工作，怀着美好的憧憬准备充分施展自己本领的时候，总会发现理想和现实有着很大的差距，会遇到许多自己不曾想到的问题，给自己的工作和生活带来诸多烦恼，于是忍不住把校园和工作环境做比较：学校里无忧无虑的生活总是让人留恋，除了学习、考试，剩下的时间都是自己；上班后就不一样了，每天朝九晚五，规章制度多，活动的空间也非常有限，还要经常开会，做的是基础性的工作，薪酬也不高……

　　让我们来看看职场人士总结出来的校园人与职场人的差异有哪些吧。这将有助于我们初步消除对全新环境的陌生感和紧张感，在挑战没有到来之前做好应有的准备。

1.校园环境与职场环境的差异

　　校园人与职场人面对的环境不一样，在象牙塔比在写字楼自由了许多，可谁能否认走出校园的你比从前更独立、更自信了呢？不仅是经济上的独立，你的社会经验也呈加速度增长，使你从上至下、由内而外透着成熟的魅力。记住，虽然失去了一些自由，但换回来的并不全是束缚，关键在于做好角色的转换。

2.老师与老板的差异

　　校园人与职场人面对的"上司"不一样。老师和老板虽然都是你的前辈，但老师传给你知识，老板发指令，当然还有薪水。对于老师和老板，每个人都会有好恶的情绪。如果你不喜欢你的老师，你可以罢听他的课，但如果你不喜欢你的老板，还得天天见他，除非你不打算再继续这份工作了，只要在职一日，无论是气鼓鼓，还是乐滋滋，都得工作。

3．同学与同事的差异

校园人与职场人面对的人际关系不一样。比如，同事与同学的最大不同在于，你们不是各自在做相同的试卷，而是共同完成一张试卷，你的角色可能不是怎样使自己所得的"分值"最高，而是怎样与同事一起让整张试卷完成得最漂亮。同事之间的关系也远比同学之间的关系微妙复杂得多。在校园，你可以和同学促膝长聊、无所不谈，因为你们之间没有太大的利益冲突，如果有，也无非是竞选或者奖学金之争，这和职场中的冲突相比，是微不足道的。升职与降职、加薪与减薪，表面上看，职场中的焦点就这么多，可它们背后却蕴含了太多的矛盾，明智的方法是做最好的自己，细心一些，把握为人处世的分寸。

走上岗位时，必须主动适应环境、对象等方面的巨大变化。校园人向职场人转变的过程，是一个对职业社会、职场人不断了解、学习和感悟的过程。

二、实现由校园人到职场人转变的方法与途径

经历了千辛万苦的求职过程，毕业生们终于怀着兴奋而又忐忑的心情，踌躇满志地开始了自己的职业生涯。尽管在走出校门之前，学生们接受过一些职业指导，同时也会从其他各种渠道了解一些职业的相关信息，但是当美丽的职业憧憬变成真实的人生实践时，初出校门的职场新人们仍然会有些茫然。如何尽快做好充分的准备，在这个全新的职业环境中顺利完成由校园人向职场人的转换，迅速适应已然开始的职业生活，就成为每一个职场新人都不得不面对且必须认真思索的人生课题。

毕业生在学校期间学习到的东西毕竟有限，更多知识和能力需要在工作实践中去学习、锻炼和提升。在实现由校园人向职场人转变的过程中，应当尽快从以往的学习和生活模式中解脱出来，全身心地投入工作中，要有不怕吃苦以及做小事的勇气和毅力，要时刻提醒自己："我现在不是学生，我不是为别人而工作，而是为自己工作，我有责任、有义务做好每项工作。"这是一种职业精神。

1．重视第一印象，建立良好的人际基础

第一印象就是在与陌生人交往的过程中，所得到的关于对方的最初印象。初次见面时对方的仪表、风度、谈吐等给我们的印象往往成为日后交往的依据，即第一印象能起到"先入为主"的作用。初涉职场的新人往往是单位里同事们关注的对象，因此给同事留下一个良好的第一印象便显得格外重要。给同事留下的第一印象的好坏，不仅会影响别人在今后如何看待自己，如何与自己进一步交往，而且会直接或间接地影响到自己今后工作开展得顺利与否。因此，刚刚走上工作岗位的大学生应该尽量注意自己的内在和外在，从着装仪态、言谈举止以及态度品性等各方面加以注意，在新的工作环境里给人留下良好的第一印象。

心理学家通过大量研究，总结出了在最初交往时有效地表现自己的 SOLER 技术。

SOLER 是由几个单词首字母拼写起来的一个专用术语。在这里，S 代表"坐要面对别人"；

O 表示"姿势要自然开放";L 的意思为"身体微微前倾";E 代表"目光接触";R 表示"放松"。心理学家发现，如果我们有意识地在社交场合运用 SOLER 技术，而改变许多不适当的自我表现，可以有效地增加别人对我们的好感，增加别人对我们的接纳程度，并给人以良好的第一印象。

2. 建立自信，相信我们终会成功

自信是成功的必要条件。毕业生尽管学了许多新的理论知识，对工作也充满热情，但由于刚刚步入工作岗位，缺乏实际的工作经验，在具体工作中往往很难把理论与实践很好地结合起来，会产生力不从心甚至挫败感。其实，这是每一个职场新人都会遇到的问题。此时，应放宽心态，认真总结经验和教训，并诚心向领导和同事请教，听听他们的看法学习他们的经验。但放宽心态不意味着要放弃自信，相反要相信自己能够很快地熟悉工作，能够不断地从做事中成熟起来，能够逐渐地将自己所学的理论知识转变为实际工作的能力。

那如何树立并保持自信呢？一个好的办法就是完全地接纳自己，要认识到自己是独无二的，我们要做的就是把自己不同的方面以恰当的方式展示出来，要"挑前面的位置坐"，不要怕受人注目，要知道，有关成功的一切都是显眼的，尽量多做自己能做的事而当挫折出现时，要多做正面的心理暗示。

3. 脚踏实地，摆正自己的心态

有位小朋友很想知道美丽的蝴蝶是如何破蛹而出的，便取了一个蛹回家观察。过了几天，蛹壳出现了一条裂痕，里面的蝴蝶挣扎着要飞出来。这个过程进行了数小时之久。小孩不忍心看蝴蝶如此辛苦，随手拿起剪刀将蛹剪开，然而蝴蝶出来后因翅膀不够有力，再也飞不起来了。

职业成功就好似"破茧成蝶"，需要经过一番艰苦的努力，欲速则不达。初出校门我们往往都激情满怀，立志干出一番事业，但是进入单位后发现，所做的事情大多是一些与自己理想相去甚远的琐事，于是，迷茫、困惑、烦躁的情绪便油然而生。此时，切忌眼高手低，好高骛远，应摆正自己的心态和位置，踏踏实实地从小事、琐事和实事做起，一步一个脚印，一丝不苟地努力做好每一件事，这样才能举一反三，获得宝贵经验。不要怕失败，失败是成功之母，失败所提供的教训将为成功创造条件。脚踏实地并不是当一天和尚撞一天钟，而是用心去吸收。"不积跬步，无以至千里"，任何辉煌的职业生涯都是从迈入职场第一步开始的，只有树立从基层工作做起的意识，做好从小事做起的心理准备，才能为今后的职业发展建立良好的开端。

4. 更新观念，树立创新意识

创新是社会和职业发展的需要。随着新问题的不断涌现，新挑战的不断来临，社会和职场需要具有强烈的竞争意识和创造欲望的人才。而职场新人的优势在于不仅掌握着当前最新的理论知识，而且思想活跃，很少受到传统陈旧思想的束缚和影响，对新事物具有很强的接受能力和领悟能力。因此，树立创新意识，了解自身的创新优势，不断培养创新能力，关注与把握本职业的最新进展与动态，这样才能保证紧跟甚至引导职业发展的潮流在未来

的职业竞争与发展中占得先机。

如何在工作中培养创新意识呢？首先，要善于发现问题，为创新思维提供素材，创造"人口"。发现问题最重要的是增强观察能力：从高处着眼，看指导思想、工作计划是否符合组织要求；从低处观察，看看工作是否符合实际，是否易于执行和被接受；在过程中追踪，看看工作过渡、衔接是否畅通高效，措施能否有效落实兑现，看看设备功能、人机结合、环境和设备搭配上是否得当，有无漏洞和不足。其次，要掌握正确的方面。加强学习训练，在工作中遇到问题，要养成经常问自己"到底应该怎么办"的习惯，从而给自己的思维施压，使思维保持在灵活状态；对自己的工作要经常系统思考，系统思考是从全局性、层次性、动态性等方面综合考虑问题的一种方法，将引导人们从复杂细节中抓住主要矛盾，找到解决问题的办法；要借鉴比较，寻找启发，因为他人成功的经验和自己失败的教训都可以成为激发创新思维的元素；还要勇于付诸实践，不怕失败。

5. 增强归属感，培养团队合作意识

唐僧西天取经成功的重要经验之一就是团队组建的成功，团队每位成员都在尽量克服个人主义，做到相互合作、优势互补，从而增强了战斗力。初到工作单位，由于对新的工作环境、新的工作要求不熟悉，对新的团体不了解，往往会产生一种戒备心理，担心会对自己造成伤害，表现为既想展示自己又害怕出错，既想向他人请教又担心被人看不起等这些心理表现不利于归属感和团体意识的培养，其结果往往是使自己产生强烈的孤独感和失落感。

在进入一个新的团体后要主动融入其中，从心理上认同周围的同事，以主人翁的姿态对待团体的事情，并加强与同事的交流与协作。只有这样才能够不断地增强自己的归属感和团体意识，也才能够尽快地被团体接纳和认可。首先，要注重表达能力与沟通能力的培养，抓住一切机会，积极表达自己对工作的看法，让更多的人理解与分享自己的工作。其次，要做事主动，任何一个单位都不喜欢只知道听差的人，我们不能被动地等待别人告诉你应该做什么，而应该主动去了解单位需要我做什么，自己想要什么，然后进行规划，并全力以赴去完成。再次，要培养宽容与合作的品质。现代社会的竞争是集体的竞争，一个人的价值在集体中才能体现。要在平常之中发现周围人的美，培养自己求同存异的素质最后，还要具有全局观念、团队意识。并不反对张扬个性，但个性必须与团队的行动一致。团队成员之间应互相帮助、互相配合，为集体的目标而共同努力，否则组织将会像盘散沙，优秀集体难以形成，每位成员也很难从中受益。

6. 克服理想主义，做好职业生涯规划

在进入职场前，我们一般都会在心里对未来将要从事的职业有一番描绘。这些描绘有符合实际的方面，也有许多仅仅停留在主观层面，带着理想主义的色彩。也就是说，我们往往会对新的工作环境和岗位等存有过高的期望值，当真正进入工作单位以后，才发现现实与理想的差距，于是巨大的心理落差和失落感油然而生。此时很容易因寻找不到职业标而困惑。

职场新人如何尽快走出这样的困惑呢？首先，要抓住入职前三年，沉下心来打基础努力适应社会，适应单位环境，学会独立思考，学会承受和忍耐，掌握自己喜欢的、社会需要的技能，为实现自己的目标打下坚实的基础；要在全面客观认识自己的基础上，调整好自己的期望值，按照现实条件和自身特点设立相应的近期、中期和远期的职业目标，这样才能既有远期的职业理想，又有近期具体可操作的职业计划，不至于理想与现实脱节要保持良好的心态，避免急功近利，在工作生活中静心、细心、耐心、专心，做到乐观自信。其次，要避免走入两个误区：一是过于关注收入高低的误区，因为对于刚刚工作的新人来说，收入较少是普遍的问题，这一时期的重要任务是抓住机会提升自我；二是"兴趣至上"的误区，要处理好兴趣与工作的关系，只有在对某一职业感兴趣并具有该职业所要求的能力时，才能做好工作并取得成功。

第二节　人脉是成功的重要条件

小强在一家业务繁忙的物流公司市场部工作，他十分喜欢这份工作，经常提出一些有创意的建议和主张。不久，他当上了部门主管。担任部门主管以后，小强工作一直很不顺利，部门工作也毫无起色。

为此，小强向专家进行了咨询和请教。专家发现：小强从一名普通员工晋升为部门主管后，不能有效地与领导及下属沟通，没能做到合理地分派部门员工的各项工作。作为名主管，他遇到了沟通"位差效应"的阻力，即上传下达都不到位。

工作中，小强往往将领导布置的任务简单地分配给员工，既不明确各人完成任务的时间进度和质量要求，也不对各人工作之间的衔接做好安排，临到任务期限逼近，他就要求同事们加班赶进度，从不顾及别人的私人安排，常常招致同事的怨言；对工作中出现的技术难题，完成任务所需的时间、费用等，小强也不向领导汇报，使得领导无法掌握该部门工作完成的情况，对此非常不满。

经过专家的分析与归纳，小强认识到，尽管自己有较强的业务能力，但在担任部门主管以后，新的角色定位应该是一个协调与管理者，主要职责是按轻重缓急来计划、实施每项任务，通过中间的沟通与协调，整合人力、时间、费用和工作内容，组织部门同事协作完成各项任务。

在专家的指导下，经过一段时间的训练，小强学会了怎样与领导和下属沟通，渐渐地进入角色，部门工作有了很大的改观。

《大英百科全书》认为，沟通是"用任何方法，彼此交换信息"。人际沟通具有心理社会和决策等功能，和我们生活的层面息息相关。人与人之间的沟通，不仅是生活的需要，也是决定职场成效的重要依据。人们通过沟通，获得各种思想和信息的交流，并将这种交流在不同的人之间进行传递或交换。依靠这些思想和信息，人们实行正确的决策，协调行动，以达到目的。

世界上最美的东西，就是人与人之间的情感连接。这种情感连接就是通过人际沟通来实现的。在沟通过程中理解了别人，也从别人眼中认识了自己。沟通的过程会使积极的情感体验不断加深，使消极的情感体验逐步减弱。

一、良好人际关系的作用

现代人都很重视人际关系。人际关系处理得好不好，在很大程度上决定着一个人的生活质量。斯坦福研究中心曾经发表一份调查报告：一个人赚的钱，12.5%来自知识，87.5%来自关系。这并不是说学习专业知识不重要，而是强调人脉是一个人通往成功、财富的重要条件。良好的人际关系具有很多的功能，具体表现在以下几个方面。

1. 产生合力

俗话说，"团结就是力量"，"人心齐，泰山移"，说的就是这个道理。当今社会劳动分工越来越细，竞争越来越激烈，光凭个人力量是很难在事业上取得成功的。只有借助众人的力量，通过朋友的帮助，利用建立起来的人际网络，才有可能攻克目标、获得成功。

2. 形成互补

俗话说："一个篱笆三个桩，一个好汉三个帮。"一个人即使再聪明，再能干，他也不可能样样精通。因此，他在开拓事业时，总会遇到自己力所不能及的问题，所以必须善于利用别人的智慧、能力和才干，与自己形成互补。

3. 联络感情

人是一种感情动物，他必须时刻进行感情上的交流，需要获得友谊。良好的人际关系会使你获得一种强大的力量和热情，在成功时得到分享和提醒，在遇到挫折时得到倾诉和鼓励，这必将有助于心理的平衡，从而有勇气迈向新的征程。没有专业，你的人际关系都是空的。但是在专业里有一条是最难的，就是信任，而这也是人际关系的基石。信任是通过感情联络而获得的。

4. 交流信息

在现代社会，可以说谁掌握了信息就等于把握住了成功的主动权。一条珍贵的信息可能帮你打开了致富的大门，从而走向成功。而信息的闭塞则可能会使人贻误战机、抱憾终生。广交朋友和融洽的人际关系无疑是获得信息的有效途径。具有良好的人际关系将为你的学习、生活、工作带来便利，学会处理人际关系将为你的事业添砖加瓦。许多人都认为商场如战场，充满了尔虞我诈、胜负竞争，根本没有人情好讲。其实不然，要想在社会上取得长久的立足之地，就必须懂得广交朋友，善于用"情"，它将会给你带来意想不到的收获。

香港富豪李兆基是一个非常善于处理人际关系的人，这使他的生意也充满了人情味，并获益匪浅。他的哲学是：对长期合作的伙伴一定要皆大欢喜。1988年的一天，建筑部经理偶然向李兆基提及承接恒基集团一项工程的包工头要求他们补发一笔酬金，遭到建筑部的拒绝。李兆基问："那个包工头为什么出尔反尔？一定有他的理由吧？""是的，他说他当初落标时记错了数，直到今天结账时才发现做了亏本生意。"建筑部经理说。本来这桩买卖是签了合同的，有法律保障，大可不必对此进行处理，但李兆基说："人人赚到钱，唯独他吃亏，也是怪可怜的。法不外乎人情，包工头是我们长期的合作伙伴，反正这个合同我们也赚钱了，补回那笔钱给他，皆大欢喜吧。"后来，这个包工头在与他们的合作中无不尽心尽力，并在商界广泛传播李兆基的美名，为李兆基增添了许多人情分。由此可见，无论做什么事一定要讲人情味。李兆基能够成就事业，与他善于运用人际关系技巧拥有良好的人际关系是分不开的。因此，不论对上对下，对内对外，对朋友对师长，良好的人际关系都是一笔巨大的财富，会给你带来丰厚的回报。

二、建立良好人际关系的"黄金法则"

1. 换位思考

人们观察问题时都习惯性地从自己的角度出发。如果只顾及自己的利益、愿望、情绪，一厢情愿地想当然，就很难了解他人，很难和别人沟通。事实上，只要站在客观的立场就会发现，冲突的双方几乎完全不理解对方，不体谅对方。要想处理好自己和他人的人际关系，最需要做的就是改变从自我出发的单向观察与思维，从对方的角度观察对方，替对方着想，即由彼观彼。在此基础上，善解他人之意，善解他人之难，就能和谐双赢。

2. 平等待人

不强求别人是处理人际关系必须遵循的金科玉律。这是真正的平等待人，是古往今来都适用的平等精神。人人生而平等，每个人的人格和尊严都应该受到尊重。"己所不欲，勿施于人"，这句古语讲得很有道理。无论是对同事、部下还是对朋友、合作伙伴、恋人，都应该遵循。这是古人在长期的社会生活中总结出来的经验，是我们为人处世必须遵循的准则。

3. 学会分享

当你把快乐和别人分享时，你的快乐就变成了两份快乐。当你把你的点子和别人分享时，就会产生思想的火花。当你渴望得到安全感时，就要理解他人对安全感的需要，甚至帮助他人获得安全感。你渴望被理解、被关切和爱，就要知道如何力所能及地给予他人理解、关切和爱。给予他人理解与关切，会融洽彼此的关系，也能很好地调整自己的状态——这个好状态既来自对方的回报，也是自己"给予"的结果。善待别人，同时也善待了自己。

4. 欣赏他人

每个人都希望得到欣赏与鼓励，因为欣赏与鼓励能给人以生活与奋斗的强大动力。在很小的时候，父母的欣赏会让我们积极上进，老师的欣赏会让学生更加努力学习。进入社会后，领导和同事的欣赏是一个人工作的最大动力之一。善于欣赏他人，就是给予他人的最大善意。如果得到的欣赏太稀缺，天才也会枯萎。

5. 乐于付出

付出才有回报，世界上没有免费的午餐，天上也不会掉馅饼，你的所得总是与你的付出成正比。人们并不愿意给不相干的人提供免费午餐，然而，事情反过来轮到自己时，自己有时就不明白了。别人有成就了，就想分享一点。别人有钱了，也想沾一点光。殊不知无功受禄、不劳而获古往今来都是令人厌恶的。获取免费午餐的念头，常令人形神猥琐心灵卑下。有的人没有索取免费午餐的行为，但同样的心理活动连绵不断。整天嫉妒别人，心态总是摆不平，这样使他备受折磨。放下索取免费午餐之心，就多了份清静和坦然，也多了自信与奋进之心。学会慷慨地对别人付出，在你困难的时候，会有许多真诚的回报。

6. 宽容待人

俗话说，"尺有所短，寸有所长"，任何人都有长处和短处。美国南北战争时，林肯总统任命格兰特为陆军统帅就曾引起舆论大哗。有人说格兰特嗜酒贪杯，难以统兵。林肯并非不知格兰特酗酒误事，但他深知将军中只有他才能过人，能够取胜，因此力排众议，宣布了这项具有历史意义的任命。用人如此，交友也是如此。人和人不可能完全相同，即使在志同道合的朋友之间，由于生活道路不同，思想水平、文化修养不同，他们的爱好、习惯、兴趣以至性格、气质等也有差异。因此，在人际交往中，我们应该取人之长，补己之短。如果过分地计较别人的弱点和缺点，就会导致朋友关系恶化、破裂。如果能有宽容之心，矛盾就会烟消云散，冰消雪融。朋友之间由于经常接触，免不了发生一些口角，在这种情况下，应心胸坦荡、互相信赖、宽容忍让。宽容是一种高贵的品质、一种崇高的美德。

7. 坦荡胸怀

在与人交往的过程中，我们没有必要掩饰自己的个性弱点，更不要为此而找借口。善于袒露自己，沟通信息，表达看法，这是最能令人折服、最能获得信赖的一种方法。俗话说："人无完人，金无足赤。"正是因为优点和缺点的组合，才成了一个完整的你。相传有一个秃顶的人与老友邂逅，老友的第一个举动就是诙谐地用双手遮住自己的双眼。秃顶的人见了，幽默地一笑："我的头顶哪有那么亮！"老友听了捧腹大笑。这个秃顶的人颇有人缘，一是因为他开朗不忌讳，自己的秃头是明摆着的；二是因为他善拿秃头开玩笑，幽默风趣。只有袒露自己的胸怀，坦诚地告诉对方事情的来龙去脉、前因后果等才能以心换心，感情融洽，才能拨开漂游在我们心头的疑云，重见晴朗的天空、明媚的阳光。

8. 善于倾听

倾听是你克敌制胜的法宝。与人沟通时，只顾自己喋喋不休，根本不管对方是否有兴趣，是很不礼貌的行为，也极易让人反感。

倾听并不只是单纯地听，而应真诚地去听，并且不时地表达自己的认同或赞扬。倾听的时候，要面带微笑，最好别做其他的事情，应适时地以表情或手势表示认可，以免给人敷衍的印象。特别是当对方有怨气、不满而需要发泄时，倾听可以缓解他人的敌对情绪。很多人气愤地诉说，并不一定需要得到什么合理的解释或补偿，而是需要把自己的不满发泄出来。这时候，倾听远比提供建议有用得多。如果真有解释的必要，也要避免正面冲突，应在对方的怒气缓和后再进行。

9．以德报德

在生活中，有些人有恩于你，有些人因伤害过你而有冤仇于你，那我们该如何对待这些恩和怨呢？以德报德，是没有疑义的。别人帮助了我们，我们自然要回报人家，这是做人最起码的准则。对于怨呢？一种态度是"以牙还牙"，别人伤害了我，我也要报复他"冤冤相报何时了"呢？另一种态度是"以德报怨"，别人伤害了我，我反过来还要给他笑脸和各种利益关照。《论语》中有这样一段对话，或曰："以德报怨，何如？"子曰"何以报德？以直报怨，以德报德。"这就是孔子的态度。孔子说，如果以德报怨，那你拿什么来报德呢？所以，孔子的结论是，应该"以直报怨，以德报德"。当别人有恩德于我们时，自然要回报恩德。当别人伤害、侵犯了我们时，我们不要以怨报怨，因为那样就降低了自己的水平，犯了与别人同样的错误；我们也不要以德报怨，因为那会使得这个世界没有是非，甚至可能助长罪恶。以直报怨，就是用正直的态度来对待怨恨。以直报怨，这里包含着道义的谴责，包含着不降低自己水准与对方混战的尊严，包含着既正义凛然又克制的沉默，还包含着一如既往、诚信待人的基本信条。

三、良好人际关系形成的主观前提

良好人际关系形成的主观前提：

第一，建立你的价值。在盘点人脉关系前，冷静问问自己：你对别人有用吗？你无法为人所用，就说明你不具有价值；你越有用，你就越容易建立强大的人脉关系。

第二，向他人传递你的价值。在人际交往中，要善于向别人传递你的"可利用价值"，从而促成交往机会，让彼此更深入地了解和信任对方。在日常社交中，有两种心态不太可取：一是自我封闭，傲慢；二是愤青心态，以超脱自居。

第三，向他人传递他人的价值，建立人脉关系的枢纽。你很有价值，你身边也有很多朋友各有自己的价值，那么为什么不把他们联系起来，彼此传递更多的价值呢？如果你只是接受或发出信息的一个终点，那么人脉关系产生的价值是有限的；但是，如果你成为信息和价值交换的一个枢纽中心，那么别的朋友也更乐意与你交往，你也能促成更多的机会，从而巩固和扩大自己的人脉关系。所以，寻找并且建立自己的价值，然后把自己的价值传递给身边的朋友，并且促成更多信息和价值的交流，这就是建立强有力的人脉关系的基本逻辑。

四、学会和不同的人交往

1．选择志同道合的知心朋友

庄子的"君子之交淡如水"，孟子的"人之相识，贵在相知；人之相知，贵在知心"几乎是人际关系的金科玉律。交友和保持、发展友谊靠的都是共同志向和情趣。相传春秋时代有一个善弹琴的人名叫伯牙，终日弹琴，却无人赏识。一日，遇钟子期。钟子期听到激越之处，便说浩浩乎志在高山，听到回转千叠之处，便说荡荡乎志在流水。后来钟子期因病而死，伯牙摔掉他珍爱的琴，不再鼓琴。这段高山流水遇知音的佳话，一直被中国古代士人视为友情中的最理想的境界。

伯牙、子期一面之交，以琴相知，其交情可谓"淡"矣，然而，他们之间的友情却成为千古佳话，其原因在于他们是知音。知音是你最好、最忠诚、最真挚的朋友。不管是处于顺境还是处于逆境时，他们都与你在一起。

鲁迅先生有一句名言："人生得一知己足矣，斯世当以同怀视之。"它告诉我们：结交朋友不在于朋友的数量，而在于是否能交到知心朋友以及知心朋友的多少。认识的朋友再多，若都是些泛泛之辈，你的社交质量还是不高；如果都是些志同道合、肝胆相照的知己，你社交圈的"含金量"就很高。所以，我们在社交时应该去选择自己的知心朋友，因为知心朋友才是衡量社交圈"含金量"的标准。

2．建立师生之间的和谐关系

教师的工作不仅关系着学生在校期间的健康成长，而且对学生一生的发展都有着巨大影响，在学生个人的成长历程中起着重要的作用。教师是学生学习的榜样，他是以自己优秀品质的总和来影响学生的。这种影响将对学生走向社会起导航定向的作用。

教师对学生传道、授业、解惑，可以说是毫无私心和保留的。教师在造就培养人才的事业中乐于做"人梯"，让学生踩着自己的肩膀攀登高峰。"青，取之于蓝，而青于蓝"，这是历史发展的规律，也是教师的崇高理想。教师为了培育学生，日夜辛勤劳动，学生应该尊重教师的劳动，虚心向教师学习，接受教师的指导，努力达到教师的要求。

3．与同事、上司交往时保持适当距离

一个单位中如果几个人交往过于频繁，容易形成表面上的小圈子，让别的同事产生猜忌心理，产生"是不是他们又在谈论别人是非"的想法。因此，在与上司、同事交往时要保持适当距离，避免形成小圈子。同事之间经常会出现一些磕磕碰碰，如果不及时妥善处理，就会形成大矛盾。俗话讲，冤家宜解不宜结。在与同事发生矛盾时，要主动忍让自身找原因，换位为他人多想想，避免矛盾激化。如果已经形成矛盾，自己又的确不对，要放下面子，学会道歉，以诚心感人。退一步海阔天空，如有一方主动打破僵局，就会发现彼此之间并没有什么大不了的隔阂。如果没有良好的人缘，与同事相处不融洽，上司纵然赏识也爱莫能助。

4．化敌为友，理性竞争

俗话说："人敬我一尺，我敬人一丈。"这句话里包含的一个道理是：在与人相处的过程中，如果碰到利益之争，采取强硬的态度反而不如采取温和的态度更容易使问题获得圆满的解决。当别人用一种较为谦和的态度对待自己时往往也会采取高姿态，向后退一步；相反地，当别人用一种较为强硬的态度对待自己时，自己往往根本不理会他们的那一套，还会比对方更强硬。这是常见的一种心理现象。

成功的人际关系，会给你带来丰盈的人气。人气是人与人之间和谐象征，它有利于你广结良缘，并有效地促进你学业、事业的发展。正因为如此，人们在与自己熟悉的人相处时，

比如和朋友、同事、师长等相处时，都会采用谦逊和气的态度，也懂得退让之道，敬人之方。

第三节　有效沟通是职场成功的开始

一、沟通的重要性

沟通在我们生活当中无处不在，从某种意义上讲，沟通已经不再是一种职业技能，而是一种生存方式。政府与人民之间有矛盾，需要沟通。公司与职员之间有"鸿沟"，需要沟通。父母与子女之间有"代沟"，需要沟通。没有交流和沟通，或者交流和沟通不通畅社会就难以和谐发展。

春秋战国时期，耕柱是一代宗师墨子的得意门生，不过，他老是挨墨子的责骂。有次，墨子又批评了耕柱，耕柱觉得自己很委屈，因为在许多门生之中，自己被公认为是最优秀的人，但又偏偏常遭到墨子指责，让他感觉很没面子。

一天，耕柱愤愤不平地问墨子："老师，难道在这么多学生当中，我竟是如此的差劲。以至于要时常遭您老人家责骂吗？"墨子听后反问道："假设我现在要上太行山，依你看我应该要用良马来拉车，还是用老牛来拖车？"

耕柱回答说："再笨的人也知道要用良马来拉车。"

墨子又问："那么，为什么不用老牛呢？"

耕柱回答说："理由非常简单，因为良马足以担负重任，值得驱遣。"

墨子说："你答得一点也没有错，我之所以时常责骂你，也是因为你能够担负重任，值得我一再地教导你。"耕柱如果与墨子没有进行适时、有效的沟通，就不能理解墨子对他的栽培提携之意，便很可能以为是老师对自己有意习难，"愤愤不平"中很可能就有了叛逆心理，从而做出违背老师本意或者不利于团队、集体的事情。而恰恰是由于有了这种看似简单的对话（沟通），师徒之间的误解消除了，不但没有造成不利的影响，还起到了积极的作用，产生了同心合力地向着一个共同的目标努力的结果。

二、如何正确理解沟通

在古汉语中，沟通是指把不同的两个水域间打通，使水流可以自由进出，后用以泛指使两方相通连，也指疏通彼此的意见。沟通，是指通过信息和思想的交流达到认识上的一致，并依靠这种一致来协调行动。沟通是实现自我、丰富自我的捷径，是实现团队协作、增强组织凝聚力的法宝，沟通的力量无处不在。

有了良好的沟通，办起事来就畅行无阻。沟通涉及获取信息或提供信息两个方面。良好地进行交流沟通是一个双向的过程，它依赖于能抓住听者的注意力和正确地解释自己所掌握的信息。

某汽车专营店在与客户沟通方面做得非常好。他们认为，客户的愉悦来自良好的沟通，消费者在买车前，对某个品牌汽车和经销商的了解可能只有 5%，剩下 95% 的了解都通过专营店和他们的沟通来实现。

一位女士买了一辆轿车才几天，就反映油耗偏高，要求换车。

工作人员经过细致的电脑测试，发现该车并没有故障，便加满一箱油进行实地检测，结果证明油耗在正常值范围内，油耗偏高可能与这位女士的驾驶习惯有关。于是邀请这位女士参加用车知识讲座。听完后工作人员让她亲自驾驶，一路上纠正她的一些不良的驾驶习惯，最后又给这辆车加满一箱油让她重新驾驶，这位女士发现油耗一下子降低近一半，便再也不提换车的要求了。第二天，这位女士带着她的一位朋友来到专营店，当场又买了辆轿车。

该专营店还定期举办一些讲座，对新车主进行培训，及时了解车主的需要，与每一位车主更好地沟通。工作人员还说，沟通不仅是语言的沟通，态度、服务的流程乃至展厅的布置都是一种沟通。为此，他们还开展了"五个安心"服务，即质量安心（质量可靠）、费用安心（价格透明）、售后安心（跟踪服务）、时间安心（及时服务）、紧急安心（24 小时服务），大大增强了客户对该汽车专营店的信赖感。

三、沟通的技巧

1. 自信的态度

一般来说，成功的人士不会随波逐流或唯唯诺诺，有自己的想法与作风，却很少对别人吼叫、谩骂，甚至连争辩都极为罕见。他们对自己了解得相当清楚。他们的共同点是自信，日子过得很开心。有自信的人常常是最会沟通的人。

2. 体谅他人的行为

这其中包含"体谅对方"与"表达自我"两方面。所谓体谅，是指设身处地为别人着想，并且体会对方的感受与需要。在经营"人"的事业过程中，对他人表示体谅与关心，设身处地为对方着想，对方也会体谅你的立场与好意，因而做出积极而合适的回应。

3. 适当地提示对方

产生矛盾与误会时，如果出自对方的健忘，我们的提示可使对方信守承诺；反之，若是对方有意食言，提示就代表我们并未忘记事情，并且希望对方信守诺言。

小丽是一个典型的北方姑娘，在她身上可以明显地感受到北方人的热情和直率。她很坦诚，总是愿意把自己的想法说出来和大家一起讨论。正是因为这个特点，她在上学期很受老师和同学们的欢迎。小丽毕业于东北某大学的人力资源管理专业。她认为，经过四年的学习，自己不但掌握了扎实的人力资源管理专业知识，而且具备了较强的人际沟通能力，因此她对自己的未来期望很高。

她选定了广东省东莞市一家研究生产食品添加剂的公司。但是到公司实习一个星期后，小丽就陷入了困境。原来该公司是一个典型的小型家族企业，企业中的关键职位基本上都由老板的亲属担任，其中充满了各种裙带关系。尤其是老板安排他的大儿子做小丽的临时上级，而这个人主要负责公司研发工作，根本没有管理理念，更不用说人力资源管理理念。小丽认为越是这样自己就越有发挥能力的空间，因此在到公司的第五天，小丽拿着自己的建议书直接走向了上级的办公室。

王经理，我到公司已经快一个星期了，我有一些想法想和您谈谈，您有时间吗？小丽走到经理办公桌前说"来来来，小丽，本来早就应该和你谈谈了，只是最近一直扎在实验室里，就把这件事忘了。"

王经理，对于一个企业尤其是处于上升阶段的企业来说，要持续发展必须在管理上狠下功夫。我来公司已经快一个星期了，据我目前对公司的了解，我认为公司主要的问题在于职责界定不清；雇员的自主权力太小，致使员工觉得公司对他们缺乏信任；员工薪酬结构的制定随意性较强，缺乏科学合理的基础，因此薪酬的公平性和激励性都较低。"小丽按照自己事先所列的提纲开始逐条向王经理叙述。

王经理微微皱了一下眉头说："你说的这些问题我们公司确实存在，但是你必须承认一个事实——我们公司在盈利，这就说明我们公司目前实行的体制有它的合理性。"

"可是，眼前的发展并不等于将来也可以发展，许多家族企业都是败在管理上。"

"好了，那你有具体方案吗？"

"目前还没有，这些还只是我的一点想法而已，但是如果得到了您的支持，我想方案只是时间问题。"

"那你先回去做方案，把你的材料放这儿，我先看看然后给你答复。"说完王经理的注意力又回到了研究报告上。

小丽此时真切地感受到了不被认可的失落，她似乎已经预测到了自己第一次提建议的结局。果然，小丽的建议书石沉大海，王经理好像完全不记得建议书的事。小丽陷入了困惑之中，她不知道自己是应该继续和上级沟通，还是干脆放弃这份工作，另找一个发展机会。

从这个案例里可以发现小丽缺乏某些沟通技能。小丽在没有任何铺垫的情况下，就亮出了自己的观点——列举公司的管理问题，在某种程度上使王经理觉得这更像是一次抱怨的发泄而非建议，这就难怪王经理在刚听了没几句之后就"微皱眉头"，表现出不耐烦的样子，最终以要方案为名打断了谈话。

如果小丽在进行沟通时注意操作策略，在沟通之前做好信息准备工作，那效果或将完全不一样。这些信息包括：

①公司中的各种裙带关系和家族成员间的利害关系；公司以前是否有人提出过改革建议，结果如何；直接上级的性格和脾气以及他在公司中的地位和影响力；公司中存在的可以说明问题严重性的各种事实

②解决问题的草案。上级更希望下级拿出解决问题的具体方案而不仅仅是指出问题所在。

作为一个刚毕业的学生，而且到公司还不到一个星期，对许多事情的认识还只是停留

在表面，有时候甚至过于理想化。因此，不应该把自己当作专家，而是要事事抱着谦虚的态度。所以，在与王经理的沟通过程中，小丽可以先咨询后建议。也就是说，先向王经理请教有关管理方面的问题，这样一方面可以避免王经理把这次谈话当作一次抱怨，另一方面也可以探知王经理对公司管理的看法和态度。有了这一层铺垫后，小丽再根据王经理的态度决定是否现在就提出建议、以怎样的方式提出建议、提出哪些建议。

4. 有效地直接告诉对方

一位知名的谈判专家在介绍他成功的谈判经验时说道："我在各个国际商谈场合中，时常会以'我觉得'（说出自己的感受）、'我希望'（说出自己的要求或期望）为开端，结果常会令人极为满意。"其实，这种方式就是直言不讳地告诉对方自己的要求与感受。

若能有效地直接告诉你所想要表达的内容，将会有效帮助建立良好的人际网络。但要切记"三不谈"：时间不恰当不谈；气氛不恰当不谈；对象不恰当不谈。

在沟通环境的选择上应该特别注意彼此的隐私，选择比较私人的空间，并且最好是沟通双方都熟悉的环境，这样才不容易有陌生感，不产生紧张情绪，使沟通顺利进行。同时，最好避免刻意地确定沟通地点，选择比较随机的地方为宜，尽可能把握住所有的沟通机会，如在下班回家途中边走边聊、公休时在休息室中交流等。

5. 善于询问与倾听

要善于询问与倾听，尤其是在对方行为退缩、默不作声或欲言又止的时候，可用询问引出对方真正的想法，了解对方的立场以及需求、愿望、意见与感受，并且运用积极倾听的方式，来诱导对方发表意见，进而对自己产生好感。一位优秀的沟通好手，应善于询问以及积极倾听他人的意见与感受。

四、如何克服沟通障碍

克服沟通障碍需要做到以下几点：

首先，需要控制偏激狭隘的情感，提高自身的心理素质。猜疑、嫉妒等是影响人际沟通的一个十分重要的原因。我们知道，人是有情感的动物，但是对于一些与现代文明格格不入的心理问题，我们必须用理智而不是情感来控制，并且要努力去克服它。沟通时要站在对方的角度去了解对方的观点和价值标准，准确地把握对方的想法和思维变化的趋势与结果；同时还要提高自身的思维水平，克服消极的心理因素，以平和的心态去和对方进行沟通。比如两个平时关系不是很好的人在一起共同工作，产生了不同的看法，这时不应该在工作中掺入个人情感，而应克服障碍、相互沟通，尊重对方的意见，比较各自看法的优劣，择善改进工作。这样无论对个人还是对工作来说都是有利的。

其次，要做到以诚待人。人际沟通的基础就是诚实守信，尔虞我诈、钩心斗角则是人际沟通的毒瘤。沟通的双方在沟通过程当中应该以诚相待，抛弃有意的防范和自卫的心理。沟通的双方要有诚意，要用现实的态度解决分歧。沟通的双方不能用对方的不足来证实自己的正确，要了解对方、体谅对方、理解对方。只有互相交心，沟通才会取得理想的效果。

再次，沟通的双方要有坦荡的胸襟，要能够接受对方与自己不同的观点。通过沟通，不仅要了解到对方的不同观点，还要听取并吸收其中合理的部分。我们每一个人都是世界当中的一个个体，每一个人都是完全不相同的。每个人的民族、文化、家庭和社会环境的不同，造就了每个人独有的个性和特点，以及对问题的不同看法，从而决定了人际沟通肯定是有难度的。

另外，每个人的性格不同，心理健康状态不同，也同样会影响沟通的效果。有的人性格内向，喜欢独来独往，不爱张扬；有的人有自卑的心理，不敢与别人交往。要积极地参加一些集体活动，以此来增进自己与集体的情感，改善自己的人际关系。

第四节　良好习惯的培养有利于事业发展

一、良好的习惯是成功的基础

习惯是指长时期逐渐养成的、一时不容易改变的行为、倾向或社会风尚。习惯是一贯的，在不知不觉中经年累月地影响着我们的行为，影响着我们的效率，左右着我们的成败，对人生、事业、生活都起着巨大的作用。良好的习惯就像是人存放在自己身体中的"资本"，人在一生之中都会享受着它的"利息"。尤其在职业活动中，一个人能否成功，一个重要的因素就在于是否具有良好的习惯。

美国石油公司有一个叫阿基勃特（Schubert）的小职员。一开始他并没有引起人们的特别注意。他的职业精神特别强，处处注意维护和宣传企业的声誉。在远行住旅馆时总习惯性地在自己签名的下方写上"每桶四美元的标准石油"字样，在给亲友写信时，甚至在打收条时也不例外，签名后总不忘记写那几个字。为此，同事们都叫他"每桶四美元"。这事被公司的董事长洛克菲勒知道了，他邀请阿基勃特共进晚餐，并号召公司职员向他学习。后来，阿基勃特成为标准石油公司的第二任董事长。良好的行为习惯表现在我们生活的方方面面。

20世纪60年代，苏联发射了第一艘载人宇宙飞船。有这么一个插曲，几十个宇航员去参观他们要乘坐的飞船，进舱门的时候，只有加加林一个人很自然地把鞋脱下来了。他觉得："这么贵重的一个舱，怎么能穿着鞋进去呢？"加加林的这一个动作，让主设计师非常感动。他想：只有把这飞船交给一个如此爱惜它的人，我才放心。在他的推荐下，加加林成了人类第一个飞上太空的宇航员。

有人开玩笑说，加加林的成功从脱鞋开始。可以说良好的习惯是成功的钥匙。所以你要遵循的第一个原则，就是养成良好的习惯，并且全力以赴地去执行。

习惯的力量是惊人的，习惯能载着你走向成功，也能驮着你滑向失败。

1485年的波斯沃斯战役将决定谁统治英国。国王查理三世准备拼死一战。战鼓已经敲响，马虎的铁匠来不及将马掌钉牢，匆忙中就把战马交给了国王。两军交锋，查理国王勇猛无比，冲锋陷阵，激励士兵迎战敌人。可是战斗还没有过半，一只马掌掉了，战马跌倒了，查理国王也被推翻在地，惊恐的战马逃走了，敌军俘获了查理。

少了一个铁钉，丢了一只马掌；少了一只马掌，丢了一匹战马；少了一匹战马，败了场战役；败了一场战役，丢了一个国家。正是由于铁匠没有养成每次战斗前检查马掌的习惯，才会导致这一系列的后果。

二、良好习惯的具体表现

1. 科学的生活习惯

（1）合理的三餐

俗话说，"早餐吃好，午餐吃饱，晚餐吃少"，不吃早餐会造成人体血糖低下，对大脑的营养供应不足。

（2）充足的睡眠

充足的睡眠不仅能保持大脑皮层细胞免于衰竭，使消耗的能量得到补充，大脑皮层的兴奋和抑制过程达到新的平衡，而且有增进记忆力的作用。

（3）饮水充足

水是人体的最主要的组成部分。研究发现，饮水不足是大脑衰老加快的一个重要原因。每天要饮用足够的水，以保证身体的需要。

（4）不要带病用脑

在身体欠佳或患各种急性病的时候，就应该休息。这时如仍坚持学习用脑，不仅效率低下，而且容易造成大脑损伤。

2. 良好的学习习惯

"万般皆下品，唯有读书高"的年代已经过去了，但是养成读书的好习惯永远不会过时。良好的学习习惯可以概括为六个字：善思、善问、勤记。俗话说："人有两个宝，双手和大脑。双手会劳动，大脑会思考。"话语不多，道理却不浅。有的同学成绩之所以优秀，不是因为他们智力比别人高，也不是因为记忆力比别人强，而是因为他们善于不断思考。除了养成善于思考的好习惯之外，还应该养成善于提问的好习惯。所谓善问，就是打破砂锅问到底的执着精神。最后一点便是勤记。俗话说，"好脑袋不如烂笔头""最淡的墨水也胜过最强的记忆"，把平日所听、所想、所学随手记录下来，便是一笔宝贵的财富。

哈利·杜鲁门是美国历史上著名的总统。他没有读过大学，曾经营过农场，后来经营一间布店，经历过多次失败，当他担任政府职务时已年过五旬。他有一个好习惯，就是不断地阅读。多年的阅读，使杜鲁门的知识非常渊博。他一卷一卷地读了《大不列颠百科全书》以及所有查理斯·狄更斯和维克多·雨果的小说。此外，他还读过威廉·莎士比亚的所有戏剧和十四行诗等。杜鲁门的广泛阅读的习惯和由此获得的丰富的知识，使他能带领美国顺利度过第二次世界大战的最后时期，并使这个国家很快进入战后繁荣状态。

3．文明的言行习惯

俄国伟大文学家、哲学家赫尔岑曾经说过，"生活中最重要的是礼仪，它比最高智慧、比一切学识都重要"。礼仪是一个人乃至一个民族、一个国家文化修养和道德修养的外在表现，是做人的基本要求。

著名科学家法拉第的晚年，国家准备授予他爵位，以表彰他在物理、化学方面的杰出贡献，但被他拒绝了。法拉第退休之后，仍然常去实验室做一些杂事。一天，一位年轻人来实验室做实验。他对正在扫地的法拉第说道："干这活，他们给你的钱一定不少吧？"法拉第笑笑，说道："再多一点，我也用得着呀。""那你叫什么名字，老头？""迈克尔·法拉第。"年轻人惊呼起来："哦，天哪！您就是伟大的法拉第先生！""不，"法拉第纠正说，"我是平凡的法拉第"。

谦虚不仅是一种美德，也是一种人生的智慧。要培养正确的言行习惯，就要以尊重他人为起点。一声"您好""对不起"是美丽心灵的表现。良好的言行习惯就体现在我们待人接物的各种场合之中。一个人在公交车上给老人让座，显示出这个人道德的高尚；常常微笑地面对别人，给别人阳光般笑容的习惯，显示出这个人友爱的心灵。一个人的道德素质总是体现于细节中，而良好的习惯是这些道德素质的基础。

4．克服陋习从自我做起

在职业活动中，坏习惯会让同事疏远你，影响你的人际关系，更会影响你的事业成就。一个微小的不良行为习惯可能会给你留下巨大的痛苦和遗憾。你有下列这些恶习吗？若有，就把它改掉。

①经常迟到。迟到容易造成领导和同事的反感。它传达出的信息是：你是一个只考虑自己、缺乏合作精神的人。

②拖延。虽然你最终完成了工作，但拖后腿使你显得不胜任。社会心理学专家说：很多爱拖延的人都很害怕冒险和出错，对失败的恐惧使他们无从下手。

③怨天尤人。这几乎是失败者共同的标签。一个想要成功的人在遇到挫折时，应该冷静地对待自己所面临的问题，分析失败的原因，进而找到解决问题的突破口。

④一味取悦他人。一个正直的人肯定不是"好好先生"。"好好先生"虽然暂时取悦了少数人，却会失去大多数人的支持。

⑤传播流言。每个人都可能会被别人评论，也会去评论别人，但如果津津乐道的是关于某人的流言蜚语，这种议论最好停止。流言止于智者。

⑥对他人求全责备、尖酸刻薄。每个人在工作中都可能有失误。当别人在工作中出现问题时，应该协助去解决，而不应该一味求全责备。

⑦出尔反尔。已经确定下来的事情，却经常做变更，就会让别人对你无所适从。这样的人，难以担当重任。

⑧傲慢无礼。傲慢无礼并不能显得你高人一头，相反会引起别人的反感，因为任何人都不会容忍别人瞧不起自己。傲慢无礼的人难以交到好朋友。年轻时养成这种习惯的人，

很难取得成功。

⑨随大流。人们可以随大流，但不可以无主见。如果你习惯性地随大流，那你就有可能形成思维定式，没有自己的主见，或者即便有，也不敢表达自己的主见，而没有主见的人是不会成功的。

英国前首相劳合·乔治有一个习惯——随手关上身后的门。朋友在院子里散步，他们每经过一扇门，乔治总是随手把门关上。"你有必要把这些门关上吗?"朋友很是纳闷。"哦，当然有这个必要。"乔治微笑着说"我这一生都在关我身后的门。你知道，这是必须做的事。当你关门时，也将过去的一切都留在后面，不管是美好的成就，还是让人懊恼的失误。然后，你又可以重新开始。"朋友听后，陷入了沉思。乔治正是凭着这种精神一步一步走向了成功。

"我这一生都在关我身后的门"，多么巧妙的比喻!我们也要把坏习惯关在门后。

第五节　职场中高尚人格的塑造

一、自律是人格魅力的塑造师

要塑造一个比较完美的人格，自律是万万不可忽视的。那么应该从哪些方面调整自我呢?

首先，应该端正自己的仪容仪表，构建尽可能恰当的外在形象。人的仪容仪表虽不能直接反映一个人的人品，但可以体现一个人的品位。

其次，培养内在的品质修养。千万不要认为内在的修养别人看不出来。其实对人的精神面貌来讲，内在是根本，而外表则往往只是一个载体而已。一个人如果光有一个很好的外表，而不注意内在品质的提升，其外表就会变成无本之木，有无律己力正是人成熟与否的重要标志。

北京有一家知名企业招员工，对学历、外语、身高、相貌的要求都很高，但薪酬也挺高，所以有很多高素质人才来应聘。经过多轮筛选，最后只剩下三个人。到了最后一关总经理面试。这几个人想，单位要招三个人，现在就剩下他们三人了，这职位肯定是他们几个人的了。第一道面试题刚出来，总经理的手机响了，于是总经理说："很抱歉，年轻人，我有点急事，要出去10分钟，你们能不能等我?"年轻人说："没问题，您去吧，我们等您。"总经理走后，年轻人一个个踌躇满志，得意非凡，围着总经理的大写字台看，只见上面有很多文件。于是年轻人就翻翻这个文件，翻翻那个文件，看完了还交换："哎哟，你看看这个，这个是什么?"

10分钟后，总经理回来了，说："面试已经结束。""没有啊!我们还在等您啊。"总经理说："我不在的这一段时间，你们的表现就是面试。很遗憾，你们没有一个人被录取，因为本公司从来不录取那些乱翻别人东西的人。"

我们可以推断这几个年轻人后来肯定后悔莫及。如果在任何时候都能够规范自己的言行，注意细节，那结果肯定不一样了。

莫洛是美国纽约最著名的摩根银行的董事长兼总经理。他最初不过在一个小法庭做书记员，后来他的事业得以有如此惊人的发展，究竟靠的是什么法宝做后盾呢？莫洛一生中最重大的一件事就是他博得了大财团摩根的青睐，从而成就事业，成为全国瞩目的商业巨子。据说摩根之所以挑选莫洛担任这一要职，不仅是因为他在经济界享有盛誉，而且更多的是因为他的人格非常高尚。

有些人生来就有与人交往的天性，他们的言谈举止都很自然得体，毫不费力便能获得他人的注意和喜爱。可有些人没有这种天赋，他们必须加以努力，才能获得他人的注意和喜爱。但无论是哪一种人，他们想要的结果，无非都是获得他人的善意。而获得善意的种种途径和方法便是严格要求自己，约束自己的言行，形成良好的人格。

人格的形成与发展受生物遗传因素、社会文化因素、家庭环境因素，甚至自然物理因素等诸多因素的影响，并具有较强的稳定性。我们通常所说的人格魅力，其特征主要表现在如下几个方面：

第一，在对待现实的态度或处理社会关系上，表现为：对他人和对集体真诚热情、友善、富于同情心，乐于助人和交往，关心和积极参加集体活动；对自己严格要求，有进取精神，自励而不自大，自谦而不自卑；对学习、工作和事业勤奋认真。

第二，在理智上，表现为感知敏锐，具有丰富的想象力，在思维上有较强的逻辑性，尤其是富有创新意识和创造能力。

第三，在情绪上，表现为善于控制和支配自己的情绪，有乐观开朗、振奋豁达的心境，情绪稳定而平衡，与人相处时能给人带来欢乐，令人精神舒畅。

奥运会体操男子单杠决赛正在进行。俄罗斯28岁的老将涅莫夫几乎完美地完成了比赛，他精彩的表演征服了现场的观众，更赢得了全场的掌声与喝彩。很快，涅莫夫的单杠决赛成绩显示在现场电子大屏幕上。然而，出乎所有人意料的是，涅莫夫的最后成绩只有9.725分，仅仅排在第三位。由于对裁判的判决感到意外和极度不满，全场观众都站立起来，举手挥旗表示不满，并持续发出嘘声。本来应该上场的美国选手保罗 哈姆虽然已经准备就绪，却只能双手沾满镁粉站立在原地。由于全场不断爆发出嘘声，比赛始终无法继续进行。此时，感动万分的涅莫夫转过身面对现场观众，并挥手以示感谢，随后他伸出双手，示意现场观众保持冷静，给保罗 哈姆一个安静的比赛环境。虽然在奥运会决赛上遭遇了裁判的不公对待，但这么多现场的观众以一种如此特别的方式支持着他，让这位老将感到非常欣慰。值得称赞的是，涅莫夫也用自己的人格魅力征服了所有的人。

第四，在意志上，表现超级目标明确、行为自觉、善于自制、勇敢果断、坚韧不拔、积极主动等一系列积极品质。具有上述这些良好性格特征的人，往往是在群体中受欢迎和受倾慕的人，或称为"人缘型"的人。

二、把握好自己的主体能力

人格标识出的是人本身的价值，或称为人的内在价值，因而也是与人的主体能力联系在一起的。

一般而言，人的基本主体能力是理性能力、意志能力和情感能力。与人的这三种主体能力相对应的有三种具体的价值——真、善、美。

理性是追求真的能力，意志是追求善的能力，而情感是追求美的能力。我们追求知识的欲望就是求"真"，遵循道德规范并自律就是求"善"，用情感去体验美好的人生就是求"美"。

可以说，科学技术集中体现着人们追求"真"的成果，伦理道德集中体现着人们追求"善"的成果，文学艺术集中体现着人们追求"美"的成果。这些实践构成了人类社会的主流。

人是社会人，理想也必然与社会生活相适应，并受社会价值观的制约。从社会生活的基本需要和人格的塑造过程来看，人格的完善、理想的树立应该而且必须追求真、善、美的标准，否则，就将失去社会意义。

人既要有一片理想主义的天空，可以在其中自由翱翔，而不妥协于现实世界中的很多障碍；又要有脚踏实地的能力，能够在这个大地上进行行为的拓展。只有理想而没有土地的人，是梦想主义者，不是理想主义者；只有土地而没有天空的人，是务实主义者，不是人格也好，理想也好，关键还是在于实践。就是要少说空话，多做实在的事情，也就是"敏于事而慎于言"。年轻人喜欢憧憬未来，是一种优势。但不少人往往希望从一开始就引人注目，于是不断炫耀自己的本事、才能。即使别人相信了你，形成心理定式之后，如果你工作稍有差错或失误，也很容易被人视为浅薄而瞧不起。

如果有人交给你一项任务后，你说"没问题，小事一桩！"，那这几乎和说"我不会一样糟糕，甚至更糟糕。你应当说："让我试试，我一定尽力。"这样，在完成任务后，你得到的评价会大不相同。当然，话说回来，表现突出而过分谦逊，也不是正确的心态。当你确实在工作中或业有突破，对单位的贡献得到大家的公认时，宣传一下自己，更好地推介自己，也有已的发展。

18岁的小A，性格外向，说话滔滔不绝，有时令人厌烦。她自我感觉良好，自认为美若天仙，总是对别人的长相说东道西。只要一开口，就是一种吹嘘的口吻，如"我的朋友是大学教授""某某机关的领导是我的亲戚""某某领导如何器重我"。久而久之，无论她说什么，别人都会打个问号，甚至对她马上要结婚的消息人们也将信将疑，经再三证实后才相信。俗话说，"牛皮不是吹的，火车不是推的"，人们在社会上的地位如何，本领怎样，归根结底要靠真实的东西。吹牛的人不但会令人讨厌，而且"假作真时真亦假"，连你的真话也会无人相信。

小B的情况则和小A的相反。他的父母都是中学教师，自小对他进行了比较严格的教育。但他就是太谦虚，无论做什么事情，明明有能力去做，也要说"我不行"，结果失去了许多很好的机会。每次小组评比，总有人提出小B人老实，又肯干，但每次他都说"我不行"。

结果，人人都说他是好人，而他则失去了许多原本应该由他得到的东西。在现代社会的激烈竞争中，他显得非常不适应。

小 A 和小 B 这两种情况，现实中经常可以看到。在工作中，如何适当地彰显自己，是需要我们加以历练的。

三、做正直的人，不拿原则做交易

亚里士多德说："吾爱吾师，吾更爱真理。"在真理面前，人人平等。要坚持真理，对正义的事情"当仁不让"。比如，大家要选举你当人民代表、职工代表，为大家服务，为民众奔走时，你有什么可谦让的呢？或者你确实工作出色，能力超群，领导培养你去担当组长、主任、经理时，更不应该推辞。由此，你可以承担更大的社会责任，做出更多的贡献，有什么不好呢？

可能有人会认为，要担任一定的职务作为自己事业发展的阶梯，没有领导的赏识是很难的。实际上，在具备充分的条件，特别是能力很强的情况下，绝不能把希望寄托在能有伯乐来提携自己上，不能整天空守着自己的一腔抱负等待领导的"垂青"。要想怀才而遇，就应该适时、适当地表现自己。"只问耕耘，不问收获"在今天有些行不通了。不少人的确才华出众、踏实肯干，但领导者们根本看不到他们的能力，原因就在于这些人极不善于表现自己。

当然，做人必须有人格，不能拿原则做交易。媚俗的社会现象古今皆有。媚俗的习气，是人生事业道路上的一大障碍，会使人飘飘然，渐渐丧失进取心。

第八章　大学生创新创业教育概述

创新和创业密不可分，人们的创业活动离不开创新，创新是社会进步的灵魂；创业是创新的表现形式和载体，是推动经济社会发展、改善民生的重要途径。创新创业教育是当今高等教育现代化的发展方向，通过创新创业教育可以推动教育的革新，明确大学生创业意向，助推专业知识转化成创业成果，促进大学生的全面发展和社会进步。

第一节　创新与创新精神

一、创新的科学内涵

创新是人类为了满足自身需要，以新思维、新发明和新描述为特征，不断拓展对客观世界的认识能力和实践能力的活动，是人类主观能动性的高级表现形式。在西方，英语中 innovation（创新）这个词起源于拉丁语，它原意有三层含义：第一层含义是更新，就是对原有的东西进行替换；第二层含义是创造新的东西，就是创造出原来没有的东西；第三层含义是改变，就是对原有的东西进行发展和改造。在汉语中，创新一词也出现得很早，有"革弊创新""创新改旧"等说法。《现代汉语词典》中对创新的解释是：抛开旧的，创造新的；创造性；新意等。

美籍奥地利经济学家熊彼特较早地给创新以系统定义。1912 年，熊彼特在其著作《经济发展理论》中提出创新理论。他指出，创新是指企业家对生产要素"进行新的组合"，从而获得超额利润的过程。这种新的组合包含了五种情况：一是引入一种新产品或提供一种新的产品质量；二是采用一种新的方法；三是开辟一个新的市场；四是获得一种原料或半成品的新的供给来源；五是实行一种新的企业组织形式。在熊彼特创新概念的基础上，人们进一步提出技术创新、产品创新、过程创新、制度创新体制创新等一系列概念，并将微观领域的创新活动上升到国家宏观层面，提出国家创新体系等概念。

虽然学术界对"创新"尚未有统一定义，但是从一般的意义上来看，我们认为，创新是指打破已有的思维模式或常规的思路和见解，利用有限的资源在特定的环境下改进或创造新的事物，探索新的方法和路径，并取得一定效果的行为和过程。具体来讲，可从以下几方面进行理解。

（1）创新是获取收益中的一个阶段。在这个阶段，需要突破常规，打破传统，产生新设想和新概念，并将其发展到实际应用的阶段。

（2）创新是创造和引进某种有用新事物的过程。在这个过程中，从发现潜在的需求开始，运用知识或相关信息进行创造，并经历事物的可行性检验，直至新事物的广泛应用为止

（3）创新具有解决问题的作用。创新可以在解决经济问题、社会问题和技术问题等范围内发挥广泛的作用，它是每个人都可以参与的事业。

（4）创新以取得的成果和成效为评价尺度。任何创新活动的目的都是为了取得一定的成果并推广应用，根据成果和成效可以分为小级别创新、突破性创新和里程碑式创新。

二、创新的特点和类型

（一）创新的特点

从创新的定义和含义可以看出，创新是对于重复、简单的劳动方式的否定，是对原有事物进行根本性变革或综合性改造，它具有以下几方面的特点。

1. 目标性

创新的目标就是通过创新活动，在一定时期内预期所要达到的结果。不同的创新活动具有不同的目标，企业创新活动的目标是提高核心竞争力，从而赢得市场。

2. 变革性

创新是对原有事物的改革和革新，是一种深刻的变革。只要变革的方向正确，目标明确，就可以打破已有限制，获得更大的生存空间。

3. 新颖性

创新的新颖性是指创造者对现有的不合理事物进行扬弃，革除过时的内容，创造出前所未有的东西。

4. 前瞻性

由于创新就是相对于他人的首创行为，因此创新往往超前于社会认识，能把握到未来事物的发展方向。

5. 价值性

价值性不是单纯提高产品的技术竞争力，而是通过为顾客创造更多的价值来争取顾客，赢得企业的成功，由此开辟一个全新的、非竞争性的市场空间

（二）创新的类型

1. 产品创新

产品创新就是研究开发和生产出更好的、用以满足顾客需求的产品，使其性能更好，外观更美，使用更便捷、更安全，总费用更低，更符合环境保护的要求。因为产品是满足社会需要、参与竞争、直接体现企业价值的东西，因而这是企业创新的主要任务。产品创新可在三个层面上实现：开发出具有新功能的产品，例如 3D 打印产品；产品结构方面的改进；外观方面的改进。

2. 技术创新

技术创新是指采用新的生产方法或新的原料生产产品，以达到保证质量、降低成本、保护环境或使生产过程更加安全和省力。技术创新可在四个层面上实现。

（1）工艺路线的革新，这是生产方式思路的改变。例如，用精密铸造、精密锻造末冶金代替金属切削生产复杂的机械零件，可大大缩短生产周期，降低成本。

（2）材料替代和重组。例如，前几年，美国农产品过剩，农场主负债累累，政府补贴农业财政负担沉重。堪萨斯、卡罗来纳等农业州的农民与大学合作，从环保角度出发，以农产品做原料生产工业产品，比如用玉米生产一次性水杯、餐具和包装盒；从玉米中提取燃烧用的乙醇；从大豆中提取润滑油替代石油产品等，受到市场欢迎，政府决定给予减税和强制推行等政策支持。

（3）工艺装备的革新。例如，用电脑绣花机代替手工绣花；用数控机床代替手动操作机床等。

（4）操作方法的革新。用更省力、更高效的操作方法代替过去的一些传统的、不适应现代技术进步的操作方法。

3. 制度创新

制度创新是从社会经济角度来分析企业系统中各成员间正式关系的调整和变革。制度是组织运行方式的原则规定。企业制度主要包括产权制度、经营制度和管理制度等三方面的内容。

4. 其他方面的创新

其他方面的创新包括商业模式创新、结构创新、环境创新、市场创新等。

三、创新的原则和阶段

（一）创新的原则

1. 科学性原则

创新必须遵循科学技术原理，不得有违科学发展规律。因为任何违背科学技术原理的创新都是不能获得成功的。

2．市场性原则

创新设想要获得最后的成果，必须经受走向市场的严峻考验。爱迪生曾说："我不打算发明任何卖不出去的东西，因为不能卖出去的东西都没有达到成功的顶点，能销售出去就证明了它的实用性，而实用性就是成功。"创新设想经受市场考验，实现商品化、市场化要按市场评价的原则来分析。其评价通常是从市场寿命观、市场定位观、市场特色观、市场容量观、市场价格观和市场风险观等方面入手，考察创新对象的商品化和市场化的发展前景。而最基本的要点则是考察该创新的使用价值是否大于它的销售价格，也就是要看它的性能是否优良、价格是否合适。

3．择优性原则

创新产物不可能是十全十美的。在创新过程中利用创造原理和方法从而获得许多创新设想，它们各有千秋，这时就需要人们按相对较优的原则，从创新技术先进性、创新经济合理性、创新整体效果性等方面对设想进行判断选择。

4．简洁性原则

在现有的科学水平和技术条件下，如不限制实现创新方式和手段的复杂性，所付出的代价可能远远超出合理程度，使得创新的设想或结果毫无使用价值。在科技竞争日趋激烈的今天，结构复杂、功能冗余、使用烦琐已成为技术不成熟的标志。因此在创新过程中要始终贯彻机理简单的原则。

（二）创新的阶段

英国心理学家沃勒斯提出了创新的"四阶段理论"。该理论认为创新过程应包括预备期、酝酿期、顿悟期和检验期等阶段。

1．准备期

这是创新过程的基础阶段。这一阶段的特点主要是在积累知识的过程中检查和清理问题，确定创造的方向和目标。在这个阶段，提出问题、搜集资料和提出假设是最为重要的步骤。

（1）提出问题。创新者能明确地提出问题就等于问题已经解决了一半。为了能正确地提出问题，首先必须了解引起问题所依据的重要事实，以及在解决问题时已具备的前提条件，如理论水平和研究积累的科学事实等。

（2）搜集资料。在这一阶段，必须着手挖掘一切行之有效的方法，即尽可能地围绕问题搜集资料、形成概念、储存经验，以便为进行创新活动奠定良好的基础。没有资料，分析问题就缺乏客观的依据，创新就如同失去了根基，便会成为空中楼阁。

（3）提出假设。创新都是以假设为前提的，只有进行可行性的假设，才能从不同的事物中发现共同的东西，从未知的事物中找出已知的东西，从已知的事物中预测未知的东西。有了假设，特别是想象假设，才能发现自然界和社会生活中的新规律，成为新事物的发明者和创新者。

2．酝酿期

这是创新过程的运作阶段。酝酿阶段是对各种材料进行深入细致的分析，进行消化、吸收，并提出问题和解决方案的过程。这一过程是创造性思维过程中最为艰苦的阶段，也是智力和意志活动付出最大努力的阶段。

为了把自己调整到创新的状态上来，创新者必须从熟悉的思考模式以及对某事的固定成见中摆脱出来，打破看问题的习惯方式。为了避免习惯的"智慧"束缚，你可以用以下几种技巧来进行酝酿。

（1）群策攻关法。群策攻关法是艾利克斯·奥斯伯恩于1963年提出的一种方法，它建立在与他人一起工作从而产生独特的思想，并创新地解决问题的基础上。在创新攻关期间，一般是几组人在一起工作，在特定的时间内大家提出了尽可能多的思想，但并不对它们进行判断和评价。因为这样做会抑制思想自由的流动，阻碍人们提出建议。批判的评价可推迟到后一个阶段。

（2）创造"大脑图"。"大脑图"是一个具有多种用途的工具，它既可用来提出观点，也可表示不同观点之间的多种联系。在一张纸的中间写下主要的专题，然后记录所有能够与这个专题有联系的观点，并用线把它们连起来；让大脑自由地运转，跟随它一起去建立联系的活动。通过尽可能快地工作，让其自然地呈现出结构，反映出大脑自然地建立联系和组织信息的方式；在新的信息和不断加深理解的基础上，修改其结构或组织。

（3）做好梦境记录。为了抓住所做的梦，不妨经常在梦醒时分，把所能回忆起来的梦的情景记下来，通过梦境中的内容寻找创新的元素。

3．顿悟期

这是创新过程的收获阶段，常常被称为"直觉的跃进""思想上的光芒"。顿悟是与直觉和灵感具有一定联系的思维现象。进入这一阶段，问题的解决一下子变得豁然开朗，思维范围扩大，以往百思不得其解的难题，瞬间得到破解。必须指出，顿悟和灵感绝不是什么神秘的东西，也不是无法说清的东西。它同前面的准备和酝酿是分不开的。顿悟如果离开人们长时间的实践，离开高度集中化与紧张化的思考，是不能产生的，它是一个人长期实践、长期思考、艰苦劳动的产物。

4．检验期

这是创新过程的反思阶段。只有通过验证，才有可能证实创造成果的价值。豁然开朗阶段之后，创造性思维已经获得了初步的思维成果，提出了一定的假设和解决问题的方案。但是，通过灵感获得的结果也未必合理，所以还要通过严密的逻辑推理，或是实验操作对这一结果的合理性进行检验。在验证过程中，可以发现原有设想的不足和缺点，可以对其进行修正、补充，使其逐步完善。也可能这一假设经受不住考验被全盘否定，但在这一过程中对材料进行了深入细致的分析与思考，为新思路的提出奠定了坚实的基础。

四、创新意识及培养

（一）创新意识

创新意识是指人们根据社会和个体生活发展的需要，引起创造前所未有的事物或观念的动机，并在创造活动中表现出的意向、愿望和设想。它是人类意识活动中的种积极的、富有成果的表现形式，是人们进行创造活动的出发点和内在动力，是创造性思维和创造力的前提。

创新意识包括创造动机、创造兴趣、创造情感和创造意志。创造动机是创造活动的动力因素，它能推动和激励人们发动和维持进行创造性的活动。创造兴趣能促进创造活动的成功，是促使人们积极探求新奇事物的心理倾向。创造情感是引起、推进乃至完成创造的心理因素，只有具有正确的创造情感才能使创造成功。创造意志是在创造中克服困难，冲破阻碍的心理因素，创造意志具有目的性、顽强性和自制性。

（二）大学生创新意识的培养

创新是一个民族进步的灵魂，是一个国家兴旺发达的不竭动力。创新意识和创新思维是创新教育的核心。培养学生的创新能力必须培养学生的创新意识。21世纪是知识经济时代，知识经济的本质就是创新，培养创新意识是对新时代大学生提出的基本要求，也是大学生必备的素质。

1. 破除创新思维枷锁

影响大学生进行创新思维的枷锁大致有如下五种：从众型思维枷锁、权威型思维枷锁、经验型思维枷锁、书本型思维枷锁、自我贬低型思维枷锁。对于大学生来说，思维的枷锁就像一座监狱，只有将守旧观念丢掉，勇于冲破思维藩篱，才能走进创新的世界。

2. 充分激发创新思维潜能

精通所学，兴趣广泛。创新绝不是无本之木、无源之水，唯有打牢知识的基础，创新才有可能。因此，大学生应精通所学课程，并培养广泛的阅读兴趣。

处处留心皆学问。学习绝不仅限于课堂和读书，事实上，学习无处不在。与他人交流是学习，上网是学习，看电视也是学习，其关键在于我们是不是用心。例如，看古装电视剧时我们可以了解一些历史知识，如古人的习俗、衣着、饮食习惯、家具陈设以及计谋等；看现代电视剧可以了解当代年轻人所思所想所为等。

理论与实践相结合。读万卷书，行万里路，唯有理论与实践相结合，理论才有意义。大学生应该活读书、读活书，而不应死读书、读死书。只有精通理论，才可能去改进实践，只有拥有丰富的实践经验，才可能产生新的理论。

打破砂锅问到底。大学生要培养自己的创新意识，应富有怀疑精神，探究各种事物的本源及其实质。

投身社会实践。"实践是检验真理的唯一标准"，要开发大学生的创新意识，培养大学生的创新能力，必须让大学生投身于社会实践中。只有在实践中才能找出想与做的差距，创新理念才能变为现实，创新意识、创新能力才能得到真正的发展。

第二节　创业与创业精神

一、创业的科学内涵

"创业"一词有着较宽泛的解读，"创"，即开始、创造、开创、设立之意；《现代汉语词典》对"业"的解释是指学业、事业、功业、家业、产业、职业、行业等。在英文中"创业"有两种表述方式：一是"venture"，二是"entrepreneusrhip"。莫里斯（Morris，1998）从最流行的创业观点中总结出创业的 7 种本质，从创业的"创造"功能角度来诠释创业，如表 1-1 所示。

表 1-1 创业的本质

序号	本质	内涵
1	创造财富	创业是根据目标做出的风险决定，通过生产产生利润
2	创造企业	创业涉及新交易的建立
3	创造革新	创业包括独特能源的组合，旨在创造新的产品、工序组织形式能源供应和市场
4	创造变化	创业是一系列的改变过程，暗示着为了捕捉不同的有效市场机遇而做出的改变
5	创造就业	创业包含雇佣管理、开发和生产（包含劳动力在内）等要素的发展
6	创造价值	创业为了开发新的机遇以创造价值
7	创造成长	先发制人（积极）地在利润、销售额、资产和雇佣方面促进增长

综合以上对于创业的理解，我们认为，创业是指发现市场商业机会，将拥有的资源进行整合，通过创建企业或企业组织结构创新，将商业机会转化为盈利模式，从而创造出更多财富和价值的过程。创业有广义和狭义之分，广义的创业是指创业者的各项创业实践活动，狭义的创业是指创业者的生产经营活动，主要是开创个体和家庭的小企业。

从以上关于创业的定义可以看出创业有以下几方面的含义。

（1）创业的潜在价值需要通过市场来体现，即市场是实现财富的渠道。

（2）创业的本质在于对商业价值的发掘与利用，即要创造或认识到事物的用途。

（3）创业的目的是创造财富、实现人生价值。创业者进入市场、创建实业，是人生态度和生活方式的巨大转折，是为自己创建一个发挥才华、施展抱负、奉献社会、实现人生价值、报效国家的舞台。

二、创业的特点和类型

（一）创业的特点

1. 创业是主动进行的创造活动

知识经济的不断发展，对人们的素质提出新要求。在此背景下，人们会主动去开拓一种新的生存理念和生存模式，来改变人们原有的生活方式，提高人们的生存能力。

2. 创业是创造价值的过程

创业是对社会资源的重新组合、配置和利用，创造更多新价值、新事物的过程。

3. 创业带有一定的风险

创业环境的不确定性，创业机会与创业企业的复杂性，创业者、创业团队与创业投资者的能力与实力的有限性，都会给创业带来一定的风险，导致创业的失败。

（二）大学生创业的特点

1. 大学生创业具有激情性

刚进入社会的大学生年轻有活力，勇于拼搏，无太重负担，具有较强的社会适应能力；自信心较强，对自己认准的事物会有激情去体验。

2. 大学生创业具有知识性

大学生通过在学校的专业学习，掌握了一定的专业技能及专业知识作为创业的基础。

3. 大学生创业具有创新性

大学生思维活跃，接受新事物较快，创意新、点子多。

4. 大学生创业经验缺乏

大学生意气风发，对创业满怀希望，但难免经验不足，缺乏对市场的了解，对风险和困难的抵抗力较为薄弱。

（三）创业的类型

创业类型的划分有许多方式，比较常见的是按照创业的动机、创业的起点、创业项目类型、创业方向或风险，以及创新内容进行划分。

1. 按创业动机分

创业可分为机会型创业与就业型创业。机会型创业是指创业的出发点并非谋生，而是为了抓住、利用市场机遇。就业型创业是指创业者为了谋生而自觉或被迫地走上创业之路。

2. 按创业起点分

创业可以分为创建新企业和企业内创业。创建新企业是指创业者个人或团队从无到有地创建出全新的企业组织。这个创业过程充满挑战和刺激，个人的想象力、创造力可得到最大限度的发挥，但风险和难度也很大，创业者往往缺乏足够的资源、经验和支持；企业内创业是指在现有企业内的有目的的创新过程。

3．按创业项目类型分

创业可分为传统技能型创业、高新技术型创业和知识服务型创业。传统技能型创业是指使用传统技术、工艺的创业项目；高新技术型创业是指知识密集度高，带有前沿性、研究开发性质的新技术、新产品项目；知识服务型创业是指为人们提供知识、信息的项目。

4．按创业方向或风险分

按创业方向或风险分，创业可分为依附型创业、尾随型创业、独创型创业和对抗型创业。依附型创业是指依附于大企业或产业链而生存，为大企业提供配套服务，或者使用特许经营权；尾随型创业指模仿他人创业，"学着别人做"；独创型创业是指提供的产品或服务能够填补市场空白；对抗型创业是指进入其他企业已形成垄断地位的某个市场，与之对抗较量。

5．按创新内容分

按创新内容分，创业可分为基于产品创新的创业、基于营销模式创新的创业和基于组织管理体系创新的创业。基于产品创新的创业是指基于技术创新或工艺创新等产生了新的消费群体，从而导致创业行为的发生；基于营销模式创新的创业是指采取有别于其他厂商的市场营销模式，因而有可能给消费者带来更高的满足度；基于组织管理体系创新的创业是指采取有别于其他厂商的企业组织管理体系，因而能够更高效地实现产品的商业化和产业化。

三、创业的原则和过程

（一）创业的原则

1．适应性原则

创业初期，不适宜选择不切合实际的大型项目，要选择感兴趣、熟悉的项目进行，至少在做之前已经跟别人学习过，或者做过长时间的调研分析，对项目有一个清晰的认知，尤其是对风险的认知。

2．市场性原则

对于初创者来说，创意很重要。但是，产品的市场和销售往往比创意更重要，往往有很多创业者认为自己发现了一种新的商业模式，但实际操作中会发现行不通。没有销售渠道，再好的创意也没法变现。所以，在创业的初始阶段，相对于好的创意怎样把你的产品或服务卖出去更为重要。

3．资金可控性原则

现金流是一个项目的血液，能够给自己和团队持续发展的激情，无论现金流是来自真实的收入还是投资，都要尽早实现现金流入，避免创业过程中由于现金流中断而带来的亏损问题。同时，要有止损底线，要敢于下决心喊停。

4．实践性原则

创业者一定要对自己的事业有掌控力，但凡能做出一番成绩的创业者，初期一定是亲力亲为的舵手，不仅把握方向，还要渗透到项目细节、客户维系和具体运营之中。马云、马化腾、乔布斯等在创业初期，也都是各自企业的产品经理和业务经理，只是到后来，才慢慢地去主抓大方向和定战略。

5．目标性原则

创业初期，目标一定要简单清晰，要了解目标聚集战略，将资源、资金和人力、精力集中于某一项主业上，避免"系统化""整合"等多元化的发展战略和目标。

（二）创业的过程

创业过程包括从产生创业想法到创建新企业并获取回报的整个过程，通常可分为以下几个主要环节。

1．产生创业动机

创业动机是创业的原动力，它推动创业者去发现和识别市场机会。创业活动的主体是创业者，创业活动首先取决于个人是否希望成为创业者。创业动机不仅是打算创业的一时冲动，更是对创业目标与预期收益的深思熟虑。

2．识别创业机会

识别创业机会是对可能成为创业机会的诸事件的分析和对创业预期结果的判断。创业机会一般分为两种：一种是意外发现的，一种是经过深思熟虑才发现的。国家产业政策的调整、新技术的出现、人口和家庭结构的变化、人们的物质和精神需求的变化、流行时尚等都可能形成创业机会。创业者应该具有敏锐的嗅觉，能够及时、准确地识别创业机会，将知识、经验、技能和其他市场所需的资源进行整合。

3．整合有效资源

资源是创业的基础性条件，整合资源是创业者开发机会的重要手段。强调整合资源，是因为创业者可以直接控制的可用资源往往很少，许多成功的创业者都有白手起家的经历。创业者需要整合的资源包括基本信息（有关市场、环境和法律问题）、人力资源（合作者、最初的雇员）、财务资源等。

4．创建新企业

创建新企业需要进行大量的准备工作，其中创业计划、创业融资和注册登记尤为关键。创意能否变成行动，关键看其能否形成一个周密的创业计划；资金往往成为创业企业的"瓶颈"，创业融资在企业的创建过程中至关重要；当创业者完成创业计划并获得融资之后就可以按照法定程序进行注册登记，包括确定企业的组织形式、设计企业名称、向工商行政管理机关提出企业登记注册申请、领取营业执照等。

5.实现价值

创业者整合资源、创建新企业的目的是实现价值，并通过实现价值来实现创业目标。

6.获得创业回报

创业回报是创业活动的目的，有助于强化创业者对事业的执着。

四、创业精神

（一）创业精神的内涵

哈佛大学商学院对创业精神的定义是："创业精神就是突破现有资源限制而追求商机的精神。"从这个角度来讲，创业精神是突破资源限制，捕捉和利用机会，敢于承受必需的风险，为创造新的某种价值努力发挥创造力，实现创新的一种心理过程。

1.创业精神的灵魂是创新

创业精神蕴含着创新，正如德鲁克所说：创业精神是一个创新过程，在这个过程中，新产品或服务机会被确认、被创造，最后被开发出来产品并创造新的财富。缺乏创新，就不会有新企业的诞生和小企业的成长壮大。

2.创业精神的天性是冒险

没有甘冒风险和勇担风险的勇气，就不能成为创业者。中外无数创业者虽然成长环境、成长背景和创业机缘各不相同，但无一例外都是在条件极不成熟和外部环境极不明晰的情况下，敢为人先，勇于做"第一个吃螃蟹的人"。

3.创业精神的精髓是合作

在当今社会，行业分工越来越细，没有谁能一个人完成创业所需要完成的所有事情。真正的创业者都是善于合作的，而且还能将这种合作精神扩展到企业的每个员工。面临困境时，团队成员能团结一心，"心往一处想，劲往一处使"。

4.创业精神的本色是执着

创业的道路是坎坷的，选择了创业就是选择了面对更多困难、迎接更多挑战，而创业精神就体现在战胜困难与挑战的过程中。因此，创业者必须坚持不懈，只有知难而进在战胜困难中学会成长，才能抓住真正的成功机会。

（二）大学生创业精神的培养

1.树立"广谱式"创业精神培育观

2015年5月，国务院颁布实施《关于深化高等学校创新创业教育改革的实施意见》（以下简称《意见》，明确指出创新创业教育"面向全体、分类施教、结合专业、强化实践"的基本原则，并明确了"普及创新创业教育"的总体目标。因此，要从学生做起广泛而持久地开展创新创业教育。

2．培养全面发展的能力

第一，要培养自己的创新思维能力，善于在已有经验的基础上，发现新事物、创造新办法，从而解决新问题。第二，大学生要勇敢面对挫折，具有坚定的创业意志品质。第三，大学生要培养吃苦耐劳的精神。吃苦耐劳的精神是指一个人面对困难并克服困难的过程中，磨炼出的一种比较坚定的、持续的意志品质和顽强的精神。大学生在平时生活中，必须抵制奢侈浪费、见利忘义、拜金主义、过度追求物质享受等不良社会思潮的渗透与蔓延，消除其带来的不利影响。第四，大学生要培养危机意识。当今市场竞争越来越激烈，如果缺乏危机意识，离成功的机会也越来越远。大学生可以通过创业竞赛、创业实践来培养自己的危机意识。第五，大学生要不断充实创业知识。创业精神为创业提供精神、思想上的支持，而创业知识则是创业的能力、素质基础，因此大学生要认真学习创业知识，比如金融知识、法律知识、管理学知识，努力做好创业准备，以便在实践中能从容应对挑战。

3．课外活动中培育创业精神

课外活动又被称为"第二课堂"，是大学生创业精神培育的重要载体。课外活动中的专业社团活动、挑战赛活动、创新创业工作坊活动等，均对大学生创业精神培育起着润物无声的作用。对于大学生来说，一方面，要积极参加社会实践活动。社会实践活动对大学生来说主要包括到企业实习和利用寒暑假、周末做兼职等形式的活动。通过以上创业实践，丰富自己的社会阅历，以便于发现商机。另一方面，积极参加学校组织的各项各类第二课堂活动。积极利用大学生创业园等学校提供的创业实践平台，通过创业亲身实践，体会创业艰辛，以此来提高自己的抗压能力，磨炼自己的意志品质。

第三节　创新与创业的关系

创新与创业是两个不同的概念，有着一定的区别，但是两个概念之间却存在着本质上的契合、内涵上的相互包容和实践上的互动发展。

一、创新与创业的区别

（一）内涵不同

从定义上来看，创业是创造新的商业，而创新是在市场中应用一种发明；创业可能涉及创新，或者也并不涉及，创新可能涉及创业，或者也并不涉及。创新泛指"创新成果被商业化的价值实现过程"，而创业则特指"创建企业的过程"。前者完全可以在已有的企业组织框架内实现，不一定涉及企业组织制度的建设；而后者则必然要涉及企业组织制度的建设。

从内涵上来讲，创新主要是从经济与技术相结合的角度探讨技术创新在经济发展过程中的作用；创业是一个新的非生命市场参与者的创造过程（新商业的诞生）。创业强调的是，如"企业从何而来""人们为什么创建新的商业""商业是如何被创造的"等；而创新是对生产函数包括生产力、科学技术、生产资料、生产工具及劳动力和生产关系的建立等。

（二）研究侧重点不同

创新作为创业的手段，是独有的东西，它是思想的表达以及过程，就是为社会增添新的东西，偏重于理论的分析。创业偏重于实践的过程，即个体建立一份自己的事业，追求自己想要的成功。

二、创新与创业的联系

（一）主体的一致性

首先，实施主体是一致的。创业者在进行创业时，重要的创业资本是核心技术、创业知识、运作资金、创业团队、创新能力等，其中创新能力是最重要的。创业者在创业过程中需要具备创新意识和创新精神，需要独特和新颖的创新思维，产生出富有创意的独特想法，寻求解决问题的新的思路和方法，不断克服企业发展中的瓶颈和难题，最终才能够取得创业的成功。其次，价值主体是一致的，创新的价值在于创业，创业蕴含着价值创新。创新的价值就在于将潜在的知识、技术和商机转化为产品与服务，能够创造财富，实现企业再创业，通过将创新成果进行商品化和产业化，实现社会财富的增值；每一个创业能够取得成功，必然内在地存在着价值创新。创业是一种能够自我发展达到不断创新的过程，创新其实就是我们常说的"企业家精神"的本质。

（二）时序的一致性

从创新的时效性看，企业创新特别是在科技成果推向市场的过程中一般总是从产品创新、技术创新开始的。因为一种新的市场需求总是表现为产品需求，因而在创新初期企业的创新活动主要是产品创新。一旦产品被市场接受，随之而来，企业将把注意力集中在过程创新上，其目的就是降低生产成本，改进生产工艺，提高生产率。当产品创新和过程创新进行到一定程度时，企业的创新注意力会逐渐转移到市场营销创新上，目的是提高产品的市场占有率。在这些创新重点的不同时序上，还会伴随着必要的管理创新和组织创新。可见，利用科技成果进行创业在时序上是一个连续的过程。

案例

故乡的呼唤——清华大学研究生薛瑞海回乡创业纪实

在山东省胶州市，南三里河村党支部书记薛瑞海是个"名人"。他出名，不仅仅是因为他有着赴法国留学的背景，有着山东工业大学专科和清华大学工商管理研究生毕业的"光环"；更主要的是，他在2003年5月10日毅然返乡，甘当一名"不拿一分钱工资"的村支部书记。上任后，薛瑞海花了一个多月的时间，挨家挨户走访村民，了解村民的想法，摸清村庄情况。他组织人员开始跑青岛、进北京四处搜集材料，经研究发现，有着1000

多年栽培历史的胶州大白菜，原产地就是南三里河村。这种白菜具有质柔嫩、味甘甜、汁白如乳、营养丰富、纤维细、叶帮白、产量高等特点。基于以上调研，在村民大会上，薛瑞海向乡亲们讲起了胶州大白菜历史上的辉煌，讲起了"复活"胶州大白菜蕴涵的巨大商机，决定先建一个 5 亩（1 亩约等于 667 平方米）地的胶州大白菜示范基地，并为此成立了村集体所拥有的专业公司进行运作。

为了找回胶州大白菜的特色，使种出来的大白菜符合绿色无公害有机食品的生产标准，南三里河村聘请了农业技术人员对大白菜基地进行长期现场指导。薛瑞海把在大学学到的企业经营管理模式运用到了白菜基地管理上，在培育、生产上严格按照绿色无公害生产规程执行；并注册了"三里河"大白菜商标；在包装上进行规范化，销售上实行"坐地销售"，杜绝了销售中的假冒行为。当年，其他品种的大白菜价格降至每斤几分钱，而南三里河村大白菜基地的白菜却卖出了 30 元两棵的高价。如今，胶州大白菜及其深加工产品正销往世界各地，其品牌价值已达 13.65 亿元。

创业者和创业团队是创业的主体和实现者，是创业的基础和核心要素。本章主要介绍创业者应该具备的素质和能力、创业动机，创业团队的作用、组建及其管理。

第四节 创业者

一、创业者

（一）对创业者的理解

1755 年，法国经济学家坎蒂隆（Cantillon）首次将创业者第一次引入经济学。1800 年，法国经济学家萨伊（Say）首次给出了创业者的定义，他将创业者描述为将经济资源从生产率较低的区域转移到生产率较高区域的人，并认为创业者是经济活动过程中的代理人。美籍奥地利经济学家熊彼特（1934）则认为创业者应为创新者，具有发现和引入新的、更好的、能赚钱的产品、服务和过程的能力。"现代管理学之父"创业教育创始人之一的彼得·德鲁克认为创业者就是赋予资源以产生财富的能力的人，他还指出："创业不是魔法，也不神秘。它与基因没有任何关系。创业是一种训练，就像是一种训练，就像任何一种训练一样，人们可以通过学习掌握它。"创业教育专家布罗克豪斯指出："称一个人为创业者，就如同教一个人成为艺术家一样。我们不能使他成就为另一个凡·高，但是我们却可以教给他色彩、构图等成为艺术家必备的技能。同样，我们不能使他成为另一个布朗森，但是成为一个成功的创业者所必需的技能、创造力等却能通过创业教育而得到提升。"可见，一个人通过适当学习和实践经验的积累，在具备了一些独特的创业技能和素质后完全可能成功创业。

香港创业学院院长张世平的最新定义的创业者（Entrepreneur）是一种主导劳动方式的

领导人，是一种无中生有的创业现象，是一种需要具有使命、荣誉、责任能力的人，是一种组织、运用服务、技术、器物作业的人，是一种具有思考、推理、判断的人，是种能使人追随并在追随的过程中获得利益的人，是一种具有完全权利能力和行为能力的人。国内学者林强、姜彦福、张健等将创业者的定义分为狭义和广义两种。狭义的创业者是指参与创业活动的核心人员；广义的创业者是指参与创业活动的全部人员。

综上，创业者是指开拓性地将商业机会转变为经济实体，并扮演经济实体中组织、管理、控制、协调等关键角色的个人。

（二）创业者的类型

创业是复杂的社会活动和职业行为，从不同角度去划分可分为不同的类型，最常见的是按照创业者创业目标不同，将创业者分为以下3类：

1. 谋生型

谋生型创业者大多是迫于生活压力或者为了改善自己的生存条件而不得已选择的创业。他们属于被动创业者，创业的动机只是为了谋生，以获得必要的生活来源。甚至部分创业者并没有创业的概念，只是在谋生的过程中出于对生存的渴望与责任，通过勤俭节约，积累知识、人脉、财富，进而走向创业。我国大部分创业者都是属于谋生型创业者，如个体户大多属于谋生型创业者。谋生型创业者大多是在现有市场中捕捉机会，创业范围多局限于商业贸易领域，他们绝大部分起步资金较少，难以做大做强。当然也有部分谋生型企业在历史的浪潮中，走向了持久的创业之路，把企业发展壮大。

谋生型企业在创业初期不需要太多的管理，很多事情都是创业者亲力亲为。但到了企业发展平稳有了一定规模后就要注重不断完善企业的管理和制度，不能不思进取、故步自封。

2. 投资型

投资型创业者是已经有了一定的经济基础和实力的基础上进行的创业。他们依靠自身拥有的雄厚资金或资源实力，凭借自己独到的洞察和判断投资项目，目的主要是为了获取更大的经济回报。

3. 事业型

事业型创业者把实现自己的人生理想作为创业目标，把创业作为自己毕生的事业。此类创业者对追求机遇和进行创新冒险有主观的偏好，他们不甘于平稳与安逸，希望通过创业来实现自我价值并得到社会的认可。事业型创业者往往有了一定的经济基础，经历了市场和社会的磨炼，更加明确自己的人生追求，善于分析和发现新的市场机会开拓事业。

谋生型创业者、投资型创业者和事业型创业者的划分并非泾渭分明。谋生型创业者在取得早期的成功后，也可转向投资型或事业型创业寻求更大的发展。

案例

美国心理学家约翰·麦纳（John e. Miner）对100位事业有成的创业者经过长达7

年的跟踪调研，发现这些创业者存在共同的人格特质。约翰·麦纳根据特质的不同，将创业者分为 4 种类型：成就上瘾型、推销高手型、超级主管型和创意无限型。

（1）成就上瘾型创业者。这类创业者的人格特质主要表现：必须拥有成就；渴望回馈；喜欢拟定计划和设计目标；具有强烈的进取心；对组织忠诚；相信以一己之力可以改变生活；相信工作上应该由自己制定目标，不能受制于他人；对认定的事业表现出执着而不放弃的决心，坚持到底，不达目的不死心，是目标非常确定的上瘾者。

（2）推销高手型创业者。这类创业者的人格特质主要表现：善于观察和体恤他人的感受；喜欢帮助他人；相信社会互动很重要；需要与他人发展良好的关系；有良好的交际能力；有强烈的合作意识，相信销售对执行公司经营战略十分重要。

（3）超级主管型创业者。这类创业者的人格特质主要表现：很讲信用、很负责任，他们的能力、力量来自贯彻目标的决心，期望成为企业中的领导人物；具有决断力；对集体持肯定态度；喜欢与他人竞争；期望享有权利；渴望能够出人头地。

（4）创意无限型创业者。这类创业者的人格特质主要表现：热爱创新，富有创意；相信新产品的研发对企业经营战略的执行十分重要；聪明过人；希望避免风险。有创意有主张，绝对与众不同，鹤立鸡群，有着强烈的冒险性及好奇心。

二、创业者素质和能力

创业是一项非常富有实践性、专业性的复杂活动，它对创业者的素质和能力有极高的要求。我们必须承认的事实是：并非所有人都适合创业。资料显示我国民营企业的平均寿命不超过 3 年，能够存活 10 年以上的企业只占 1%；即使在号称创业天堂的美国硅谷，创业成功率也不超过 10%。经验表明，创业成功的概率大小与创业者的综合素养成正比，创业者的素养往往决定着创业的方向、路径、过程，效率与结果。总的来说创业者需要具备以下素质和能力。

（一）创业者素质

素质是指事物本来的性质，是人与生俱来的以及通过后天培养、塑造、锻炼而获得的身体上和人格上的特点。人的素质是以人的先天禀赋为基质，在后天环境和教育影响下形成并发展起来的、内在的、相对稳定的身心组织结构及其质量水平。创业者的素质主要包括身体素质、心理素质和文化素质。

1. 身体素质

创业是一项繁重而复杂的工作，创业者对健康风险要有充分的准备。良好的身体是革命的本钱，选择创业就选择了艰辛之路，一般创业者都要经受超过常人的工作负荷和心理负担，经营企业如履薄冰，身体素质的好坏就决定了企业能够走多远。我们经常听到一些企业家年龄不大就突然去世，也经常听到一些高科技行业的精英英年早逝，这都是沉重的代价。一个良好的身体是应对创业过程中的繁忙工作的基础，面对长时间的高压力工作，如果创业者的身体不健康，必然导致力不从心，难以承担创业的重任。因此，创业者应以乐观的心态保持身体的健康，加强锻炼，力争做到身体健康、体力充沛、精力旺盛、思路敏捷，为创业打下坚实的基础。

国内知名的企业家中有不少重视体育锻炼的，例如柳传志坚持长跑；几经商海沉浮的史玉柱在浙江大学读书时就经常绕西湖跑步，大学里锻炼出来的身体和心理素质支撑了他人生的起伏；中国台湾地区"经营之神"王永庆也非常热衷于跑步，甚至80多岁高龄还坚持跑步锻炼；地产商王石爱好攀登，曾经登上过珠峰。作为有梦想的当代大学生创业者也要重视身体素质的培养，使自己有充沛的精力和健康的体魄。

2. 心理素质

所谓心理素质是指创业者的心理条件，包括自我意识、性格、气质、情感等心理构成要素。作为创业者，他的自我意识特征应为自信和自主；他的性格应刚强、坚持、果断和开朗；他的情感应更富有理性色彩。成功的创业者大多不以物喜不以己悲，面对成功和胜利不沾沾自喜、得意忘形；碰到困难和失败时不灰心丧气、消极悲观。稳定、良好的心态，是个人平时修炼的结果，也是创业者必备的素养。

（1）强烈的成功欲望。心有多大舞台就有多大，"欲望"是创业的内动力。创业者的欲望往往超越现实，往往超越他们现有的立足点，但只有具备敢为人先的胆略才能实现。因此，创业的欲望往往伴随着强大的行为动力和冒险精神。

创业者的欲望是不安分的，是高于现实的，需要踮起脚尖才能够着，甚至有时候需要跳起来才能够着。研究发现，成功创业者的欲望许多是来自现实生活的刺激、是在外力的作用下产生的，而且往往不是正面的鼓励。刺激的发出者经常让承受者感到屈辱痛苦。这种刺激经常在被刺激者心中激起强烈的愤懑、愤恨甚至反抗精神，从而使他们做出一些"超常规"的行为，焕发出超常规的能力，取得创业的巨大成功。因为欲望，而不甘心，而创业，而行动，而成功，这是大多数白手起家的创业者走过的共同道路。

（2）自信。产生自信心是指不断地超越自己，产生一种来源于内心深处的最强大力量的过程，成就事业就要有自信，有了自信才能产生勇气和毅力，困难才有可能被战胜，目标才可能达到。但是自信绝非自负，更非痴妄，自信唯有建立在诚实和自强不息的基础之上才有意义。创业者需要建立对自己的信心和对创业成功的信心，这两种信心需要在不断完成任务的过程中得以强化。心理学上有很多方法和技巧可以让人更加自信，但归根到底自信是源自实力，而不是简单的成功学激励，只有自己的知识和能力达到了一定水平才是真实的自信，因此需要在不断取得进步的过程中一点一点地构建。

（3）执着。正如比尔·盖茨所说，巨大的成功靠的不是力量而是韧性。社会竞争常常是持久力的竞争，创业的成功是大浪淘沙的结果，"胜者为王"，唯有有恒心和毅力的成功者才会笑到最后。创业的过程，漫长而艰苦，充满了风险和各种各样的地雷，所以你要趟过去，靠的不是对于财富的渴望，靠的是对自己心中梦想的执着。有志于创业的大学生要有意识地培养自己执着的品质，可以从任何小事做起，坚持做较长的一段时间，例如坚持每天写一篇日记，每天读50页书，每天锻炼30分钟等，既达成了计划的目标，又培养了执着的精神。

（4）情商。创业者最重要的是要学会处理好人际关系。只有通过别人、通过团队的共同努力，才能够实现创业的目标。而情商（FQ）正是管理自己的情绪和处理人际关系的能力，是一个人对环境和个人情绪的掌控和对团队关系的运作能力。哈佛大学心理学家丹尼尔·戈尔曼研究发现：预测一个人的未来成就，智商IQ至多只能解释其成功因素的20%，其余的80%则归因于其他因素。其中，关键因素是"情商EQ"。真正决定一个人是否成功的关键是情商而不是智商，高情商是领导人成功的先决条件。如果说智商决定着创业者是否会"做事"，那么，情商则决定创业者是否会"做人"。

（5）德商。德商（MQ）是指一个人的道德水平或道德品质修养程度，是一个人获得良好声望和社会认同的综合能力，其核心是拥有利他的意愿、抱负、能力和效果。德商能够帮助人们确定行为和目标的方向，使人们在茫茫商海可以更好地驾驭自己的资源、情商、智商和技术去获取成功。水能载舟，亦能覆舟！虽说企业经营取得利润实属天经地义，但只有阳光的、经得起道德检验的利润，才能给企业带来人格上的光辉，才能真正赢得人们对企业的敬重。反之，如果企业及其领导人对德商视而不见、漠不关心，将会使企业形象蒙垢，顾客就会渐行渐远。在创业者群体当中，很多人的失败不是能力的失败，而是做人的失败、道德的失败；许多企业的破产不是技术和工艺的破产，而是诚信的缺失和品牌的破产。德商低下的人注定无法实现事业的永续经营，无法承载事业的长久成功。

3．文化素质

文化素质主要指创业者的知识储备。创业者的知识结构对创业起着举足轻重的作用。单凭一腔热情、个人经验、勇气和单一的专业知识想要创业成功是很困难的。创业者所需要的广博的知识主要包括深厚的专业知识、企业经营管理知识、政策与法律知识、其他综合知识。

专业知识主要指创业行业与产品的专门知识。如行业的发展阶段和趋势、组织结构与竞争态势、市场容量和可持续发展潜力、产品的核心价值与形式、产品的设计与生产、产品的价格与销售等。企业经营管理知识主要涉及企业创办程序、管理制度、项目选择、成本控制、市场调查、品牌建设、文化建设、人力资源、市场营销、风险控制等。政策与法律知识是保证创业活动能顺利进行，依法创业，在法律与政策允许的范围内合法经营，并用法律知识保护自己的利益，同时充分利用政策性资源和发展机遇。广博的其他综合知识有利于创业者开阔视野、拓展人脉、发散思维。

（二）创业者的能力

能力是完成一项目标或者任务所体现出来的综合素质，它总是与实践相联系。离开了具体实践既不能表现人的能力，也不能发展人的能力。商场如战场，创业者面对风云变幻的创业环境，所能控制的创业资源又十分有限，如何能运筹帷幄，至少需要创业者具备以下几方面的能力。

1．战略管理能力

战略是依据企业的长期目标、行动计划和资源配置优先原则设定企业目标的方法。因为战略是为企业获取可持续竞争优势，而对外部环境的机遇和威胁及内部的优势和劣势做出的反应，它是对企业竞争领域的确定，所以战略就是企业的生命线，战略也是企业腾飞的起跳板。一个及时、果敢、英明的战略决策是企业化茧成蝶、由小变大、由平凡到伟大的最初推动之力，错误的战略也会葬送一个企业。战略管理能力包括战略思维、战略规划和设计，是一个创业者的核心领导力。

2．决策学习能力

正确决策是保证创业活动顺利进行的前提。无论是对商机的迅速捕捉，还是创业过程中所面临的各种竞争与挑战，都需要创业者有正确的决策能力。要正确决策就需要做到以下几方面：一是要求创业者具有较强的信息获取和处理能力，能敏锐地洞察来自竞争对手、政策环境、人力资源、资金周转等各方面所暗藏的各种商机与风险，面对复杂环境需要创业者在没用充足时间分析的情况下迅速反应，形成有价值的应对策略并付诸行动；二是集思广益，不断反思并学习，通过不断地创新思维和创新实践，总结经验，吸取教训，及时修正偏差和错误，提高决策能力，保证企业的健康成长。

3．经营管理能力

经营管理能力是指对人员、资金以及企业的内部运营的能力。经营管理能力是种较高层次的综合能力，是运筹性能力，它包括市场开拓能力、生产组织能力、团队组建管理能力、企业文化建设能力、综合应变能力等。

4．资源整合能力

资源整合能力是指通过组织和协调，把企业内部彼此相关但却彼此分离的职能、把企业外部既参与共同的使命又拥有独立经济利益的合作伙伴整合成一个为客户服务的系统的能力。创业者要妥善处理与外界的关系，尤其是要争取政府部门、工商税务的支持。创业者还要处理好各种人际关系，不断拓展人脉、扩大社交圈，通过朋友掌握更多信息、聚集更多资源。良好的人际关系和正确的处世技巧，将有助于个人在事业上的成功。戴尔·卡耐基在走访了近百位名人之后写出《成功之路》一书，该书推导出一条公式：个人成功=15%的专业技能+85%的人际关系和处世技巧；无独有偶，吉米道南和约翰麦克斯合著的《成功的策略》一书，花了超过 20 年的时间观察成功人士，推导出了相同的公式。

5．创新能力

创新能力是企业的生命源泉。面对日益复杂的竞争与合作关系、日新月异的科学技术手段、风云变幻的市场环境，没有一种可以复制的创业模式可以让我们一劳永逸。创业本身就是一项创新活动，创业者要不断反思追问，在技术、管理和营销上不断创新。一个新的管理理念或是新的产品理念，往往给创业者带来惊人的回报。

6．学习能力

众所周知，创业者的专业技术能力关系到企业的核心竞争力，而学习能力关系到创业者的学习速度能否跟上外界专业知识迅猛增长、科学技术的日新月异。因此，强的学习能力是创业者必备的能力，创业者的学习能力关系到企业的成长速度。

当然，这并不是要求创业者必须完全具备以上这些素质和能力才能去创业，但创业者本人要有不断提高自身素质的自觉性和实际行动。要想成为一个成功的创业者，就要做一个终身学习者和改造自我者。

三、创业动机

（一）创业动机的概念

创业动机是指创业者由于个体内在或者外在的需要，而在创业时表现出来的目标和愿景。创业动机常常决定着创业者的行业选择、目标定位等具体价值取向。它内源于个体的心智与教育成长环境，是个体在综合自我、环境、价值、目标、期望等诸多因素之后所形成的内在的、个人的初始动力，是创业的开始和最基本的驱动力。

（二）创业动机的分类

根据奥蒂奥（Erkko autio）等人的研究结果，创业的动机大体上可以归为以下4类：对成就的需要、对独立性的偏好、控制的欲望、改变家庭和个人的经济状况。大学生创业是适宜的创业环境与做好创业准备相结合的产物。但为什么会有大学生在本应认真学习的时候走上了创业的道路？他们的动机有一定的特殊性，归纳起来主要有以下4种类型。

1. 生存需要型

首先，由于经济的原因许多的家庭越来越难以负担昂贵的学费，国家有助学贷款、奖学金制度也不能完全解决问题。在沉重的经济负担压力之下，为了顺利完成学业，这部分学生中的一部分人只好利用课余时间打工来维持正常的学习和生活。在打工的过程中有一部分具有创业素质的人会发现商机并且去把握它，开始走上了创业的道路。

其次，当前我国高校学生中城镇生源的学生95%是独生子女，培养他们的独立性已经成为当务之急。目前已经有一部分学生开始独立承担自己的学习、生活费用，在他们中也产生了一定数量的创业先行者。这部分创业者通常都以学习为主要目的，从事一些需要投入时间、精力较少的行业，对经济回报要求较低。

2. 积累需要型

按照奥尔德弗（Alderfer）的ERG理论，人的需求分为生存、相互关系和成长。这3种需求并不一定按照严格的由低向高的顺序发展，可以越级发展。当代大学生随着年龄的增长，对于相互关系和成长的需要会逐渐强烈。一部分大学生为了增加自己的实践经验、丰富自己的社会阅历，或者为了自己以后的发展或实现自己的某个目标做好经济上的准备，在条件成熟的情况下也会利用课余时间走上创业的道路。这个类型的创业者往往以锻炼为目的，承受失败的能力较强。同时由于压力较小，失败和半途而废的比例也比较高。

3. 自我实现型

心理学研究表明：25～29岁是创造力最为活跃的时期，这个年龄段的青年正处于创造能力的觉醒时期，对创新充满了渴望和憧憬。他们思维活跃、创新意识强烈同时所受的约束和束缚较少，按照 ERG 理论对成长的需要也更为强烈。另外，由于大学生所处的环境，他们往往更容易接触一些新的发明和学术上的新成果，或者他们中的一部分人本身拥有具有自主知识产权的科研成果。为了能早日实现自己成功的目标，他们中的一部分人改变了自己的成功观念并开始了自己的创业生涯。

4．就业需要型

当前，我国的大学生就业形势相当严峻，一方面表现为需求不足，另外一方面表现为大学毕业生的工资待遇降低。在这种情况之下，为了找到一份自己满意的工作，有一部分大学生也开始了创业。

四、创业动机的驱动因素

创业动机是个体创业行为的驱动力，是一个非常复杂的心理现象，动机的产生受着有机体内外多种因素的影响。而且个体创业的动因或驱动力往往不是单一的，往往是多种动因共同促进。创业动机的驱动因素可分为两大类：社会诱因和个体诱因，以下分别具体介绍创业动机的驱动因素。

（一）社会诱因

一个创业者都有其特殊的背景和经历。社会学研究方法试图对创业者所处的社会环境以及影响创业者决策的社会因素进行解释。研究发现，驱动创业者做出创业决定的诱因主要有 4 种。

1．不利境况触发创业活动

不利境况指的是个人或者个人组成的群体处在社会核心的边缘。这些个人或者群体可能被视作"不适合"主流社会的生活，他们对个人自我实现的吸引很敏感，既然没有人可以依靠，他们干脆就不依靠任何人。最明显的例子是，移居到一个新的环境，因语言障碍或者种族偏见找不到合适工作的移民，常把目光投向创业。当然，在一个经济权利比政治权利更容易实现的社会环境里，创业活动也显得较为活跃。例如，改革开放之初的"下海"创业者，大多是难以找到工作的回乡知识青年、城市失业青年、升迁无望的公务员或遭遇"天花板"的大公司高管人员，以及在激烈的市场竞争中难以找到适当位置的复员退伍军人等。

这些边缘状态的人，在现实中占据"有利地形"，因为处于这样或者那样的不利境况，他们的创业成本较低，没有太大的利益纠结，顾虑也小，通过创业既可以获得较多收益，又能获得新的发展平台还能找到一种控制命运、实现自我价值的成就感，从而义无反顾地走上创业之路，迪克·克拉克提出的"社会边缘状态"也解释了这种创业动机。社会边缘状态是指当个体的属性—身体特征、智力特征、社会行为方式及其所处的社会环境中承担的角色发生冲突时，个体就处在社会边缘状态。处于社会边缘状态的人，获得的现实利益较少，其创业的机会成本相对而言也比较低，因而选择自主创业成了他们摆脱孤独感、寻找心理平衡的重要途径。

2．创业的拉动效应

积极正面的引导可以促进某些人的创业行为，这种效应通常称为"创业的拉动效应"。有些积极正面的引导可能来自潜在的合作伙伴、创业导师、父母等。潜在的合作伙伴通过共享经验、提供工作上的帮助或者分担风险等方式，使个人受到鼓舞而欣然创业。创业导师可以给创业者介绍社会关系和经济关系网络中对创业有益的社会资本和资源。父母职业与子女的创业现象之间也存在相关性。

据调查，25%～34%的创业者的父母（特别是父亲）本身就是很成功的创业者，拥有家族的企业，父母的言传身教常常会感染着创业者本人。另外，那些给创业者提供初期融资的投资者不仅使创业者坚定了"投资回报很大"的必胜信念，而且对创业活动的实施起到了关键的拉动作用。当然，拉动创业的因素，还可以扩展到潜在的顾客等周边关系人群，他们的激励有可能点燃创业者的"创业火焰"。

3．创业的推动效应

为创业者提供积极动力的另一种情景范畴就是"创业的推动效应"。积极的推动因素包括职业阅历或者教育背景等因素。职业阅历可以提供创业机遇，教育背景可以给予个人合适的知识和技能。

一般而言，有两种类型的职业经历有助于帮助创业者走向创业之路。

一是行业路径，即某个人在某一特定的行业里学到了该行业内所有可以学到的东西从而为创业奠定了坚实的基础。某些创业者在自己先前工作的行业内，拥有得天独厚的资源优势，容易捕捉到行业变化发展的趋势，通过开创新事业，以填补行业变化发展中的市场缝隙。这就是人们往往选择自己所熟悉的领域进行创业的原因。比如，在技术领域工作的人一旦所开发的新产品、新工艺不被企业接纳，就会离开原来企业去组建新的企业。同样，从事销售工作的人常常因为熟悉市场和顾客未满足的愿望和需要，有可能离开原来的企业去开创一个新企业来满足市场需求。采用行业路径的创业者通常依附其专业化的知识来创建新企业。这些专业化的知识可以是一门技术，一种工艺流程，一种新的商业盈利模式，或者是被先前企业所忽视而被创业者所发现的利己市场。这些创业者以行业路径知识为基础，开展创业活动，只要突破了创业的资金瓶颈和资源制约，创业梦想就可以实现。

二是岗位路径，即某个在关键经济岗位上工作过的人。他们可能是律师、会计师、管理咨询师、银行家或者商业经纪人。他们凭借自身的融资优势和交易技巧，很容易捕捉到他人没有看到的商业机会。当商机之窗打开时，他们不愁创业资金和业务技能，只需组建一个高效的创业管理团队，就能成功实现创业。

总的看来，不同寻常的职业阅历可以诱发不同的创业路径依赖，创业者对这一路径强烈依赖将激发他们满怀信心去创建属于自己的新企业。从这个角度来讲，大学生采取"先就业，后创业"的策略，可以提高创业的成功率。

4．创业环境和创业政策激励创业

影响创业活动的创业环境因素分为：金融支持、政府政策、政府项目支持、教育和培训、研究开发转移效率、商业环境和专业基础设施、国内市场开放程度、实体基础设施的可得性、文化和社会规范 9 大方面。一个国家或地区的文化环境影响当地人的创业意识和动机，积极的创业文化能更多地萌生创业动机，从而使有创业动机的个体有意识地搜寻因为环境的变动而带来的商业机会。

创业政策的目的就是为企业家从事创新与创业活动降低创业壁垒，营造良好的环境和氛围，促进创业活动，从而达到推动经济增长的目的。国家经济政策影响着创业活动，进而影响经济的增长。当国家的经济自由程度增加时，个体更愿意自己创业。

（二）个体诱因

1. 个体差异

以往的研究发现，个体自身的性别（男女差异）、经济条件、教育程度，父母的价值观念、文化程度、职业种类等都会影响创业道路的选择。男性比女性更倾向选择自主创业，家庭经济较差者受物质追求面的驱动而选择创业，而家庭经济条件较好者则更多受成就动机和自我实现的要求选择创业。父母创业，则孩子更倾向于创业。

2. 心理诱因

每一个创业者都有其特殊的需求、追求和愿望。心理学家通过研究试图对创业者的创业动机以及影响创业行为决策的心理因素进行解释。

根据马斯洛的需求层次理论，我们可以得出这样的论述："金钱需要基本得到满足，获得额外金钱的重要性与其他因素相比就会下降。"很显然，这种认为金钱是创业者唯一刺激物的观点是肤浅幼稚的。一项对英国 800 家盈利企业的调的查结果显示：98% 的人把"个人成就感"列为第一重要的推动力，其中 70% 的人认为是非常重要的因素，88% 的人把"按照自己的方式做事"，87% 的人将"做长远规划的自由"列为重要或非常重要的因素，仅有 15% 的人认为"给子女留下产业"是非常重要的。

第九章 创业机会与创业风险

创业是基于机会的市场驱动行为，创业机会实际上是一种亟待满足的市场需求因此，创业是发现市场需求、寻找市场机会、通过投资经营企业来满足这种需求的活动。创业活动的本质体现在：创业活动的显著特点是机会导向，创业往往是从识别评价、把握和利用某个或某些商业机会开始的。创业活动的机会导向表现为创造价值，创业意味着要向顾客提供有价值的产品和服务，透过产品和服务使消费者的需求得到实质性的满足。如何识别与把握创业机会并成功创业，是创业者亟待解决的问题。与此同时，创业者和创业企业也承担着巨大的风险。据美国 Nasdaq 市场分析指出，20% ~ 30% 的创业公司的巨大成功是以 70% ~ 80% 的企业失败为代价的。特别是由于创业计划与创业企业的复杂性，导致创业活动可能会偏离预期目标，因此，创业风险的来源与识别是预防创业失败的有效方式。

第一节 创业机会识别

一、创业机会

创业机会主要是指具有较强吸引力的、较为持久的有利于创业的商业机会，创业者据此可以为客户提供有价值的产品或服务，并同时使创业者自身获益。为了深入地理解创业机会，我们需要对创意和机会、商业机会进行了解。

（一）创意与机会

1. 创意和机会的含义

创意是对传统的叛逆，是打破常规的哲学，是破旧立新的创造与毁灭的循环，是思维碰撞、智慧对接，是具有新颖性和创造性的想法，不同于寻常的解决方法。创意是人的知识、智力、能力及优良的个性品质等复杂因素综合优化而成机会，指具有时间性的有利情况。社会预测学家托·富勒说："一个明智的人总是抓住机遇，把它变成美好的未来。"

2．创意与机会的关系

创业机会的识别源自创意的产生。创意是一种具有一定创造性的想法和概念，在新的或者改进的产品和服务中肯定不乏各种各样的创意，把握住了任何一个稍纵即逝的、真正的好创意，创业就等于成功了一半。

创意并不等于创业机会。首先有创意并不一定是个好创意。创意是一种创新，其突出的标志是具有新颖性、独特性。一个创意可以天马行空，可以不必十分注重其现实的可能性。好的创意除了具备新颖性、独特性外，还应具备实用性和价值性，即能够付诸实施，并能给社会带来真正的价值。其次，一个好的创意并不一定就是一个好的创业机会。创意是创业机会的一部分，创业机会还包括经验、人才、人脉、资金、管理等诸多方面。好的创意好比一颗种子，需要具备水分、阳光等条件才能生根发芽；好的创意只是发现了市场的需求，并提出了满足市场需求的初步思路和方法，它的实现需要各方面的资源和条件，才能成为创业机会。

（二）创业机会与商业机会

商业机会通常体现为市场上尚未满足和尚未完全满足的有购买力的消费需要，也称为市场机会。凡是有利于促进企业生产，有利于企业产品开发和市场开拓，能促进企业经济效益的提高，有利于企业摆脱困境等方面的信息、条件、时间等，都可称之为商业机会。

创业机会是有利于创业的一组条件的形成情况。这组条件至少包含如下要素。第一，某个细分市场存在或新形成了某种持续性需求；第二，拟创业者开发了或持有有助于满足前述市场需求的创意；第三，创业者有能力、有资源，可实施所持有的创意；第四，创业者将自己的创意转变为具体的产品或服务，不需要大规模的资金（所谓轻资产）和大的团队（所谓小团队）。当这四个要素都得到满足之时，才可认为客观上存在或形成了某种创业机会。

不能简单地将商机认为就是创业机会。如果这种商机是不可持续的，而是昙花一现的，则创业者还没有起步行动，这样的商机就可能已经消失了。针对特定的商机，创业者如果不能开发出可与之匹配的创意，这样的商机也不能被视之为创业机会，因为既无创意，何谈创业。

如果创业者能够开发出与特定市场需求相匹配的创意，但实施相应的创意需要较大规模的资金（所谓重资产）和团队（所谓大团队），则这样的商机也不能被视为创业机会。因为创业者起步之初，多数缺的是资金和众多的追随者。需要重资产、大团队的商机，只是规模达到一定阈值的企业的商机，创业者如硬要跟进这样的商机，多数会失败而归。基于以上，我们不难看到，创业机会本质上是商机、创意、轻资产、小团队 4 个要素的有机组合。

二、创业机会的特征与类型

（一）创业机会的特征

创业学的先驱蒂蒙斯（Timmons）认为，创业机会的特征是具有吸引力、持久性和适时性，并且伴随着可以为购买者或者使用者创造、增加使用价值的产品和服务。

1．吸引力

创业者所选择的行业，即创业者所要提供的产品和服务，对于消费者来说应该是具有吸引力的，消费者愿意消费该产品和服务。

2．持久性

创业机会应当具有持久性，能够得到进一步的发展。具体来说，市场能够提供足够的时间使创业者对创业机会进行开发。创业者进行创业机会分析时，应把握创业机会的这一特征，以免造成对资源和精力的浪费。

3．适时性

与持久性相对。创业机会存在于某个时间段，在这个时间段进入该产业是最佳时机，这样一个时间段被称作"机会窗口"。换句话说，创业机会具有易逝性或时效性，它存在于一定的空间和时间范围内，随着市场及其他创业环境的变化，创业机会很可能消失和流失。

4．创造顾客价值

创业机会来源于创意，创意是创业机会的最初状态。创意是一种新思维或者新方法，是一种模糊的机会。如果这种模糊的机会能为企业和顾客带来价值，那么它就有可能转化为创业机会。

（二）创业机会的类型

创业者发现和把握的机会不同，创业活动也随之不同，创业结果也存在明显的差异。根据不同标准，对创业机会也有不同的分类。

根据创业的本质分为商业诱发型创业和创意推动型创业。商业诱发型创业，即细分市场中出现了某种可持续需求的商机，由此诱发了创业者推动创业的后续相关环节，诸如创意构想、获取资源与起步实施、市场回应。在这类创业中，发现市场商机是创业的逻辑起点。所谓创意推动型创业，即创业者开发了某种自认为可为用户创造并传递价值的创意，基于此推动创业的后续环节，诸如甄别可以开发的细分市场获取资源与起步实施、市场回应。在这类创业中，创意是创业的起点，但是细分市场是否存在显在或潜在商机，是创意是否具有商业价值的试金石。

根据机会的市场价值和创业者创造价值能力分类，根据机会的市场价值和创业者创造价值能力划分，可以将创业机会分为以下 4 类：

（1）梦想型：机会的价值和创业者是否拥有实现这一价值的能力都不确定。

（2）尚待解决问题型：机会的价值已经较为明确，但如何实现这种价值的能力尚未确定。

（3）技术转移型：机会的价值尚未明确，而创造价值的能力已经较为确定。

（4）市场形成型：创业的价值和创造价值的能力都已确定。

三、创业机会的来源理论

狄更斯曾经说过，机会不会上门来找人，只有人去找机会。创业机会既可能是自然产生的，也可能需要创业者自己去创造，且多数是后一种情况。创业者要想赢得创业机会，那么就需要搞清楚创业机会的来源。那么，创业机会从何而来，大家对这个问题众说芸芸，其中我们认为美国凯斯西储大学谢恩教授和美国管理学家德鲁克教授的创业机会来源理论比较有代表性。

（一）谢恩的机会来源理论

谢恩教授提出了产生创业机会的4种变革，分别是技术变革、政治和制度变革、社会和人口结构变革、产业结构变革。

1. 技术变革

技术变革可以使人们去做以前不可能做到的事情，或者更有效地去做以前只能用不太有效的方法去做的事情。新技术的出现也改变了企业之间的竞争模式，使得创办新企业的机会大大增加。比如随着电脑的诞生，电脑维修、软件开发、电脑操作的培训、图文制作、信息服务、网上开店等创业机会随之而来，即使你不发明新的东西，你也能成为销售和推广新产品的人，从而给你带来商机。

2. 政治和制度的变革

通过政治和制度的变革，人们革除了过去的禁锢和障碍，或者将价值从经济因素的一部分转移到另一部分，或者创造了更大的新价值。比如，环境保护和治理政策出台，会将那些污染严重、对环境破坏大的企业资源转移到推进生态文明建设的创业机会上来；专利技术的严格执行，通过专利费用的形式将价值转移到拥有专利的大公司，使得那些缺乏核心技术的产品，从品牌企业沦为加工厂或破产倒闭。

3. 社会和人口结构变革

通过改变人们的偏好和创造以前并不存在的需求来创造机会。比如，随着居民收入水平提高，私人轿车的拥有量不断增加，就会派生出汽车销售、修理、配建、清洁、装潢、二手车交易、陪驾等诸多创业机会。人口结构的变化，如我国全面实行二孩政策，给母婴市场创造了很多的机会，同时也会催生一波面对此政策的创业机会。

4. 产业结构变革

产业结构变革是指因为其他企业或者为主体顾客提供产品或服务的企业的消亡、企业吞并或者相互合并等原因引起的变化，进而改变行业中竞争状态，产生新的创业机会。例如，美国一家高炉炼钢厂因为资金不足，不得不购置一座迷你型钢炉，而后竟然出现后者的获利率要高于前者的意外结果。经过分析，才发现美国钢品市场结构已产生变化，因此，这家钢厂就将之后的投资重点放在能快速反映市场需求的迷你炼钢技术上。

我国正处于经济社会发展的转型期，无论是政治制度、社会和人口结构，还是产业结构都在发生持续而深刻的变革。从这个意义上讲，中国的创业机会远比发达国家多，创业者要积极把握，成为创业浪潮中的胜利者。

（二）德鲁克的机会来源理论

德鲁克教授明确指出了 7 种外部环境中潜在的机会来源，这是目前比较公认的理论。

1．出乎意料的事件或结果

出乎意料的成功意味着该组织趋向或转向一个新的或更大的市场。必须找出成功的原因，开发新产品或新服务来利用这一机遇。出乎意料的成功经常被管理者忽视，原因在于汇报系统总是查找并解释所出现的问题，而非成功。出乎意料的成功一开始往往被看作不合时宜或是问题。例如，有些医药业公司曾接到兽医提出的产品要求，但经理们却认为这不是本公司的经营范围，而推给其他公司去发展，结果公司错失良机，其他公司趁机拓展了很大市场。

如果具备了重视、规划等条件，还是出现了出乎意料的失败，这种失败也意味着能通过革新将其变为机遇。因为失败的原因可能是出乎意料或是令人吃惊的，因此很难用分析和数据方法查找。管理者要找到原因，得"走出门去，四处查看，且注意倾听"。

一个出乎意料或是突然的外部事件可能创造一个重大的机遇。不过，如果该组织的现有专家不能利用这个事件，说明这次机遇不大可能导致革新的出现。

2．不一致之处

当事情与人们设想的不同时，当某些事情无法理解时，这通常表明存在着一种有待认识的变化。不一致之处对圈内人士来说是很显眼的，但由于它们常与世人的观点不相称，故而也常被忽略。

该组织必须在搜寻机会的工程中广泛网罗有用的不一致之处。某工业中不一致的经济状况是潜在的机会来源，还有事实与假设之间的不一致，产品优势与顾客期望之间的不一致，都是潜在的机会来源。也可在一系统或过程内部寻找不一致之处。

对于生产集中的小型组织，例如创业型公司不适应之处产生的机遇往往巨大应抓住机遇确保革新的简单和快捷。要监控不一致之处，需要采用定性方法。不过，进行调研也能帮助找出经理与顾客看法上的不一致之处。

3．流程需要

流程需要通常十分明显，因此，革新者总在力图解决某过程中的一个瓶颈或薄弱环节。有时，针对流程的革新可以利用新技术知识或用更好的流程代替原来较为烦琐的流程。例如，贝尔电话公司于 1910 年开发了自动接线总机，因为他们预见到，若使用人工电话交换台，那么到了 1925 年每个美国成年妇女都要充当接线员。

4．工业／市场结构中出乎意料的变化

一个稳定的工业或市场结构可能突然地、出乎意料地发生变化，这就要求其成员做出革新以适应新环境。这些变化为圈外成员创造了显而易见的巨大机遇，也对圈内成员构成威胁。要预见工业结构的变化，需要查看这一行业是否出现快速增长，领导者是否制定了不协调的市场细分战略，是否出现了技术趋同，业务做法是否有迅速变化等迹象。由一个或少数几个供应商主宰的行业或市场对革新者颇具吸引力。这是因为已经站稳脚跟的公司不习惯面对挑战，对工业结构转变的认识也会较慢。

5．人口状况

人口规模和结构上的变化，例如受教育程度、年龄或某一群体数量上的增加，往往显而易见，可以预测。这些变化能迅速发生，并对市场产生戏剧性的影响，但各公司却很少密切监控或在日常决策中会考虑到人口变化。由于人口变化易于出现却又常常为决策者忽视，它们为革新者提供了许多机遇。例如，在美国尚无一家大快餐店为日益增多的受饮食限制的中老年人开发特别食谱。圈外公司可以利用这一日益增多的人群所需，靠提供特别食品和服务来打入快餐市场。

6．观念

人们对自己的看法若发生转变，也能创造机遇。立足已稳的公司往往难以认识到人们看法上的转变，因此，基于观念转变上的革新往往很少有竞争对手。观念上的变化难以查找——因事实并未改变，只是事实的内涵改变了。出乎意料的成功或失败可能意味着观念上的变化，进行观念上的调查常可找出已变化的观念并确定拥有者的数量。例如，威廉·本顿调查了20世纪50年代的一次观念转变，即大多数美国人转而用"中产阶级"而非"工人阶级"来对自己进行描述。他发现，人们企盼自己的孩子有机会通过教育来提高社会地位。这一洞察使他买下《大英百科全书》版权并将它推向当时自认为是中产阶级的人。

7．新知识

德鲁克将这一革新来源列于最后，是因为它难以管理、无法预见、花费较高，而且有生产准备时间长的特点。不过，目前多数组织在各种来源中首先强调新知识，因为它引人注目、令人兴奋。要注意的是，以新知识为基础的革新经常会失败，因为一个领域的突破经常需要其他各领域同时突破，新知识才能发挥其作用。由于新知识要在技术和社会各领域都与其协调一致，所以一个组织难以成功地引进以新知识为基础的革新。

以新知识为基础的革新需要好的企业管理，这样有时会非常成功。惠普和英特尔公司都坚持生产以新知识为基础的革新产品，就是成功的例子。但其他不具备雄厚技术力量以及并未在科研中长期处于领先地位的公司，最好努力寻找其他革新的开发战略，新知识则是末选。

四、创业机会的识别

（一）影响创业机会识别的因素

创业机会识别作为一种主动行为，带有浓厚的主观色彩，创业者的个体因素起到了重要作用。此外，一些研究者逐渐认识到机会识别是个体与环境的互动过程，外部因素尤其是环境中的客观机会因素本身的影响同样不容忽视。

1. 个体因素

（1）创业警觉性。创业警觉性是指一种持续关注、注意未被发觉的机会的能力。创业警觉性是三个维度的整合体，分别为：敏锐预见，指敏感于机会的涌现，对商业前景做出前瞻性的预测；探求挖掘，指善于分析和挖掘商业情报和信息，从中离析出潜在的机会，以及隐含的利润；重构框架，指善于打破既定的范式，赋予既有资源以新。

（2）先验知识。人们更容易注意到与自己已有知识相联系的刺激，对于创业者而言，丰富且广泛的生活阅历是识别潜在商机的主要决定因素，它们帮助创业者识别了新信息的潜在价值。每个个体都有自己独特的先前经验与先验知识，这就构成了其有别于他人的知识走廊，这种特异性就解释了为何有些人更容易发现一些特定的机会，而其他人则不能。先验知识包括特殊兴趣和产业知识两个维度。前者指对某领域及其相关知识的强烈兴趣。后者是由创业者在多年工作中积累而来的知识和经验。也有研究提出对创业机会识别起关键作用的先验知识有四种，即特殊兴趣的知识和产业知识的结合、关于市场的知识、关于服务市场的方式的知识和有关顾客问题的知识。还有研究表明先验知识不仅被用来搜索机会，更重要的是，它还与认知过程中结构关系的匹配有系统的联系。

（3）创造力。创造性或创新能力最早与乐观、自我效能等因素一同被归为成功创业者的性格特质中的一种。但与一般人格特质不同，创造性的重要作用日益显现。创造性是产生新奇或有用创意的过程，从某种程度上讲，机会识别就是一个创造过程，是不断反复的创造性思维过程。在听到更多趣闻轶事的基础上，你会很容易看到创造性包含在需要产品、服务、业务的形成过程中。对个人来说，创造过程可分为准备、孵化、洞察、评价和阐述五个阶段。

（4）社会资本。社会资本又称社会网络，是联系创业者和机会的纽带与桥梁，创业者需通过自己的社会网络获得有关创业机会的信息。创业者自身社会网络的规模大小、多样性、强度及密度将对机会识别产生重要的影响。很多文献都发现社会关系网络与个体识别机会的成功率呈正相关。国内学者张玉利等认为创业者的社会资本不仅影响着创业者能不能发现机会，更影响着创业者能发现什么样的机会，也就是说社会资本是影响创业者所识别的创业机会的创新性的重要因素。创业者所嵌入的网络规模越大越有助于接触到丰富多样的信息，从而发现更具有创新性的机会，所以，创业者所嵌入的网络规模对机会创新性有显著的正向预测作用。

2．环境因素

创业环境可以看成影响创业活动的所有外部因素的总称。影响创业的环境因素复杂多样，创业活动的外部环境常常表现出明显的不确定性特征，这恰恰是创业机会的重要来源。在机会识别中所需要的各种信息需要从外界环境中获取，影响机会识别的环境因素包括市场因素、政府政策、法规因素、技术因素、社会文化价值观念等。

（二）识别创业机会的一般过程

创业机会识别过程是一个复杂的、综合性的交互过程，在创业机会识别的所有理论中，机会的三阶段模型是最为学者接受的一个理论模型，它是多维度机会识别过程模型。

1．创业机会识别三阶段过程模型

创业机会识别三阶段过程模型，主要包括机会搜寻、机会识别和机会评价 3 个阶段。

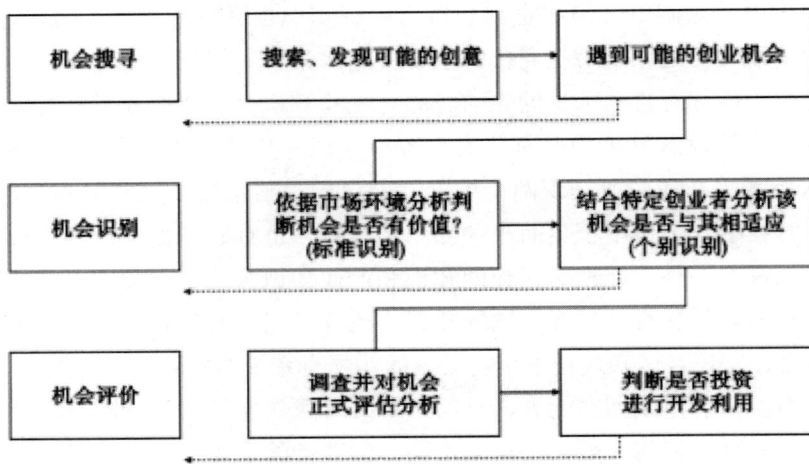

图 9-1 创业机会识别三阶段过程模型

第一阶段，机会的搜索（Opportunity Search），即搜索和发现可能的机会。这阶段创业者需搜索整个环境以发现可能的机会，如果遇到了潜在的商机，便进入第二阶段—机会的识别（Opportunity Recognition）。这一阶段需解决两个问题，即搜索到的创意是否是一个创业机会，如果是，它是否是创业者所期待的机会。因此，此阶段分为两步，第一步为机会的标准化识别阶段，创业者会用标准化的机会模式识别模板判断所遇到的机会是否理想；第二步为机会的个性化识别阶段，即考察这一机会与创业者自身特点的匹配程度；第三阶段，机会的评估和审查（Opportunity Evaluation）这一阶段主要考察先前收集的相关信息，将直觉进行量化，根据风险以及风险水平和预期回报的一致性评价决定是否将这一创业机会付诸实践。

该模型增进了我们对创业识别过程的认识和理解，对创业机会识别研究做出了基础性贡献，许多学者都是在此基础上进行扩展和完善。但是琳赛和克雷格对于调查对象和研究样本并不是随机选择，这一过程模型有待验证。

2．多维度机会识别过程模型

多维度机会识别过程模型是基于创造力提出的机会过程模型，在此模型下将机会识别分为以下五个阶段：准备、沉思、洞察、评估和经营。

希尔斯、施雷德和伦普金提出以创造力为基础（Creativity-based）的多维度机会识别过程模型，该模型将机会识别分为以下五个阶段：①准备阶段（Preparation），指知识和技能的准备，这些知识和技能可能来自创业者的个人背景、工作或学习经历、爱好以及社会网络；②沉思阶段（Incubation），指创业者的创新构思活动，这一过程并非有意识地解决问题或系统分析，而是对各种可能和选择的无意识考虑；③洞察阶段（Insight），指创意从潜意识中迸发出来，或经他人提点，被创业者所意识，这类似于问题解决的领悟阶段，可以用"豁然开朗"来形容；④评估阶段（Evaluation），即有意识地对创意的价值和可行性进行评定和判断，评估的方式包括初步的市场调查、与他人进行交流以及对商业前景的考察；⑤经营阶段（Elaboration），是指对创意进一步细化和精确，使创意得以实现。

（三）创业机会的识别

1．着眼于问题把握机会

机会并不意味着无须代价就能获得，许多成功的企业都是从解决问题起步的。问题就是现实和理想的差距。顾客需求在没有满足之前就是问题，而设法满足这一需求，就抓住了市场机会。例如巴西阿苏尔航空公司，他们以机票低廉而著称，但却没有更多的巴西人愿意搭乘他们的航班。经过研究发现，原因在于乘客还需要从家里乘出租车到机场，而这个费用可能要占到机票的40%～50%，同时又没什么公交系统或者火车线路可以完成这样一个行程的支持。换言之，"从家到机场"是顾客流程的一部分，但却没有得到有效地满足。于是，阿苏尔航空决定为乘客提供到机场的免费大巴。如今，每天有3万名乘客预定阿苏尔航空的机场大巴车，阿苏尔航空也成为巴西成长最快的航空公司。

2．利用变化把握机会

变化中常常蕴藏着无限商机，许多创业机会产生于不断变化的市场环境。环境变化将带来产业结构的调整、消费结构的升级、思想观念的转变、政府政策的变化，居民收入水平的提高，人们透过这些变化就会发现新的机会。

3．跟踪技术创新把握机会

世界产业发展的历史告诉我们，几乎每一个新兴产业的形成和发展都是技术创新的结果。产业的变更或产品的替代，既满足了顾客需求，同时也带来了前所未有的机遇。

4．在市场夹缝中把握机会

创业机会存在于为顾客创造价值的产品或服务中，而顾客的需求是有差异的创业者要善于找出顾客的特殊需求，盯住顾客的个性需要并认真研究需求特征，这样就可能发现和把握商机。

5．捕捉政策变化把握机会

中国市场受政策影响很大，新政策的出台往往引发新商机，如果创业者善于研究和利用政策，就能抓住商机站在潮头。

6．弥补对手缺陷把握商机

很多创业机会缘于竞争对手的失误和意外获得，如果能及时抓住竞争对手策略中的漏洞而大做文章，或者能比竞争对手更快、更可靠、更便宜地提供产品或服务，也许就找到了机会。

案例

李维斯的例子

大家都知道牛仔裤的发明人是美国的李维斯。当初他跟着一大批人去西部淘金，途中一条大河拦住了去路，许多人感到愤怒，但李维斯却说"棒极了！"，他设法想了一条船给想过河的人摆渡，结果赚了不少钱。不久摆渡的生意被人抢走了，李维斯又说"棒极了！"，因为采矿出汗很多饮用水很紧张，于是他就在矿上卖水，又赚了不少钱。后来卖水的生意又被抢走了，李维斯又说"棒极了"，因为采矿时工人跪在地上裤子的膝盖部分特别容易磨破，而矿区里却有许多被人抛弃的帆布帐篷，李维斯就把这些旧帐篷收集起来洗干净做成裤子，销量很好，"牛仔裤"就是这样诞生的。

同样的市场环境，同样去西部淘金，为什么是李维斯而不是其他人能发现机会？为什么是李维斯而不是其他人能够在每次尝试中都赚到钱？这都源于他对于消费者需求的把握。换句话说，市场上出现了与经济发展阶段有关的新需求。相应地就需要有企业去满足这些新的需求，这同样是创业者可利用的商业机会。

第二节　创业机会评价

一、创业机会评价的特殊性

尽管创业机会评价已经构建了不少定性、定量的评价体系和模型，但是机会的识别与把握却一半是科学，一半是艺术，这是因为创业机会具有多方面的特殊性。

（一）机会信息的不对称性

创业者在创业机会的解读上通常面临信息的不对称。一方面，好的创业机会本身需要具备的知识、信息、资源、社会关系网络等，要求创业者具有丰富的工作经验和社会阅历、广博的知识结构和广泛的社会关系网络，但创业者往往由于知识结构、工作经验、个人特质、资源禀赋方面的差异和局限性，必然影响对特定创业机会评价的准确性。

（二）创业环境的不确定性

随着经济全球化、信息化和科学技术的迅猛发展，今天的创业者面临一个更为复杂多变的、不确定的市场环境，而且往往机会创造价值的潜力越大、科技含量越高，环境不确定性就越大，信息也就越不完全，创业者越难做出全面、准确的评价。当然，环境的不确定性并非只是消极作用，它会提供开创新事业的诸多机会，创业正是对环境不确定性的回应，而且这种应对结果往往进一步催生大量新的不确定性机会。

（三）创业者的有限理性

有限理性就是指人的行为"即是有意识地理性的，但这种理性又是有限的"。现实生活中的创业者是介于完全理性与非理性之间的"有限理性"的"创业者"。首先，有限理性与创业环境的复杂程度密切相关，人们面临的是一个复杂的、不确定的世界，而且活动越多，不确定性就越大，信息也就越不完全。人们对环境的预测能力和认识能力是有限的，人不可能无所不知。

其次，创业者的个人特质尤其是性格特征、认知因素、职业兴趣存在很大的差异，即便是面对同一机会，不同的创业者也会表现出不同的看法和评价。

此外，在很大程度上，由于受到情境变化的影响，人们总是使用"有限的智力资源"对"无限的行情"进行加工，理性在这里根本就未发挥作用。此时，创业者的冒险精神、创造力起着关键性作用。

人在实际决策中作为"管理人"的知识、信息、经验和能力总是有限的，他不可能也不期望达到绝对的最优解决方案，而只以找到满意的解决方案为满足。决策者只能在考虑风险和收益等因素的情况下做出自己较为满意的决策。

（四）多种其他因素的影响

创业机会识别与评价还受到创业者性别、创业团队、地域差异等多种因素的影响。因此，对创业机会的识别与评价因人而异、因地而异、因环境而异。创业者在机会评价过程中，必须客观分析个人特质、职业兴趣和能力特长，考虑是否与相应的机会特征相匹配，依托自身的优势，通过选择、整合、创造满足需求的方式，从而使得有价值的创意成为可能的创业机会。

二、个人与创业机会的匹配

对于创业者来说，有些机会只能看见，却不能为所用，即使创业机会的价值潜力再大，如果缺乏相应的必备条件、盲目行动就会导致创业的失败。如何才能判断创业机会是否合适自己，至少需要从个人经验、社会网络和经济状况等三方面来评价。

1. 个人经验

在个人经验层面，要考虑以前的工作和生活经验是否能够支撑后续开发创业机会所必需的知识和技能。此时，经验的广度和深度扮演着重要角色。

2．社会网络

社会网络层面，要考虑自己身边认识、熟悉的人们能否支撑后续开发所必需的资源和其他因素。社会关系越广，个体越容易发现创业机会，也更容易把握创业机会，实施创业活动。因为在创业过程中，社会关系网络不仅为创业者提供了信息、知识和资源而且为创业者提供了必要的情感和心理支持，这也是支撑创业者走向成功的关键因素。

3．经济状况

在经济状况层面，要重点考虑的是能否承受从事创业活动带来的机会成本。研究表明，在创业之初，大部分创业者并没有足够的自由资金用于创业，但都有报酬丰厚的工作。也就是说，需要考虑创业机会的价值潜力能否长期弥补因放弃工作而承担的损失。

上述三个因素是准备创业的人们评价创业机会时需要考虑的因素。但是由于创业活动是一项具有高度风险的活动，没有一个创业机会是完美的，也没有任何创业活动是在完全适合自己的条件下开展的。因此，在评价创业机会之后是否决定投入创业，仍然是一件比较主观的决策。

创业活动是创业者与创业机会的结合。一方面，创业者识别并开发机会；另一方面，创业机会也在选择创业者，只有创业者和创业机会之间存在着恰当的匹配关系时，创业活动才最有可能发生，也更有可能取得成功。

三、创业机会评价的策略

（一）评价创业机会的五项基本标准

（1）对产品有明确界定的市场需求，退出的时机也是恰当的。

（2）投资的项目必须能够维持持久的竞争优势。

（3）投资必须具有一定程度的高回报，从而允许一些投资中的失误。

（4）创业者和机会之间必须相互合适。

（5）机会中不存在致命的缺陷。

（二）创业机会评价流程

创业机会的评价可以按照以下步骤来进行：

（1）判断新产品或服务将如何为购买者创造价值，判断新产品或服务使用的潜在障碍，如何克服这些障碍，根据对产品和市场认可度的分析，得出新产品的潜在需求、早期使用者的行为特征、产品达到创造收益的预期时间。

（2）分析产品在目标市场投放的技术风险、财务风险和竞争风险，并进行详细的机会窗口分析。

（3）在产品的制造过程中是否能够保证足够的生产批量和可以接受的产品质量。

（4）估算新产品项目的初始投资额度，使用何种融资渠道。

（5）在更大的范围内考虑风险的程度，以及如何控制和管理风险要素。

（三）创业机会评价的方法

1．定性评价方法

对创业机会的评价事实上是预期创业过程中将遇到的问题，因此是一种前瞻性的评价。而事情的发展往往是出人意料的，创业的过程中将会遇到许多无法精确预测的问题，这就给机会的评价增加了很大的难度。因此定性的评价方法在机会评价方面是一种主要的方法。在这方面有许多学者陆续做出了研究，下面分别评述几科主要观点。

哈佛商学院的创业课程先锋人物霍华德·史蒂文森等专家认为对创业机会的充分评价，需要考虑以下几个重要问题：

①机会有大小，存在的时间跨度和随时间成长的速度问题；

②潜在的利润是否足够弥补资本、时间和机会成本的投资，带来满意的收益；

③机会是否开辟了额外的扩张、多样化或综合的商业机会选择；

④在可能的障碍面前，收益是否会持久；

⑤产品或服务是否真正满足了目标市场真实的需求。

我国著名学者雷家骕提出了具有五个特征的机会评价方法：

①市场的原始市场规模：市场越大越好，但大市场可能会吸引强有力的竞争对手，因此小市场可能更友善；

②机会将存在时间跨度。一切机会都会存在于一段有限的时间之内，这段时间的长短差别很大，由商业性质决定；

③预期特定机会的市场规模随时间增长的速度。一个机会可能带来的市场规模将随时间变化，一个机会可能带来的风险和利润也会随时间变化，机会存在的某些时期，可能比其他时间更有商业潜力；

④好机会的五个特点是：前景市场可明确界定、前景市场中前一年中销售额稳定且快速增长、创业者能够获得利用机会所需的关键资源、创业者不被锁定在刚性的技术路线上、创业者可以用不同的方式创造额外的机会和利润；

⑤特定机会对特定创业者的可行性。创业者是够拥有利用某个创业机会所需的资源，是否能架桥跨越资源缺口；对于可能遇到的竞争力量，至少可以与之抗衡；存在可以占有的前景市场份额，甚至自己可以创造市场。

2．定量评价方法

定量评价方法有标准打分矩阵法、温斯丁豪斯法、蒂蒙斯创业机会评价模型法、博泰申米特法、贝蒂的选择因素法等方法。

第三节　创业项目选择

一、创业项目选择过程

项目选择是创业成功的关键步骤之一，需要花费较多时间来进行调研、论证、决策。日本软银公司的孙正义，大学毕业后从美国回到日本，选出了 50 个创业目标，用几年时间逐个进行考察，写出了几尺厚的资料，最后选择了做软件。既然选择目标事关人生，就不可随随便便，必须要经过一个充分的论证过程。在这个过程中，要舍得时间、花力气，要能够静下心来认真调查研究，寻找事实根据。

创业项目的确定一般需要经过这样几个步骤：创业环境分析、创业市场调研、创业机会评估，以下详细叙述各个阶段的具体操作方法和实施思路

（一）创业环境分析

创业环境是指创业者周围的境况，围绕着创业企业生存和发展变化，对其产生影响或制约创业企业发展的一系列外部因素及其组成的有机整体

1. 创业环境的主要内容

（1）政府政策。这包括对创业活动和创业企业成长的规定、就业的规定、环境和安全的规定、企业组织形式的规定、税收的规定等，还包括政策的执行情况、落实情况和事实上的效率情况等。创业者若能遵从国家战略、政策的导向，并按这个方向进行发展，会在设立、场地、投融资、财税等方面获得便利与支持。大树底下好乘凉，国家的战略规划、产业政策、财政货币政策就如同大树，如：10 年前的房地产，现在的互联网、新能源汽车在大树的荫护下健康发展。反其道而行之，则容易受到约束，发展受限，面临淘汰落后的风险，如：银行对落后产能的限制性信贷政策。中国经济已进入新常态，加快改革发展，转型升级的战略路径选择主要是一带一路、中国制造 2025 "互联网 +" 等。

（2）经济环境。经济环境主要分析国家的能源和资源状况、交通运输条件、经济增长速度及趋势产业结构、国民生产总值、通货膨胀率、失业率以及农、轻、重比例关系等方面；同时也要分析某地区的国民收入、消费水平、消费结构、物价水平、物价指数等。我国整体环境正在朝着有序、规范的方向发展。诚信意识在增强，硬件环境在改善，服务意识在提高。消费者的理性消费意识和消费观念有了明显变化。

（3）社会环境。社会环境主要包括社会文化、社会习俗、社会道德观念、社会公众的价值观念、职工的工作态度以及人口统计特征等。我国目前的文化和社会规范鼓励创业和创业者，鼓励人们通过个人努力取得成功，也鼓励创造和创新的精神，更鼓励通过诚实劳

动致富，让创业者勇敢地承担和面对创业中的各种风险。

（4）科技环境创业者须及时了解分析创业地区的新技术、新材料、新产品、新能源的状况，国内外科技总的发展水平和发展趋势，本企业所涉及的技术领域的发展情况，专业渗透范围、产品技术质量检验指标和技术标准等。

2．创业环境的分析方法

（1）PEST分析法。PEST为一种企业所处宏观环境分析模型，所谓PEST，即P是政治（Politics），E是经济（Economy），S是社会（Society），T是技术（Technology）。这些是企业的外部环境，一般不受企业掌握，这些因素也被戏称为"Pest（有害物）"。Pest要求高级管理层具备相关的能力及素养。

（2）SWOT分析法。SWOT分析法是用来确定企业自身的竞争优势、竞争劣势机会和威胁，从而将公司的战略与公司内部资源、外部环境有机地结合起来的一种科学的分析方法。

SWOT分析法是一个客观性的分析方法，对于创业者分析创业项目十分有帮助。其中S代表优势（Strength），W代表劣势（Weakness），O代表机会（Opportunity），T代表威胁（Threats）。S和W表示项目主体的内部环境，O和T表示项目面临的外部环境。利用这种方法可以从中找出对个体（企业）有利的、值得发扬的因素，以及对个体（企业）不利的、要避开的东西，发现存在的问题，找出解决办法，并明确以后的发展方向。

（二）创业市场调查

南开大学张玉利教授认为，在市场调研之前，创业者还需对创业机会进行"假设加简单计算"，即敏锐的直觉加上预判。之后，若想进一步地创业则必须依靠市场调研来评价创业新机会的前景。如史玉柱，在"脑白金"产品投放市场之前，他已经感觉到保健品市场，尤其是中老年群体的强烈需求，但却不知如何切入为最佳。这时候他采取了周密和全面的市场调研，对老年群体通过亲自与他们聊天、访谈，发现市场诉求点找到了儿女"送爸妈"的最佳定位，验证了这个机会的巨大潜力。

1．经营环境调查

（1）政策、法律环境调查。调查所经营的业务、开展的服务项目有关政策法律信息，了解国家是鼓励还是限制你所开展的业务，有什么管理措施和手段。创业者只有熟悉政策，利用好政策中对自己有利的因素，规避不利因素，才能少走弯路，从而更快地让企业启动起来，事半功倍地打好创业这场战役。

（2）行业环境调查。创业者对自己即将从事的行业，需要有一个全面、充分、系统细致的考察与评估。比如，你即将进入的行业是属于成长型行业，还是属于已经成熟，甚至达到饱和状态的行业？主要的合作商和客户是谁？未来的发展趋势如何？只有对此类问题有了深入的了解，你才会知道如何更好地进入特定的市场。

（3）宏观经济状况调查。宏观经济状况是否景气，直接影响老百姓的购买力。如果企业效益普遍不好，经济不景气，生意就难做，反之生意就好做，这就叫"大气候影响小气候"。因此，掌握大气候的信息，是做好小生意的重要参数。经济景气宜采取积极进取型经营方针，经济不景气也有挣钱的行业，也孕育着潜在的市场机遇，关键在你如何把握和判断。比如，1989 年夏天，香港部分有钱人纷纷移居外国，市场低迷，地价楼价大跌。在这种状况下，少数精明的、有政治眼光的商人看准时机，在楼价下跌时大量买进"楼花"。不出半年中国政府局稳定，改革开放的政策不变，"一国两制"方针不变，保持香港繁荣稳定不变，形势明朗，楼价攀升，精明的、有政治眼光的商人着实大赚一把。因此，了解客观经济形势，掌握经济状况信息，是经营环境调查的项重要内容。

2．市场需求调查

在市场总人口数中确定某一细分市场的目标市场总人数，此总人数是潜在顾客人数的最大极限，可用来计算未来或潜在的需求量。对目标消费人群的调研分析着重需要了解：哪类人群可能是你的长期客户？他们更看重同类产品的什么功能和服务？他们期望得到什么样的服务？

同时要对同类产品进行调研，主要解决以下问题：如这些同类产品的外观、色彩等都有什么特点？其产品具有什么样的特点和优势，是质量取胜，还是功能取胜？同行业中失败的产品存在什么样的问题？……这些问题的答案都是你创建未来产品特色和优势的有效依据。

3．客户调研

进行客户调研就是了解客户需求的过程，了解即将开发的产品和服务能否满足客户和市场的需求。客户调查包括对客户的消费心理、消费行为等特征进行调查分析，研究社会、经济、文化等因素对购买决策的影响，同时还要了解潜在顾客的需求情况，影响需求的各因素变化的情况，消费者的品牌偏好等。

4．竞争对手调查

在创业前，如果已有人做了相同或类似的业务，这些就是现实的竞争对手。如果业务是全新的，有独到之处的，刚开始经营的时候没有现实的对手，一旦生意兴旺，马上就会有许多人模仿，竞相加入竞争行列，这些就是潜在的竞争对手。知己知彼，方能百战不殆，了解竞争对的情况，包括竞争对手的数量与规模、分布与构成、优缺点及营销策略，才能在激烈的市场竞争中占据有利位置，有的放矢地采取一些竞争策略。

5．商业模式调研

商业模式，就是企业通过怎样的模式和渠道来盈利。商业模式是企业生存的根本，因此在企业创立之前，需要去调研成功企业的盈利模式是怎样的，失败企业的盈利模式又是怎样的。在确定盈利模式时能够有所借鉴、扬长避短。

按调查范围不同，市场调查可分为：市场普查、抽样调查和典型调查法。按调查方式不同，市场调查可分为：访问法、问卷法、观察法。按照信息来源渠道的不同可分为直接方法和间接方法。

二、适合大学生的创业项目

对于一毕业就失业的大学生来说，要想改变自己的命运、成就一番事业，必须更新陈旧的就业观念，这是创业准备的第一前提，思路决定出路。另外，要找准定位，创业不可盲目，更不能随波逐流，所以大学生创业一定要结合自身条件选准切入点。那么大学生在哪些领域创业成功的概率会比较高，会比较适合大学生创业呢？

（一）高科技领域

大学是科研成果和科技人才聚集的地方，在高科技领域创业有得天独厚的优势。身处高科技前沿阵地的大学生，在这一领域创业有着近水楼台先得月的优势。一般来说，只有技术功底深厚、学科成绩出类拔萃的大学生才有成功的希望。常见的大学生高科技创业领域包括互联网应用与开发、生物医药、新能源技术等。创业投资者更看重的是创业计划真正的技术含量有多高、在多大程度上是不可复制的，以及市场盈利的潜力有多大。高科技领域创业，在进行创业时，要将科技成果转化为商品，这是科技成果创业能否成功的一个重要因素。有意在这一领域创业的大学生可积极参加各类创业大赛，获得脱颖而出的机会，以期吸引风险投资，如"挑战杯"全国大学生系列科技学术竞赛。同时要与导师建立良好的关系，借助以导师为核心的研究团队开发出具有竞争力的新产品。

（二）智力服务领域

在智力服务领域创业，成本较低，一张桌子、一部电话就可开业，如家教、家教中介、设计工作室、翻译事务所等，但是智力和创意是必备资本，并且大学生充分利用专业背景更容易实现自身的创业目标。

（三）校园开店和服务

一方面可充分利用高校的学生顾客资源，另一方面，由于熟悉同龄人的消费习惯，更容易开辟市场。创业者可以通过回顾自己在大学生活中遇到的问题或不满的地方，也可以通过访谈在校大学生，了解其各种重要需求，然后从中挑选出最适合自身资源的创业机会。如考研、考证、旅游、手机卡、餐饮、饰品、中介等大学生常用的产品和服务，这些业务的成本和风险都较低且客户稳定，因此校园开店不失为大学生创业锻炼的机会。

（四）互联网创业

大学生对互联网比较感兴趣，也相对熟悉，大学生思维敏捷，年轻有活力，更能跟网络发展的步伐，容易发现互联网的商机。大学生知识比较丰富，部分大学生已经掌握了互联网技术，具备互联网创业的优势。另外，大学生多元化的个性比较适合互联网企业公平化、相对自由的管理模式。互联网创业不仅有高端的互联网的开发利用，同时也有最普遍的网店、微店，可以满足不同领域的创业学生的需求，为大学生创业提供了广阔的平台。

（五）加盟连锁领域

在相同的经营领域中，个人创业的成功率低于20%，而加盟创业的成功率则高达80%，对创业资源十分有限的大学生来说，借助连锁加盟的品牌、技术、营销、设备优势，可以以较少的投资、较低的门槛实现自主创业。

（六）模式的移植

携程网创始人之一的季琦说过："中国式的创新更多的是继承式的创新，在借鉴欧美发达国家商业模式的情况下，结合中国具体情况，进行改造式创新和应用。因为人类的物质、精神需求和享受，总是从低级到高级，从简单到复杂。欧美的服务业已经先于我们发展，已经经过了客户的需求选择，中国的服务业也大体会遵循他们的发展轨迹。因此，在服务行业继承欧美的成熟商业模型特别有价值；研究他们成长轨迹和成败的原因，对于我们这些后来者也非常有益。"在高科技领域（尤其是互联网），这一滞后发展模式更加明显，美国等先进国家最先开发出新技术和新商业模式，国内创业者迅速跟进，在模仿中进行再创。

国内目前知名的互联网公司大多是从美国借鉴或模仿过来的，例如当当网是从亚马逊网站得到启发的，腾讯是直接模仿MSN发家的，淘宝网则从eBay借鉴而来。2011年广受关注的团购网站也是发源于美国，拉手网、团宝网、美团网等迅速崛起的团购网站都是模仿美国网络团购业的领导者Groupon公司。

拓展

八大消费新趋势暗藏创业商机

（1）网络消费。对新一代的消费者而言，鼠标已然成为他们的"代步工具"，小到日常生活用品，大到上万元的奢侈产品。近几年，网购用户飞速发展，随之而来的是网络消费大幅增长。

（2）节俭消费。做一个"精打细算"之人，在这个时代，更是一件值得骄傲的事。节俭消费不是意味着不花钱，而是将钱花到刀刃上。在这个年代，"一个钱打二十四个结"是一件骄傲的事。"账客""拼客""扣扣族""抄号族""试穿族"，各式标签层出不穷，表明"节俭一族"阵势在日益壮大。

（3）奢侈品平民化。奢侈品不再是大富豪的专属物，背LV包挤地铁也不再是什么大新闻了。由此我们可以看出人们对奢侈品的偏好日渐提高，接受奢侈品的时代似乎近在咫尺。

（4）小众化。小众化是指大众化与个性化之间的过渡期。其表现为：拥有个性，不随大流，但又希望找到同道中人，获得归属感。这是一个逐渐个性化的国家的必经之路，而中国正走在这条路上。

（5）从众消费。中国人有个普遍的观念：每个人都在做，那一定是对的。从众消费越来越多见。

（6）租借消费。如今正值经济快速发展、更新换代快、物价飞涨的年代，租赁消费是顺应这个时代而衍生的一种消费模式。

（7）低碳消费。低碳消费，成为环保生活方式的代名词。不仅是减少二氧化碳排放，更是强调节约能源、保护环境，也成为一种新趋势。

（8）虚拟消费。随着信息时代的到来，种种迹象表明吸引消费者并不一定是实体的物质，云计算的出现使虚拟消费终于得到了国人的信任并发展起来。

三、创业项目与个人匹配

创业项目或许有很多，如何进行进一步的筛选，则需要"知己知彼"结合创业者的兴趣爱好、专业特长、资源优势等各方面考虑，进行综合筛选。俗话说"隔行如隔山"适合自己的才是最好的，发挥己之所长，把握天时、地利、人和，是取得成功的关键。

（一）自身或团队优劣势分析

1．兴趣爱好

将自身的兴趣爱好与从事的事业结合起来，那是一件美妙的事情。因为你在事业过程中将源源不断地获得愉悦感、成就感，并成为推动你不断前进的动力。如，张秉新出生于一个农民家庭，十几年前是一个非常普通的年轻人。他的爱好是网络游戏，在网络游戏道具装备交易中获得创业灵感。2003 年发起并设立 www.5173.cm，成为中国首家也是最大的网络游戏服务网。目前公司员工超过 3000 人，业务范围涵盖了网络游戏、互联网金融、互联网医疗，并朝着移动互联网端迅速发展。

2．专业特长

专业和专长是大学生创业项目选择的主要影响因素之一。大学生创业选择与自己专业相关的项目，可以充分发挥自己的专业优势，提高创业的成功率。特别是理工科学生，若在学习研究过程中取得技术专利，走产学研相结合的道路，将是一个很好的选择。

3．人脉资源

整合人脉资源是创业成功的基本条件之一。在个人创业过程中人脉资源是第一资源，各种良好的人脉关系，有助于更方便地找到投资、找到技术与产品、找到渠道等各种创业机会。大学生的人脉资源相对还较窄，若创业项目的方向与亲戚朋友、父母祖辈所从事的行业有一定的契合度，那相对来说是一个较好的选择。

4．投资基础

俗话说"有多少钱，办多大事"，创业离不开初始资金的支持，如加盟肯德基虽然比较赚钱，但投资金额过高。同时，创业也是有风险的，一旦失败，需要承担相应的损失。对于初次创业的大学生来说，眼高手低绝对是大忌讳。由于缺少资源、缺少资金，应该从小生意做起，逐步积累资金与经验。

（二）资源和项目的自我匹配

综合考虑个人或团队的兴趣爱好、专业特长、人脉资源、投资能力。优先筛选与自身特点、资源相匹配的创业项目。

第四节　创业风险

在创业过程中，创业者要投入大量的人力、物力和财力，要引入和采用各种新的生产要素与市场资源，要建立或者对现有的组织结构、管理体制、业务流程、工作方法进行变革。这一过程中必然会遇到各种意想不到的情况和各种困难，有可能使结果偏离创业的预期目标，从而使创业者和企业遭遇风险。创业是否能够成功，关键在于谁能通过风险，在风险中求胜。因此，对于创业者而言，选择创业就意味着选择了承担风险，如何正确识别和防范创业风险是创业者和企业持续关注的问题。

一、创业风险的概念及特征

创业存在高风险，在创业过程和所创办的企业经营中都面临着随时被市场淘汰的风险。作为创业者，对所创企业的整个生命周期都要时时关注，处处关心。因此增强风险意识，区分与识别风险并采取相应的风险预防措施是每一个创业企业所必然面对的课题。对创业的认识误区，会导致创业者付出的努力与回报产生严重的分歧，这就要创业者从思想上有一个理性的认识，从而提高创业成功的可能性。当创业者决定企业退出，要对企业进行充分的评估，选择恰当的时机，一方面可以减少损失另一方面也可以使投资利益最大化。

（一）创业风险的概念

广义的风险，指的是由于客体的复杂性、主体能力与实力的有限性、环境的不确定性而导致某一事项或活动偏离预期的现象或存在偏离预期的可能性。简单地说风险就是发生不幸事件的概率。如果从形式上将其进行划分，可以分为 3 类：一是必然风险，即无论如何都不能避免其发生的风险；二是潜在风险，它是否发生取决于诱发因素，即有可能发生，也有可能不发生；三是想象风险，即人们认为有可能发生，但其实并不会发生的风险。

对风险有了大体的了解后，我们这里将着重讲解创业风险。所谓创业风险，是指由于创业机会与创业企业的复杂性、创业者与创业团队能力与实力的有限性、创业环境的不确定性而导致创业活动偏离预期目标的可能性。创业风险可能会给创业者的现行财产或潜在的利润带来损失。当然，这里所说的财产不仅是指库存、设备等硬件设施，也指公司人力资源、技术条件、信誉等软件。

（二）创业风险的共同特征

虽然不同的创业项目存在的风险不尽相同，但创业风险有一些共同的特征。了解这些特征有助于创业者更好地预测创业过程中存在的风险。

1．客观性

创业风险存在于创业活动的整个过程中，不因人的意志而转移，也没有办法完全消除，伴随着创业活动的始终。

2．损害性

创业风险与创业者的切身利益密切相关，风险一旦发生必然会给创业者的利益带来一定的损害。

3．不确定性

创业风险与时间、空间、损失程度密切相关，但是时间、空间、损失程度又是不确定的，它们是不断变化的，这就造成了创业风险的不确定性。

4．可预测性

对于单个的创业者或者个别的单位来讲，创业风险是随机的。但从风险的总体而言，在一定时期内某种风险发生的概率和损失率，是能够用概率论原理预测出来的。因此，通过对客观环境的观察，是能够做到对创业风险进行正确预测的。

5．可控性

风险是由一定的客观条件造成的，当客观条件发生变化时，风险及其带来的损失也会发生变化。因此，控制引发风险的客观条件，在一定程度上可以控制风险的发生，或将风险带来的损失降到最低。

二、创业风险的主要来源

任何的创业项目都是存在风险的，若想赢得最大的利益，就要学会规避风险。要规避风险，就要知道风险的源头在哪里，从源头上杜绝风险。创业风险的根本来源是创业环境的不确定性、创业机会与创业企业的复杂性、创业者及创业团队与创业投资者的能力与实力的差异性。具体表现为在将某一构想或技术转化为具体的产品或服务的过程中出现的几个基本的、相互联系的缺口。

（一）融资缺口

创业者可以证明其构想的可行性，但往往没有足够的资金使其实现商品化，从而给创业带来一定的风险。通常，只有极少数基金愿意鼓励创业者跨越这个缺口，如富有的个人或机构专门进行早期项目的风险投资以及政府资助计划等。

（二）研发缺口

研发缺口主要存在于仅凭个人兴趣所做的研究判断和基于市场潜力的商业判断之中。当一个创业者最初证明一个特定的科学突破或技术突破可能成为商业产品基础时他仅仅停留在自己满意的论证程度上。然而，这种程度的论证后来不可行了。

在将预想的产品真正转化为商业化产品（大量生产的产品）的过程中一定具备有效的

性能、低廉的成本和高质量的产品，及能从市场竞争中生存下来的过程中，需要大量复杂而且可能耗资巨大的研究工作（有时需要几年时间），从而形成创业风险。

（三）信息和信任缺口

信息和信任缺口存在于技术专家和管理者（投资者）之间。也就是说，在创业中存在两种不同类型的人：一是技术专家；二是管理者（投资者），这两种人接受不同的教育，对创业有不同的预期、信息来源和表达方式。技术专家知道哪些内容在科学上是有问题的，哪些内容在技术层上是可行的，哪些内容根本就是无法实现的。在失败类案例中技术专家要承担的风险一般表现在学术上、声誉上受到影响，以及没有金钱上的回报。管理者（投资者）通常比较了解将新产品引进市场的程序，但当涉及具体项目的技术部分时，他们不得不相信技术专家，可以说管理者（投资者）是在拿别人的钱冒险。如果技术专家和管理者（投资者）不能充分信任对方，或者不能够进行有效的交流，那么这一缺口将会变得更深，带来更大的风险。

（四）资源缺口

资源与创业者之间的关系就如颜料、画笔与艺术家之间的关系，没有了颜料和画笔，艺术家即使有了构思也无从实现。创业也是如此。没有所需的资源，创业者将一筹莫展，创业也就无从谈起，在大多数情况下，创业者不一定也不可能拥有所需全部资源，这就形成了资源缺口，如果创业者没有能力弥补相应的资源缺口，则要么创业无法起步，要么在创业中受制于人。

（五）管理缺口

并非所有的创业者都是出色的企业家，也并非所有的创业者都具备出色的管理才能，一旦创业者在这两方面的能力有欠缺，那么创业企业在管理方面就存在一个巨大的缺口。创业者进行的创业活动主要有两种：一种是创业者本人是技术型人才，利用某一高新技术进行创业，但不一定有管理才能；另一种是创业者的思维较活跃，往往在经商过程中有新鲜的点子，能够挖掘出商机，但却不善于企业的战略规划、经营管理。这两种人创业都会使企业出现管理缺口。

三、创业风险的分类

在创业前期准备阶段，创业者需要对未来可能遇到的风险有一个理性的把握。掌握机会风险的分类，有助创业者在创业的不同发展阶段，结合对风险的估计，努力防范和降低风险。对风险的分类有很多种，根据性质可以将其划分为系统风险和非系统风险两大类。

（一）系统风险

系统风险主要是创业环境中的风险，即创业者和新创企业本身控制不了的风险诸如商品环境风险、商品市场风险、资本市场风险等。对于这类风险，创业者只能在创业过程中想方设法规避。

1．环境风险

影响创业的因素很多，包括市场需求变化，政治、政策、法律法规的调整，以及突发的自然灾害等。这些因素共同构成了创业的大环境，其中任一因素的改变，都可能对创业者带来致命的打击。例如，由于国际关系变化或有关政策改变而可能导致创业者或企业蒙受损失，宏观经济环境发生大幅度波动或调整而使创业者或创业投资者面临失败等。因此，创业者在创业准备阶段，一定要理性预测、评估未来可能发生的环境风险，并提前做出相应对策、预案。

2．市场风险

它是指由于市场的不确定性带来的创业失败的可能性。在现实市场中，创业者很难预测消费者是否会接受新推出的产品或服务，也很难确定该产品或服务的市场成长速度和竞争力，因为创业市场大多是潜在的、待开发的行业，市场的价格变化、市场战略失误、市场供需的变化等都会给创业者带来一定的风险。这就需要创业者在创业过程中做好充分的市场调查。

（二）非系统风险

非系统风险是指创业者自身行为的不确定性带来的风险，即创业者和新创企业在一定程度上可以控制的风险，诸如团队风险、技术风险、经营管理风险、财务风险等。

1．团队风险

它主要是指在创业过程中，由于某些原因导致创业团队解散而使创业活动无法进行下去。在新创企业中，团队无疑是最重要的核心资源。所有团队成员需要各司其职、齐心协力，共同承担所有的风险，确保创业顺利进行。但是创业过程中，由于初创企业的不完善，在管理和制度方面或多或少会存在一定的问题，如果团队成员没有共同的价值目标和追求，则很难始终如一地为企业付出。创业过程是充满了风险和冒险的，很多人往往因为结果的不确定性而犹豫不决或望而却步，进而产生畏惧心理，这个时候团队就更需要凝聚力来支撑企业的正常运营。

2．技术风险

它往往存在于高科技创业的企业中，是指由于产品研究开发、技术整合、批量化生产中技术控制的探索性导致的不确定性而引起的风险。技术创新与产品生产之间存在着天然的鸿沟，不是所有技术创新都可以在实践中转化为产品。一旦新技术在产品生产过程中出现障碍，那么掌握新技术的创业者极有可能要面对失败的结局。同时，高科技产品更新换代的速度快、成果转化的周期短、市场反馈快、同行业竞争激烈、产品设计和工艺更新迅速，这样的结果往往是一个创业团队耗费大量精力和时间辛苦研发出的某项产品、技术或服务，投放到市场的时候却发现产品的竞争力优势并不明显，甚至很快被替代。尤其是在知识经济时代，伴随着某个创业者推出某项创新产品，就极有可能发生其他同行或大企业也推出的"模仿创新现象",甚至这种模仿创新要超越之前创业者最先推出的产品,从而挤占市场空间。例如智能手机取代传统手机的潮流让诺基亚曾经缔造的"手机王国"轰然倒塌。

3.经营管理风险

它是指新创企业的经营机制和管理方法不能适应企业发展而导致失败的可能性。随着实践的延续,新创企业的经营管理风险会逐渐显现,在企业运作的过程中,管理不善、决策失误、权利分配不合理、团队激励失效、缺少规划等都会影响企业持续经营的水平。如果在风险降临时没有准备好应对措施,或者企业没有进行科学合理的战略规划,又或者管理制度、经营策略等存在漏洞或缺陷,这都会给企业带来致命的打击。

4.财务风险

创业财务风险是指因资金不能适时供应而导致创业失败的可能性。创业尤其是依托高新技术产品进行的创业,一方面所需的创业资金规模较大,融资渠道较少,如果创业者不能及时解决,非常容易造成创业夭折。而另一方面创业需要持续创业活动的进一步实施,往往需要进一步的投资,若缺乏这种持续投资能力,资金支持不能按时按需到位,就可能导致创业失败。所以,创业者应随时关注创业期间的筹资风险和现金流风险。财务风险的特征是高风险和高收益并存,因此需要增强创业者和企业管理人员的风险意识,建立健全财务风险防范机制,为正确决策提供参考。

四、创业风险的防范

创业过程中存在诸多风险,但是风险并不意味着失败。如果采取措施得当、及时有效就有可能规避风险,还有可能获得收益,所谓的风险越大,机会也就越多。

(一)系统性风险的防范

系统性风险是由创业者本身无法控制的、难以消除的风险,创业者只能在创业过程中设法规避。如何对系统性风险实施有效的管理,在获得高收益的同时把系统风险降到最低限度,这对创业企业来说至关重要。

1.谨慎分析

创业者应对其所处的创业环境进行深入了解、谨慎分析。目前,我国实施更加积极的就业政策,贯彻鼓励创业的方针,在自主创业税费减免、小额担保贷款、创业地落户及场地、项目、技术、培训等方面,为大学生创业提供了一揽子优惠和鼓励政策,创造了更为宽松的创业环境。创业者首先应对创业环境进行正确的认识和了解,对创业环境进行合理评估,通过层层细化、逐级分析来熟悉创业的宏观环境和微观环境等,以求准确深入地解释创业过程中可能遇到的系统风险。

2.正确预测

创业风险中,有些是可以预测的,有些是不可预测的。创业者应尽可能运用所学知识和所掌握的资源,采用科学的方法对那些能够预测的风险进行深入分析,通过和团队成员探讨、请教外部专家等方法来预测创业环境的可能变化以及变化会给创业企业带来的影响，尽量对创业的系统风险做到心中有数，以便制定相应的应对策略。

3．合理应对

由于系统风险的不可分散性，创业者只能通过谨慎分析和正确预测来制定合理的应对措施，巧妙规避并尽可能降低系统风险发生对创业者自身或创业企业的不利影响。例如，预测到市场利率上升则尽量筹集长期资金，预测到未来经济低迷则尽可能持有较多现金等。

（二）非系统性风险的防范

非系统性风险在某种程度上是可控的，是由创业者或创业企业自身因素引起的，可以通过一定的手段和措施加以控制，在风险和收益之间进行抉择和权衡，并在争取实现目标的前提下管理风险、控制风险、规避风险。

1．团队风险防范

团队是创业活动中的重要资源，由此产生的风险对创业企业来说往往也是致命的风险，所以一定要予以充分关注。①创业者要不断地充实自己，持续提高个人素质，使自己的知识和能力与创业活动相匹配；②通过沟通、协调、激励、奖惩、评价、目标设定等多种手段管理团队，并在创业团队发展的不同阶段确定相应的管理内容，科学合理地对成员进行评估；③招聘那些具有良好职业道德和团队合作意识、拥有与岗位技能相匹配的员工，通过在合同中明确权利和义务管理和适当职权，以及通畅的人事管理系统，使员工能够团结一心、协作良好。另外，创业团队成员的股份比例、工资等方面要根据团队分工而有所差异，不要出现人人平等的统一现象，这也是为了防止权力分散，在进行大决策时能够采取理性的措施。

2．技术风险防范

对技术风险进行防范，是提高创业成功率、减少风险损失的重要方法。技术风防范是指创业者对技术风险进行识别、预测，并采取有效措施进行回避、转移、削减的行为。主要从三方面进行：①应加强对技术创新方案的可行性论证，减少技术开发与技术选择的盲目性，并建立技术发展趋势的监测系统，实时追踪相关技术的发展状况，判断未来趋势，监测竞争对手的研发进展、产品的商业化进展，关注市场对不同技术产品的种种反映；②风险转移，即创业者可以在合适的时机，通过选择战略合作伙伴或组件技术联合开发体等方式，采取灵活的方式让更多主体来分担风险，从而使本企业所承担的风险相应减少；③高度重视专利申请、技术标准申请等保护性措施，通过法律手段减少损失出现的可能性。

3．风险防范

创业企业由于自身的诸多不确定性，所以会存在或多或少的问题。通过提高管理者的素质，改变管理和决策方式，健全管理制度，可以有效应对企业管理风险。首先，努力提高核心创业成员的素质，树立其诚信意识和市场经济观念，并以此为基础搞好领导层的自身建设，建立能够适应企业不同发展阶段变革的组织机构；其次，建立人才储备机制，以确保员工的调离和补充与企业的发展阶段相匹配；再次，需要明确企业管理制度和监督机制，将企业的执行权和决策权合理分配，各司其职，相互协作；最后，要构建合理、融洽、积极向上的企业文化，建立适应企业发展的工作氛围。

4.财务风险防范

筹资困难和资本结构不合理是很多创业企业明显的财务特征和主要财务风险的来源。有效规避财务风险要求做到以下几点：①创业者要对创业所需要的资金进行合理估计，避免筹资不足影响企业的健康成长和后续发展；②确定适度的负债数额，保持合理的负债比例，并根据创业企业的实际情况制订合理的负债财务计划；③创业者或团队一定要学会在企业的长远发展和目前利益之间进行权衡，设置合理的财结构，从恰当的渠道获得资金；④管理创业企业的现金流，构筑严密的企业内控体系用收付实现制的会计原则来管理现金流，避免因现金断流带来的财务拮据甚至破产清算的局面。

第十章 创业计划书和小型企业的创办

第一节 创业计划书的概要

一、创业计划的重要意义

中职生在确立了创业目标，准备走向创业之路时，首先要寻找创业资金与合作伙伴，而一份好的创业计划书能帮助学生找到合适的战略合作者或者风险投资人。投资人对一个企业或项目投资的最主要信息来源是创业计划书。作为投资方，会经常接收到很多创业计划书，计划书的质量和专业性也就成为企业需求投资的重点。毕业生为了创业，在申请风险投资之初，应该将创业计划书的制作列为头等大事。创业计划书就是安排和筹划未来将要采取一系列的行动，这些行动的目的就是为了实现创业的目标。其主要的意义体现如下。

（一）创业者能力和决心的展示

一份好的创业计划也是一份创业的可行性报告。计划的制订是建立在创业者对企业的了解和调查研究的基础上的，也是建立在对自身创业条件和能力分析的基础上。同学们打算用自己的才智去创立一个新的企业，这本身就展示了创业者的能力和决心。

（二）创业工作的核心指南

创业计划反映了创业者的经营思想和经营策略，反映了创业者对企业的心智投入。创业过程中先做什么、后做什么，若是按计划要求进行的，可以保证创业工作有序进行。

（三）帮助提高创业成功率

创业计划应该包括创业目标和实现目标的措施等，创业的过程实际上是实施计划的过程。制订创业计划可以进一步明确创业目标，落实创业措施，减少失误，增加创业的成功率。

二、创业计划书的编写原则

要使投资者或潜在的投资者对一个新的创业项目充满信心，并不在于创业计划书写得如何复杂，而在于计划书是否能够提供准确的分析、周密的实施方案和步骤、可行的管理办法和技术、理念及管理上的创新点。一般情况下，一个没有创新的、重复别人的经营项目是不会得到投资者关注的。因此，编制创业计划书要遵循以下原则。

（一）立意创新，具吸引力

一个新颖的创业项目立题非常重要，尤其是以学生为创业主体的创业者，掌握和了解最新技术的发展动态代表着知识青年的时尚追求。学生创业要注意知识资本的使用，这是树立新颖、独树一帜的创业项目的源泉，一个新颖独特的项目往往会更容易引起投资者的注意。比如，第二届"挑战杯"中国中职生创业计划竞赛的金奖项目是《蓝晶绿色锂电池创业计划书》；第三届"挑战杯"的金奖项目是《新型殡葬服务创业计划书》；第四届"挑战杯"的金奖项目是《同源人居环境有限公司创业计划书》等。这些选题新颖、充满创意的创业计划为赢得创业大赛的奖牌奠定了良好的基础，而一个成功的创业计划往往与新颖的立题密切相关。

（二）目标明确，重点突出

创业计划书一般是以某个创业公司为创业主体而撰写的，其主要目的是为潜在的投资者描述一个完整的企业蓝图，使他们对新的风险和企业有所认识，对新创业公司的项目充满信心。

在创业计划书中，应有创业公司明确的经营目标，包括远期和近期的，如市场份额、生产和经营规模、投资回报率等财务和非财务指标。企业目标的确定要求创业者对企业类型及竞争环境要有相当充分的了解，目标应该具体、明确，应该是可度量的，而且是可控制的。其重点突出表现在两个层面上：一是指整个创业计划有鲜明的特点，比如产品或服务、市场竞争优势、创业团队的组成和独特的管理方法等，能给投资者留下深刻的印象；二是指创业计划书中的主要构成部分要有明确的重点，计划书的编写具有分明的层次。

（三）简明扼要，条理清晰

创业计划书的编制要条理清晰、简明扼要，累赘、大篇幅的创业计划书是不可取的。要达到计划书编制的简明扼要，其最好的方法是将计划书分成几个层次，每个层次中都要有明确描述概括性信息的主题，一些详细的计算过程或分析步骤可以放在计划书的附录中。这样可以使读者能够尽快地掌握创业计划书的基本要点，了解支持创业主题成立的要素。

（四）营运评估，具可行性

通常投资者都是以投资回报或者潜在回报来评价创业计划书的。因此，计划书中的财务决策数据要经过慎重考虑和精心准备。对于特定环境下的不确定性导致的营运预算结果，要进行专门的讨论。在营运评估中，不仅要进行财务数据的预测，还要进行非财务数据的预测。

（五）战略性和战术性决策分析相结合

对于任何一个创业项目，通常都有创业项目相关背景的详细介绍，也有目标市场和今后应用前景的分析。由于创业计划实质上是创业实践活动的路线圈。因此，在创业计划编制时要求针对不同时间段进行不同职能的决策分析和实施计划，尤其在市场营销、投资与财务管理、人力资源等方面，既要有战略性的决策分析，又要有战术性的决策分析。

在创业计划书的编制过程中，这些战略、战术决策的分析，可以避免使计划书成为一个"内部文件"。从不同的角度对创业计划书进行远期和近期、内部和外部、潜在与现实、整体与局部的策划分析，会使读者和投资者感觉到创业计划实施成功的可能性增大，也使创业者能够全面、充分地思考那些阻碍创业成功的问题。

除此之外，同学们要关注政府和行业近期和未来可能的政策导向与发展战略，关心国家和地区的产业结构、经济发展趋势，并将自己的创业计划融入到这些大环境中，使创业计划获得成功。

三、创业计划书的构成

（一）创业计划书的基本要素

创业计划书的编制形式有多种，以下几方面要素是要具备的。

（1）人员机构

人员指组织和经营创业企业的人，也称创业团队。一份创业计划书应有创业企业管理层每位人员的职责描述，这些管理人员应具备某一方面（技术或管理上）的专长，创业团队最好由互补型人员组成，并要求团队成员具备良好的协作精神和对创业公司保持高度忠诚。在创业计划书附录中，最好有创业团队主要成员的基本情况介绍，包括工作经历、受教育程度、具备的专业特长、在职业和个人素质方面曾取得的成就等。

（2）环境条件

环境是指不可避免发生的周围各种情况的变化且创业者又无法左右的因素，比如，法律法规、利率变化、人口发展趋势、通货膨胀以及其他因素等。每份创业计划书中都应包括对创业企业所处环境情况的介绍，对不利环境所采取的措施以及对有利环境的积极作用的详细说明。

（3）机遇应对

在进行投资项目评估时，投资人最关心的就是创业企业的产品、技术和服务能够在多大程度上解决现实生活中的问题，市场份额为多少，能创造多少利润，成功的可能性有多大，企业的竞争对手是谁，企业控制了什么资源，企业的优势和劣势是什么等。计划书中要对以下问题进行回答：准备新开的创业公司的竞争对手是谁，你们可以控制的资源有哪些，你们的优势和劣势是什么，你们对竞争对手采取怎样的应付手段等。每一个机遇都存在成功或失败的可能性，创业计划书中要实事求是地阐明各种机遇的可能情况，并提出相应的应对措施。

（4）风险与回报分析

风险与回报分析指创业者对任何可能变化因素的评估，创业团队面对可变因素所采取的措施，以及对收益进行定量和定性的分析。那些高科技、高成长的创业项目在很大程度上会获得风险投资家的投资。学生创业项目中有许多是以科研成果转化为主题的，所以对可能发生的技术风险、知识产权风险、财务风险和管理风险等都要进行较详细的分析。对创业项目的投资回报率、项目的投资回收期和风险投资的退出机制分析是创业计划书必不可少的部分，这往往是投资者和潜在投资者在关注风险之前首先关注的问题。

（二）创业计划的具体内容

创业计划的内容要包括：创业项目名称、创业项目可行性论证（包括：市场需求、发展前景、资金条件、技术条件、其他相关要素等）、创业实施方案等。其中，创业实施方案是实施创业行为的关键，在制订时要特别下功夫。

（1）创业实施方案。从时间角度来说，创业实施方案可分为以下几个方面。

①筹备工作。主要指创业之初的注册登记、筹措资金等准备工作。

②近期目标。指初始营业阶段短期内达到的目标，时间一般为一个贸易年，或者更短的时间。

③长期目标。指创业行为在经过一个相当长的时间后要达到的目标，如三年计划、五年计划等。

（2）创业的时期。对于创业的每个时期，依据行为性质可分为以下几方面。

①市场开拓计划。指一定阶段内开拓产品销售或服务市场的行为安排。

②生产经营计划。主要指一定阶段企业的正常生产经营行为的具体安排。

③企业宣传计划。即企业通过何种行为扩大企业知名度，塑造企业形象的安排。

④财务管理计划。包括营运支出的估计、预期的业绩和收入、现金周转分析等。

第二节　创业计划的制订

创业计划书通常没有固定不变的格式，但它一定要包括创业者的创业目的、对创业企业和环境的描述、创业团队的组成、创业项目的风险和回报分析等重要内容。创业计划书可以为潜在的投资者描绘一个完整创业企业的蓝图，并帮助创业者进一步深化对创业企业经营的思考。

一、制订创业计划书

创业计划的制订一定要具有主导性、科学性、创造性和整体性。

（一）制订步骤

计划的制订一般遵循下列步骤。

（1）机会估量。

（2）确定目标。

（3）确定前提条件。

（4）拟定供选择的各种方案。

（5）评价和选择方案。

（6）制订派生计划。

（二）内容要点

创业计划还应包括四个要点。

（1）市场开拓计划。应包括创业构想、市场目标、竞争条件以及市场开拓策略的一般说明。

（2）财务计划。应包括营运专业的估计、预期的业绩和收入、现金周转分析。

（3）人事计划。应提供创业所涉及的人员资料，如前景和学历，等等，以显示创业是否具有成功的基础。

（4）附件。诸如公约和租约等文件。

二、可行性评估

创业计划书并不是一经制订成型就不再变化，而是要根据实际情况进行评估，创业计划的可行性评估要注意以下几个方面。

（1）确保计划评估的准确性和及时性。请有经验的专业人士阅读你所作的计划，并对其提出各自的建议，是计划评估的重要方式之一。

（2）计划的评估也应贯彻在计划的每个细节中。由于计划具有内在的逻辑性和关联性，所以只有对计划的实施逐步分析评估，才能保证整个计划的可行性。

（3）对计划的评估应该是经常性的。市场风云变幻莫测，无论是长期计划还是短期计划，只有在经过可行性评估之后，才对实践具有指导作用。

三、创业计划书的写作方法

创业计划书通常没有固定的格式，它包括创业者的创业目的、对创业企业和环境的描述、创业团队的组成、创业项目的风险和回报分析等重要内容。创业计划书可以为潜在的投资者描绘一个完整创业企业的蓝图，并帮助创业者进一步深化对创业企业经营的思考。

创业计划书与投资建议书是有区别的，后者篇幅较短并且较少涉及细节问题；而前者可能长达几十页，甚至几百页，涵盖的内容包括多方面，可以这样说，投资建议书是创业计划书的节略本。计划必须反映企业的实际情况，必须详尽地表述管理者的经营思想和经营策略。完整的书面创业计划应该是篇幅较长，能给人留下深刻印象的文件。创业计划的格式与内容主要包括以下几个方面。

（一）标题页

含有一个合适封面的创业计划，往往会给人留下良好的第一印象，显示出创业者对计划的重视。

（二）目录

计划的目的是征求公司所有者的建议，并寻求资金支持。为了使得计划明了，把计划含有的若干部分，以目录的形式体现，易于检索，并标上相应页码。如果计划需要保密，可在目录的末尾显著位置写明保密声明。保密声明这样行文比较合适："本计划为保密材料。没有作者的书面同意，本计划或者计划所包含的信息，不得转给他人。"

（三）创意纲要

这部分是对计划书的高度概括，通常是在创业计划书完成后编写此部分，这部分内容的主要作用是引起投资者或者读者的兴趣。

这一部分要明确提出你的想法，说明你的想法是一个好的想法，会为客户创造价值，这是一个值得去实施的想法。这一部分不需要展开，只要建立一个结构框架，1～2页篇幅就可以了。

（四）执行摘要

执行摘要的作用是向读者提供公司的概览。摘要应力求简明扼要，篇幅最好不要超过1页，主要说明以下一些内容。

（1）企业的表述。说明企业的类型（零售业、批发业、服务性、生产性），介绍企业提供什么样的产品或服务，企业的远景目标；所涉及的主要方面，写出直接参与企业的所有者、主管人或者经理的全名；公司的目的；要做的事情同现存的有哪些不同，为什么会成功；项目所需资金以及预计从何处获取。

（2）公司基本资料或背景描述。这一部分要介绍公司的主营产业、产品和服务、公司的竞争优势以及成立地点时间、所处阶段等基本情况。要清楚描述本企业的独特性或者与众不同的特征，说明创业企业未来的潜力和发展能力。

（五）业务概览

业务概览的主要目的是说明有关该项目想法的缘由，以便读者判断这个想法的新颖程度；描述所确定的短期、中期和长期目标以及准备实现这些目标的期限；说明将要采取何种所有制结构，是私营公司还是合作公司等形式；介绍企业主要管理人员以及他们的背景材料，这样会使读者对企业的成功更有信心；说明在研究企业的过程中发现的那些最关键的因素，因为这些因素是在权衡了企业的长处与短处以及所面临的机遇和挑战之后得出来的。在概览的最后一部分提出影响企业经营发展的关键因素，把这些因素写进计划，就会向人显示管理者对公司的事务进行了深入的考虑，不但找到了公司事务中有哪些因素是最关键的，而且还制订了处理这些因素的策略。

（六）你的想法

这是计划中最重要的一部分。你的产品和服务是什么？站在客户的角度来看，这个产品是不是有价值？此外，你是不是这个技术领域里唯一的掌握者，或是这个技术领域里较早推出这种技术的人，并获得了一种专利。这部分，你不必非常具体地提出你的产品。但需要指出怎样生产这些产品，如何提供这些服务，需要什么样的雇员，需要他们有什么样的背景。你可以用对比的方法来说明，比如说你的想法是要在网上售书，你就可以说要成为像亚马逊这样的公司，因为大家对这样的公司很熟悉，一下就能明白你的意思。

（七）经营计划

这一部分主要是介绍企业如何经营。不同行业对经营计划有不同的要求。

（1）零售业。可以说明所选择的供货商、进货控制政策，同时交代对供货商和客户的信贷条件，还可说明为了实现最佳的销售额对销售商店的布局所做的考虑。

（2）服务业。要考虑如何安排各项工作的时间以及出现比预定的业务量更多的情况时，将采取的措施。

（3）生产业。可以确定工厂的位置以及生产过程的每个细节。

不管公司属于何种行业，都必须说明需要多少人和多少资金来实现哪些日常业务。例如，需要的员工人数，对他们的资格和经历的要求，他们将从事的工作，所需的会计师等。

（八）销售计划

在销售计划里除了要向读者说明公司存在的原因、将来可能出现的竞争外，还需要提供如下几方面的信息：确定目标市场，希望参与企业并与企业订立长期合同的客户的详细情况，促销及广告战略——表明本企业将在什么时候采取什么样的措施；有关现有市场的范围、人数、销售额以及市场性质、形势的详细情况；对市场的调查与分析结果；对竞争对手情况的分析，包括有哪些竞争对手，竞争对手经营了多长时间，其市场占有率和产品内容；说明具备哪些竞争优势——为什么你和你的公司是最好的及如何利用这些优势；有关获得销售方式的详细情况；将提供哪些产品和服务；公司业务的周期性和季节性——这将揭示各种趋势和季节因素对公司业务的影响；公司的选址、费用情况以及选址的原因，这一条对零售业公司尤为重要；举例说明价格政策；未来的市场走势及机遇等。

（九）财务计划

财务计划内容一般包括：所需固定资金、固定资产的详细情况；所需流动资金及计算资金数额的方法；向公司投入的经费；其他资金来源；资金周转预测；盈亏预测。

创业者应在创业计划中对以上内容做出评价，指出积极的方面，列出资金需求的证据，通过资金周转的情况分析证明自己有能力满足未来借款的偿还要求。此外，还应对企业的经营做收支平衡分析，这样可以证明你已经考虑到了可能发生的最坏情况，能做出满足短期资金需求的计划。同本行业的平均水平进行比较，也可提高数据的可信度。在什么时候以何种方式对公司的财务情况进行监测和评价，所应付出的税金也应在财务计划里做出说明。

（十）法律要求

将国家、地方的有关法规要求以及对许可证、注册和特别资格要求的相关文件的复印件附在计划后面。

（十一）企业创办者的计划

企业创办者的计划内容应包括以下几个方面。

（1）经营公司的好处与风险。

（2）对自身的长处与短处进行比较、评价。

（3）个人信息管理。包括如何管理自己（包括如何管理自己的时间和如何对付外来压力）；个人目标；培训计划；可将你所参加的社会团体和专业协会的名称列出来，还可提供本人和合伙人的财务情况报告。

（4）公司业务描述。这一部分介绍公司的宗旨和目标、公司的发展规划和策略。

（5）公司收入。介绍公司的收入来源，预测收入的增长。

（6）竞争情况及市场营销。这部分要明确目标市场、市场定位和市场份额，充分论证自身优于竞争对手，使投资者相信你有能力实现销售计划、有能力应对竞争。在这一部分一定要提到你的竞争者，他们在做什么，他们的主要客户是谁，他们是否在盈利，还要包括市场和行业的分析。你的想法在市场上能否奏效，这个市场的发展有多快，这是一个集中的市场，还是一个分散的市场，你的目标市场是谁等。你如何将这些产品和服务递交到客户手中呢？例如，如果你面对的客户是消费者，那么你就要注重广告这方面；如果你面对的客户是企业你就要注重销售人员这方面。在这里，最重要的是如何制定价格。对于新创公司来讲，公司是否盈利很大程度上取决于你的价格。如某个商业计划的目标是为经销商建立电子商务平台，使顾客直接向厂商订货，这种方式节省了1%的花费。而他们订的服务价格是按交易总额取其中1%为收入，如果你取其中0.5%的话，是无法盈利的。

（7）管理体系。对公司的重要人物进行介绍，包括他们的职务、工作经验、受教育程度等。风险投资公司对你投资与否，很大一部分取决于管理人员的素质。同时还要对公司的人员构成情况做一个介绍。比如公司的全职员工、兼职员工人数，哪些职务空缺，公司人员结构等。实际上，许多非常成功的网络公司在起家时通常是 3 个人创立的，其中一个人是技术方面的，一个是负责融资的，第三个人是通晓市场营销事务的，这样 3 个不同背景的人组成的公司比较容易成功。

（8）投资与财务分析。这部分做出切合实际的资金需求和使用预测，编制预计财务报表，对投资报酬率、投资回收期等关键财务数据进行预算。这些指标是对将要付诸实施的创业计划的最好支撑，如果有风险投资的话，要说明风险投资的退出方式。

（9）资本结构。公司目前及未来资金筹集和使用情况、公司融资方式、融资前后的资本结构表。

（10）机会及风险。这部分要说明当外部环境变化时，创业企业所在的行业的调整和同业间的竞争可能会出现产品削价、生产和服务成本提高、生产计划或销售计划不能完成、研发费用提高等风险。

（11）风险投资的退出。这部分要说明风险投资退出方案，包括对退出时间、所有权的转移方式、企业战略的延续性和高级领导层的变化作出说明。

（12）附录。计划里除了以上主要内容外，还有支持上述信息的资料，如管理层简历、销售手册、产品图纸等，或其他的可作为附录列在后面，如：有关经历、技能、简历以及资格证书的复印件；意向书；保险报价；国家、地区有关本行业的政策法规；有关供货商的协议和条件；有关银行或其他渠道出具的贷款证明的信件；调查问卷的复印件以及调查结果。

信息的准确性和计划内容的简洁性是制订企业计划时需考虑的两个重要因素，企业计划的行文应当语言平实，避免由于使用了过多的专业术语而使读者看不懂。在制订计划时，专业杂志、文献、图书和有关机构新闻的发布都将为你提供本行业的最新情况，使你所做的计划准确、可信。

四、创业计划书编写注意事项

创业计划书的编写水平是获取风险投资或者创业投资成败与否的关键，如果你在创业计划书中所描述的企业给人的感觉只是勉强维持，或者说你对新创企业的论证依据不够充分的话，那么你的创业计划很难获得成功。通常编写创业计划书可参考上述格式或者根据具体情况进行适当的调整，以下事项提醒创业计划书的编制者注意。

（一）逻辑性强，适当包装

创业计划书中的目录、执行摘要、正文、图表和附录等部分要有连贯性和逻辑性，前后内容要相互呼应，不能相互矛盾。计划书的装订要进行适当的包装，体现庄重、大方的风格。

（二）关键数据真实可测，避免夸大

计划书应说明创业企业的趋势，指出创业企业未来将实现的数量指标。例如，投资回收期、投资报酬率和风险的预测和计量，而且这些预测数据的提供要有根据，令人信服，防止夸大其词，对重大风险应有足够的估计。

（三）提供创业团队取胜可信证明

创业团队关键人物的技能和团队人员之间的互补功能对创业企业取胜至关重要。通常，投资家在审查创业计划书时，非常重视创业团队的人员构成。创业计划书中应提供团队关键人物的能力证明资料，比如专利发明、获奖证明、工作技能和主要工作经历等。

（四）目标明确，避免过度多样化

为了说明创业企业产品或者服务的销路，计划书中要明确强调目标市场，充分说明商业机会，避免试图创造多样化的市场或者多种投资，因为一个企业开办初期应首先集中力量开拓明确的目标市场。

（五）充足的项目可行性论证

项目可行性论证理由要充足，要对项目的长处与短处做客观公正的分析。这就要求创业者在进行前面的诸项考察时一定根据实际情况，对创业项目的优势和劣势做出全面详细的调查，取得真实可靠的第一手资料。

（六）考虑方案的长远可操作性

制订具体实施方案时，要以时间为轴线，对每项工作做出具体明确的安排。什么时间做什么事，达到什么要求，要尽可能写清楚，努力提高计划的可操作性。制订规划要高瞻远瞩，不要只顾眼前利益，要把企业引向广阔的发展道路。

（七）简短明了

创业计划书除了要求对创业计划的目的、过程和结果进行表面描述外，还要求简短，尽量避免长篇幅的赘述。由于创业计划书的读者大都是投资家、金融资产管理者和政府、企业的关键人物，他们都不愿意看到一篇主题不突出、篇幅冗长的创业计划书。

（八）使用合适的人称拟写

创业计划书可以由创业团队自己编，也可以委托咨询公司编制。由于创业者熟悉自己的任务和职责，又非常了解自己的产品和服务的特征，在充分考虑投资环境和外部市场等重要因素的情况下，自己编写出来的创业计划书更具有可操作性。如果委托他人制订创业计划书，计划书的编制者要详细了解创业企业的内外部环境，并且要得到创业者的支持。由创业团队亲自参与编写的,这时的计划书中使用的称谓通常是"我""我们"等第一人称。如果计划书是委托咨询公司起草，而且该计划书不是以竞赛形式递交，最好以第三人称角度措辞，而使用"他""他们"等人称。无论使用何种称谓，都要避免使计划书带有个人化色彩，努力做到内容客观、公正。

第三节　创办小型企业

打算创办一个企业时，要考虑多方面因素，有很多程序和手续，如确定企业名称、选定办公地址，包括厂址和店址的选择、签订房屋租赁合同、申请商标注册。因此，必须依法办理这些程序，考虑与经营有关的各种相关因素，为创办成功的企业打下牢固的基础。基本程序如下。

一、确定企业的名称

创办企业应当依法选择自己的名称，企业名称的确定是为了将不同的企业以及企业与其他经济组织区别开来，同时也使社会通过企业名称了解企业所在地域、所从事的行业、经营特点、经营形式、企业规模等。企业名称是指依法在工商行政管理机关登记注册的经济组织的名称。

（一）企业名称的构成要素

根据《企业名称登记管理规定》，企业名称应当由行政区划名称、字号、行业或者经营特点、组织形式四项基本要素构成。

1.行政区划名称

企业名称中的行政区划名称，是指县以上行政区划的名称，不包括乡、镇和其他地域名称。企业名称所冠行政区划名称应该是企业所在地县以上行政区划名称，而不是非企业所在地行政区划名称。在不会造成误认的情况下，企业名称冠以行政区划名称时可以省略"省""市""县"等字。各类"经济技术开发区""保税区""新技术开发区""工业园区"等名称不能作为行政区划名称使用。但是，在企业名称已冠有县以上行政区划名称的前提下，可以在行政区划名称后缀以经有关部门批准的"经济技术开发区"等名称。除符合特殊规定可不冠以行政区划名称外，企业名称都应当冠以所在地行政区划名称，即行政区划名称应置于企业名称前面，如行政区划名称在整个名称的中间，则不视为行政区划名称，此类名称也应按照不冠以行政区划名称的企业名称进行登记管理，须经国家工商行政管理局核准。

2.字号

字号应由两个以上的汉字组成。字号是一个企业区别于其他企业的重要标志。企业有正当理由可以使用本地或异地地名作字号，但不得使用县以上行政区划名称作字号。外商投资企业的中文名称中不得使用外文字母、汉语拼音，国内企业也不得以外文字母、字词作字号。企业字号一般不得使用行业字词。

3.行业或者经营特点

企业应根据自己的经营范围或经营方式确定名称中的行业或者经营特点字词。企业确定名称中的行业或经营特点字词，可以依照国家行业分类标准划分的类别使用一个具体的行业名称，也可以使用概括性字词。该字词应具体反映企业生产、经营、服务的范围、方式或特点，不能单独使用"发展、开发"等字词；使用"实业"字样的，应有下属三个以上的生产、科技型企业。企业经营业务跨国民经济行业分类大类的，可以选择一个大类名称或使用概括性字词在名称中表述企业所从事的行业，也可以在名称中不反映企业所从事的行业。

4.组织形式

组织形式是企业根据自己的组织结构或责任形式，在企业名称中标明，是名称的一部分。目前我国企业使用的组织形式大体有两类：一般企业类的"厂""店""馆所""社"；公司类的"有限责任公司"和"股份有限公司"等。

一般来说，具备法人条件的企业，如需在其名称中的组织形式前使用"总"字，必须下设三个以上与该企业名称中组织形式相同的直属分支机构。但是依照《公司法》设立的有限责任公司、股份有限公司，无论是否设有分公司，均不得使"总"字在名称中出现。

（二）企业名称的规范

企业法人必须使用独立的企业名称，不得在名称中包含另一个法人名称。企业名称应当使用符合国家规范的汉字，民族自治地区的企业名称可以同时使用地区通用的民族文字。企业名称不得含有有损国家利益和社会公共利益、违背社会公共道德、不符合民族和宗教习俗的内容。企业名称不得含有违反公平竞争原则、可能对公众造成误认、可能损害他人利益的企业名称。不得含有法律或行政法规禁止的内容。即企业名称不仅应符合《企业名称登记管理规定》的要求，也应符合其他法律和行政法规的有关规定。企业申请登记注册的企业名称不得与其他企业变更名称未满3年的原名称相同，也不得与注销登记或被吊销营业执照未满3年的企业的名称相同。企业名称中一般不得使用"中国""中华"或者冠以"全国""国家""国际"字样。

二、办公地址的选定

创业需要一定的场所，进行生产得有工厂，搞零售得有店面，工厂和店面的选择都要考虑经济效益。为了获得丰厚的效益，厂址和店址的选择就要考虑诸多因素了。

（一）选择厂址

影响厂址选择的因素较多，而且不同的创业目的往往具有一些特殊的要求。一般来说选择厂址可以在一个地区选择多个地点，然后从这一地区可供建厂的几个地点中，收集厂址方案所需的资料，通过详细的比较分析，确定具体的厂址。在厂址选择时，应考虑以下几个因素。

（1）交通运输的便利。交通运输费用是产品成本中的一项重要开支。为此，年运输量大的工厂应选择在靠近铁路、水运和有管道运输的地方。具体要求如下：当工厂的交通运输，以铁路运输为主时，必须了解铁路对货物流向的要求，通过能力、运输能力是否有余量。只有这些条件能满足工厂要求时，铁路运输方案才能成立；当以水运为主时，应了解运输河道的通航季节，上下游水深及可通航船舶吨位，河道有无疏浚工程量。如需水路、铁路和公路联运时，还应考虑转运的设施。

（2）占地面积和地形条件。在选择厂址时，其占地面积需要满足生产建设的需要，包括项目厂房、各种建筑物布局的需要和生产工艺流程的需要，厂址四周应有适当的扩展余地。能源、原材料消耗量较大的投资项目，还应考虑是否有足够面积的原材料和燃料的堆放、储藏空间。

（3）厂区周边环境条件。考虑厂区周边环境条件主要有两个目的，一是考虑职工生活服务设施；二是生产经营目的。职工生活服务设施，如住房、商业网点、学校、公共交通、医疗、银行保险机构等，也是厂址选择需要考虑的重要因素。

（4）相关地质条件。关于地质条件的考虑，主要是评价其是否适合建厂房。为企业选择厂区时，主要有几个方面的考虑：一是地层是否稳定，如厂址附近是否有活动断层。当选厂遇到断层时，应请地震部门确定是否为活动断层或偶发震断层。如系活动断层，就不宜选作厂址。二是地基的承载力程度。地质条件如能满足作为天然地基的要求，那是比较理想的，因为这样可以大大减少建厂工作量，并缩短工期。因此，厂址最好选择在这类地基上。这类地基一般都有较高的承载力和较低而均匀的沉降量。当受到其他条件的限制，厂址的地质情况不适合于作天然地基时，应该考虑采用人工地基或打桩。当采用人工地基仍不能满足正常生产要求时，就需要考虑放弃这个厂址。此外，还应考虑厂区土壤结构能承担工厂的全部载重。厂址如位于饱和松沙层上时，必须采用相应的加固措施，以防止沙土液化的发生。软黏土、淤泥、淤泥质黏土、膨胀性土，以及堆积的黄土、自重湿陷性黄土或较厚湿陷性黄土，一般都不宜作为厂址。必须在这种土层上建厂时，应进行地基改良工程。

（5）是否有利于环境保护建设。工厂或其他工程项目，必然会对周围的环境产生影响。因此，在可行性研究和厂址选择的过程中，必须进行环境影响评价。要有利于项目所在地区的环境保护，严禁在自然保护区和风景名胜区建厂，对排放的废水、废气、废渣等要有切实可行的治理方案。

（6）建厂的投资费用测算。建厂投资费用包括占地、移民、现有建筑物的拆迁、赔偿等所需的费用。一般来说，要尽可能避免大规模的拆迁、筑路，以节约投资。

（二）选择店址

（1）交通条件的便利程度。

（2）车站的性质。

（3）停车场的停车能力。

（4）货物运输力度。

（5）与车站、码头的距离和方向。

（6）客流存在的内在规律。

（7）建筑环境。

（8）停车场。

（9）能见度和顾客进出的方便性。

（10）地形特点。

（11）分析城市规划和效益评估。

三、签订房屋租赁合同

当经营场所确定后，应到所在辖区内的登记注册机关登记注册。登记时，如果是租房的还应提交与房屋产权所有人签订的一年以上租期的租赁协议书或合同，以及能证明出租人拥有房屋产权的有效证件；用房属自己的，应提交房屋产权证或能证明产权归属的有效文件。

租房的过程包括租赁双方看房、确定租价、物业交验、签订租赁合同等几个过程。在签订租赁合同时需要注意以下问题。

（1）租赁的房屋面积大小是否属实。

（2）注明租房款项的具体缴纳办法和起止日期。

（3）注明房屋租房金以外的其他一切费用由哪一方交或共同以什么比例分摊。

（4）在出租方的各种物品交接清单上签字。

（5）注明押金数量的大小。

（6）说明天灾及不可抗拒的因素造成的损害及合同终止等情况不须由承租方负责。

【案例分享】

房屋租赁合同范本

出租方：

承租方：

根据《中华人民共和国合同法》及有关规定，为明确出租方与承租方的权利义务关系，经双方协商一致，签订本合同。

第一条　房屋坐落、间数、面积、房屋质量。

第二条　租赁期限

租赁期共___年零___月，出租方从___年___月___日起将出租房屋交付承租方使用至___年___月___日收回。

承租人有下列情形之一的，出租人可以终止合同、收回房屋。

1. 承租人擅自将房屋转租、转让或转借的；

2. 承租人利用承租房屋进行非法活动，损害公共利益的；

3. 承租人拖欠租金累计达 3 个月的。

租赁合同如因期满而终止时，如承租人到期确实无法找到房屋，出租人应当酌情延长租赁期限。

如承租方逾期不搬迁，出租方有权向人民法院起诉和申请执行，出租方因此所受损失由承租方负责赔偿。合同期满后，如出租方仍继续出租房屋的，承租方享有优先权。

第三条 租金和租金的交纳期限

租金的标准和交纳期限，按国家的规定执行（如国家没有统一规定的，此条由出租方和承租方协商确定，但不得任意抬高）。

第四条 租赁期间房屋修缮

修缮房屋是出租人的义务。出租人对房屋及其设备应每隔___月（或年）认真检查、修缮一次，以保障承租人居住安全和正常使用。出租人维修房屋时，承租人应积极协助，不得阻挠施工。出租人如确实无力修缮，可同承租人协商合修，届时承租人付出的修缮费用即用以充抵租金或由出租人分期偿还。

第五条 出租方与承租方的变更

1. 如果出租方将房产所有权转移给第三方时，合同对新的房产所有者继续有效。

2. 出租人出卖房屋，须在 3 个月前通知承租人。在同等条件下，承租人有优先购买权。

3. 承租人需要与第三人互换住房时，应事先征得出租人同意；出租人应当支持承租人的合理要求。

第六条 违约责任

1. 出租方未按前述合同条款的规定向承租人交付合乎要求的房屋的，负责赔偿___元。

2. 出租方未按时交付出租房屋供承租人使用的，负责偿付违约金___元。

3. 出租方未按时（或未按要求）修缮出租房屋的，负责偿付违约金___元；如因此造成承租方人员人身受到伤害或财物受毁的，负责赔偿损失。

4. 承租方逾期交付租金的，除仍应及时如数补交外，应支付违约金___元。

5. 承租方违反合同，擅自将承租房屋转给他人使用的，应支付违约金___元；如因此造成承租房屋毁坏的，还应负责赔偿。

第七条 免责条件

房屋如因不可抗力的原因导致毁损和造成承租方损失的，双方互不承担责任。

第八条 争议的解决方式

本合同在履行中如发生争议，双方应协商解决；协商不成时，任何一方均可向工商局经济合同仲裁委员会申请调解或仲裁，也可以向人民法院起诉。

第九条 其他约定事项

第十条 本合同未尽事宜，一律按《中华人民共和国合同法》的有关规定，经合同双方共同协商，作出补充规定，补充规定与本合同具有同等效力。

本合同正本一式 2 份，出租方、承租方各执 1 份；合同副本___份，送___单位备案。

出租方（盖章）：　　　　　　　　承租方（盖章）：

地址：　　　　　　　　　　　　　地址：

法定代表人（签名）：　　　　　　法定代表人（签名）：

委托代理人（签名）：　　　　　　委托代理人（签名）：

开户银行：账号：电话：邮政编码：　签约地点：

签约时间：年　月　　　　　　　　有效期限至　年　月　　日

四、办齐各种必备手续

小企业的开办与经营需要得到社会各个职能部门的认可与批准，办理各种手续，如验资、营业执照、银行开户、税务登记、安全、环保、卫生许可证等。只有把这些手续全部办完，才能成为一个合法的企业。

（一）工商管理部门申请营业执照

向企业所在区的工商行政管理部门提出企业名称预选，核准申请书。经工商部门查阅核准，给予认可后，方可申请营业执照。申请营业执照时，须向工商部门提供下列情况：名称、地址、负责人、资金数额、经济性质、经营范围（主营、兼营）、经营方式、经营期限（见原件复印件）和个人有效证件、照片、验资报告等。

（二）银行开户

经营者将所拥有的资金存进自己选定的银行，并开设银行账户。

（三）技术监督局办理法人代码证书

根据现代化管理的需要和保护企业法人的权力不受侵犯，经营者还须到当地技术监督部门办理《法人代码证书》。

（四）税务局办理税务登记

依法纳税是每一个企业应尽的义务。所以，当经营者一拿到营业执照时，应携带营业执照（副本）复印件、居民身份证复印件、经营场所房屋产权复印件或房屋租赁合同复印件到当地的地方税务局办理《税务登记证》。

（五）其他手续

上述手续是开办一家企业必不可少的，除此之外，企业经营者还要去电力、供水、燃料等部门办理相应的手续。如果雇用外来人员，要去公安局办理临时户口。附设歌舞厅和卡拉 OK 等设备的要办理文化经营许可证。

（六）申请开办登记表

办理完全部手续后，标志着开设一个企业所需的各职能部门的批准已完成，即可到所在区的工商行政管理部门办理《营业执照》，准备开业。

五、筹集启动资金

资金是创业之始的一个重要条件，从某种意义上来说，它有可能是决定因素。一般说来，创业之始的资金来源有，家庭收入、亲朋好友借贷、银行贷款、集资、争取财团支持等。为争取到这些资金，我们不妨从以下方面入手。

先争取最亲近的人的支持。一般说来由于血缘关系，这方面的资金比较容易争取到。但有时也有例外，也正是因为血缘关系，对方对你的将来考虑的可能要多一些，从而出现顾虑太多而不支持你的情况，这就要求你拿出足够的证据，证明你的创业选择是对的，是有前途的。

争取银行贷款。由于是创业之初，我们在银行的信用为零，这就要求我们在贷款之前必须先说服有关方面为你出面作保。

争取财团支持。除上述两条途径外，争取财团支持也是聚集资金的一条良好途径。一方面大财团资金雄厚，你的小小的创业资金需求，对于他们不过是九牛一毛，借一些钱创一业、富一方，这是一件很有意义的事情；另一方面有大财团的支持，你可以充分利用大财团的社会效应，有利于你的创业行为。但要说服大财团也不是件容易的事。首先，你必须表现出足够的勇气和魄力。从某种意义上来说，这是你打动财团老板的关键要素。因为经验可以在创业教程中慢慢积累，勇气和魄力却不是短时间内就能养成的。其次，你必须拿出充足的论据，证明你创业计划的可行性，这就要求你做好前面所说的调查和规划制订工作。

参考文献

[1] 武月刚 . 职业能力及其培养 [M]. 北京：航空工业出版社，2010.

[2] 王凌峰 . 大学生高效学习和时间管理 [M]. 北京：中国时代经济出版社，2015.

[3] 杨民助 . 企业需要什么样的人才 [M]. 西安：西安交通大学出版社，2016

[4] 王凌峰 . 大学生典型心理问题与调适 [M]. 北京：中国时代经济出版社，2015.

[5] 胡振坤，张宏磊 . 求职择业的心理准备及心理调适 [M]. 武汉：湖北教育出版社，2016.

[6] 李进宏 . 大学生毕业择业心理辅导 [M]. 武汉：武汉理工大学出版社，2017.

[7] 童长清 . 大学生就业指导教程：就业 创业 成功 [M]. 北京：北京理工大学出版社，2017.

[8] 卢志鹏 . 大学生就业与创业指导 [M]. 北京：北京理工大学出版社，2017.

[9] 陈国强 . 面试礼仪与口才 [M]. 北京：中国经济出版社，2018.

[10] 李伟，赵瑛，张建民 . 新世纪大学生就业指导 [M]. 西安：西安交通大学出版社，2017.

[11] 陈锡德，韩富军 . 大学生就业指导 [M]. 沈阳：东北大学出版社，2017.

[12] 熊治梅 . 大学生职业指导教程 [M]. 北京：中国人事出版社，2018.

[13] 胡振坤 . 张宏磊 . 大学生就业指导 [M]. 武汉：湖北教育出版社，2017.

[14] 张继栋 . 放飞的故事 [M]. 北京：高等教育出版社，2017.

[15] 吴亚平 . 大学生职业生涯规划与就业指导 [M]. 上海：复旦大学出版社，2017.

[16] 马恩，谢伟 . 大学生就业指导与发展活动教程 [M]. 北京：清华大学出版社，2018.